Auf dem Weg zum gemeinsamen Unterricht?

Ina Döttinger, Nicole Hollenbach-Biele

Auf dem Weg zum gemeinsamen Unterricht?

Aktuelle Entwicklungen zur Inklusion in Deutschland

Verlag BertelsmannStiftung

Bibliografische Information der Deutschen Nationalbibliothek

Die Deutsche Nationalbibliothek verzeichnet diese Publikation in der Deutschen Nationalbibliografie; detaillierte bibliografische Daten sind im Internet unter http://dnb.d-nb.de abrufbar.

In dieser Publikation verwenden wir nicht durchgängig eine geschlechtergerechte Sprache. Mit »Schüler«, »Lehrer« etc. sind immer auch Schülerinnen, Lehrerinnen etc. gemeint.

MIX
Papier aus verantwortungsvollen Quellen
FSC® C022573
FSC
www.fsc.org

Verantwortlich: Ina Döttinger, Nicole Hollenbach-Biele
Lektorat: Ingrid Furchner, Heike Herrberg
Herstellung: Christiane Raffel
Umschlaggestaltung: Elisabeth Menke
Umschlaggestaltung und -abbildung: Elisabeth Menke
Satz und Druck: Hans Kock Buch- und Offsetdruck GmbH, Bielefeld
ISBN 978-3-86793-586-9

www.bertelsmann-stiftung.de/verlag

Inhalt

Grußwort

Noch vor ein paar Jahren konnten nur Fachleute mit dem Begriff »Inklusion« etwas anfangen. Mittlerweile ist er in der breiten Öffentlichkeit angekommen. Das ist erst mal ein gutes Zeichen. Denn es zeigt, dass die UN-Konvention für die Rechte behinderter Menschen, die in Deutschland im März 2009 in Kraft trat, Wirkung entfaltet. Inzwischen wird intensiv darüber diskutiert, wie die Verpflichtung der Konvention, alle Schülerinnen und Schüler gemeinsam zu unterrichten, umgesetzt werden kann. Leider sind die Debatten häufig emotional aufgeladen. Vor allem bei Lehrkräften und Eltern ist Inklusion zum Reizwort geworden.

Umso wichtiger ist es, die Kontroversen mit Zahlen und Fakten zu versachlichen und Impulse für die weitere Entwicklung zu geben. Das tut der vorliegende Band, indem er die aktuellen Kennzahlen (Schuljahr 2013/14) der Kultusministerkonferenz in Länderprofilen zusammenfasst, gleichzeitig einen Blick auf die Gesetzeslage in den Bundesländern wirft und die Praxis zu ihrer Einschätzung befragt. Drei Befunde der Analyse sind bemerkenswert:

- Der Anteil der Schüler mit sonderpädagogischem Förderbedarf, die inklusiv an Regelschulen unterrichtet werden, ist seit dem Schuljahr 2008/09 bundesweit von gut 18 Prozent auf über 31 Prozent gestiegen.
- Gleichzeitig wird bei immer mehr Schülern in Deutschland ein Förderbedarf festgestellt: Die entsprechende Quote ist um 13 Prozent von 6,0 auf 6,8 Prozent gestiegen.

- Somit ist der Anteil der Schüler, der an separaten Förderschulen unterrichtet wird, seit 2008/09 nur geringfügig – nämlich auf 4,7 Prozent aller Schüler gesunken.

Besonders der Anstieg der Förderquote kann ein Zeichen für einen verdeckten Förderbedarf sein, der erst jetzt zutage tritt, weil die Diagnose nicht mehr automatisch zum Förderschulbesuch führt. Auch wenn die Identifikation des echten Förderbedarfs notwendig ist: Wir sehen an den Zahlen eben auch, dass das Mehr an Inklusion bisher meist ohne wirklichen Bezug zum Förderschulwesen läuft. Damit gehen zwei Problematiken einher. Erstens bindet der Erhalt der Förderschulen wichtige finanzielle und personelle Ressourcen, die für einen qualitativ hochwertigen gemeinsamen Unterricht benötigt werden. Zweitens erweist sich der Besuch einer Förderschule weiterhin für die deutliche Mehrheit der Schüler als Sackgasse: Nach wie vor verlassen fast drei Viertel von ihnen die Förderschulen ohne Hauptschulabschluss. Für diese Jugendlichen ohne Schulabschluss ist die gesellschaftliche Teilhabe besonders schwierig.

So weit die Statistik. Der Blick auf die Gesetzgebungen der 16 Bundesländer zeigt zudem, dass jedes Land anders an die Gestaltung des inklusiven Schulsystems herangeht. Neben der Schulstruktur sind auch die Diagnostik von Förderbedarfen, die Strategien beim Ausbau des gemeinsamen Unterrichts und der Stellenwert der Förderschulen sehr unterschiedlich. In Sachsen und Baden-Württemberg verpflichten die derzeitigen Gesetze bei diagnostiziertem Förderbedarf noch immer zum Besuch einer Förderschule, und auch in Bayern und in Sachsen-Anhalt kann der Besuch einer separaten Förderschule unter bestimmten Umständen noch verpflichtend sein.

Fünf Jahre nach Inkrafttreten der UN-Konvention ist es zu früh, eine Bilanz für Deutschland zu ziehen. Es zeigt sich aber bereits, dass die Länder bei der Umsetzung eines inklusiven Schulsystems noch viel zu tun haben. Es fehlt an einem gemeinsamen Verständnis von Inklusion mit guten, praxiserprobten Ansätzen und bundesweiten Standards. Auch konnten sich Bund, Länder und Kommunen bisher noch nicht einigen, woher die dringend benötigten zusätzlichen

Ressourcen kommen, um in zunehmend heterogenen Klassen alle Kinder und Jugendlichen individuell fördern zu können.

Wenn es nicht gelingt, übergreifende Konzepte und Strategien zu entwickeln und systematisch umzusetzen, wird es schwierig, in absehbarer Zeit allen Kindern und Jugendlichen faire Chancen zur Teilhabe an unserer Gesellschaft zu eröffnen. Das aber muss das Ziel von konsequenter Inklusion im Schulsystem sein.

Dr. Jörg Dräger
Mitglied des Vorstands
der Bertelsmann Stiftung

Ulrich Kober
Programmdirektor Integration und Bildung,
Bertelsmann Stiftung

Grußwort

Der vorliegende Band zur Umsetzung der UN-Konvention über die Rechte behinderter Menschen (UN-BRK) zur schulischen Bildung beschreibt den Status quo der schulischen Inklusion in den einzelnen Bundesländern. Fünf Jahre nach Inkrafttreten der UN-BRK in Deutschland wird Bilanz gezogen über das, was bei der schulischen Inklusion erreicht wurde und was noch getan werden muss. Dabei bestätigt sich: Die Situation in den Ländern bei der Umsetzung der schulischen Inklusion ist sehr unterschiedlich. Ein einheitliches Bild gibt es nicht. Der vorliegende Band zeigt, wo Inklusion in den Schulen bereits gut funktioniert, wo noch Umsetzungsbedarf besteht und was zum Gelingen von gelebter Inklusion beiträgt. Denn nach wie vor ist der Wohnort entscheidend dafür, ob und inwieweit behinderte Kinder die Möglichkeit haben, an allgemeinen Schulen gemeinsam mit nicht behinderten Kindern zu lernen. Das bestätigt auch der aktuelle Bildungsbericht 2014, der dem Thema der Bildung von Menschen mit Behinderungen einen Schwerpunkt gewidmet hat.

Die Umsetzung der UN-BRK ist ein Prozess, der sicher noch einige Zeit in Anspruch nehmen wird. Vieles muss neu gedacht, alte Strukturen müssen aufgebrochen werden. Unabhängig davon ist immer wieder der Einwand zu hören, Inklusion brauche Zeit, nichts dürfe überstürzt werden. Sicherlich sind Veränderungen etwa in den Schulen nicht von heute auf morgen zu leisten. Die notwendigen Hilfsmittel müssen organisiert, Barrieren beseitigt und Lehrende gut ausgebildet werden. Fakt ist aber, dass Kinder und Jugendliche, die

die schulische Inklusion wollen, keine Zeit haben. Sie können nicht warten, denn sie haben nur diese eine Schullaufbahn.

Die aktuellen und oft sehr emotional geführten öffentlichen Diskussionen zur gemeinsamen Beschulung behinderter und nicht behinderter Kinder zeigen eindrücklich, dass es hier noch große Schwierigkeiten und noch viel größeren Diskussionsbedarf gibt. An diesem gesellschafts- und bildungspolitisch bedeutsamen Thema muss weiter intensiv gearbeitet werden. Denn nur der gemeinsame Schulbesuch aller Kinder legt den Grundstein für eine lebendige inklusive Gesellschaft. Wenn Vorurteile gar nicht erst entstehen, müssen sie im Erwachsenenalter auch nicht mühevoll abgebaut werden. Es ist daher zwingend notwendig, die Probleme im Bildungsbereich engagiert anzugehen.

In vielen Bundesländern gibt es inzwischen eine Reihe guter Regelungen zur Umsetzung der Verpflichtung aus Art. 24 der UN-BRK auf gemeinsame Bildung. Manche Gesetze gehen aber noch nicht weit genug. So machen Elternverbände immer wieder darauf aufmerksam, dass der Anspruch behinderter Kinder und Jugendlicher auf Unterricht an einer allgemeinen Schule durch Kostenvorbehalte eingeschränkt und vom Vorhandensein entsprechender Ressourcen abhängig gemacht werden kann. In der Praxis sollte zudem darauf geachtet werden, dass Menschen mit Behinderungen ihre Rechte auch durchsetzen können.

In den letzten Jahren hat sich gezeigt, dass Inklusion an Schulen nur dann gelingen kann, wenn die Sozialsysteme entsprechend ausgestaltet sind. Sie müssen auf die veränderten Anforderungen von Unterstützungsbedarfen an allgemeinen Schulen angemessen reagieren können. Es gibt einige Bereiche, in denen noch bundesgesetzliche Lösungen notwendig sind, um die Umsetzung der UN-BRK voranzubringen. Ohne eine solide rechtliche Basis kommen wir hier nicht weiter, das zeigt sich immer wieder. Die Bundesregierung hat sich im Koalitionsvertrag bereits darauf verständigt, für die gemeinsamen Anstrengungen von Bund, Ländern und Kommunen für mehr Inklusion eine gesetzliche Regelung zu schaffen. Die Erarbeitung dieser Regelungen werde ich vorantreiben, und bei einem neuen

Bundesteilhabegesetz darauf achten, dass die Lösungen für die Inklusion an Schulen so passgenau wie möglich sind.

Ich kenne die Probleme und Herausforderungen, vor denen Menschen mit Behinderungen oft stehen und die ihnen den Alltag erschweren. Daher weiß ich, wie dringend einheitliche Kriterien sind, die die Richtung für gelungene Inklusion vorgeben können. Wenn in den Ländern nach solchen einheitlichen Kriterien vorgegangen würde – bei all der Unterschiedlichkeit der Systeme –, könnte dies die schulische Inklusion in ganz Deutschland voranbringen.

Auf dem Weg zur Inklusion in der Bildung gibt es noch viel zu tun. Entscheidend ist, dass die Barrieren in den Köpfen abgebaut werden, dass das gemeinsame Lernen von Kindern mit und ohne Behinderung selbstverständlich wird und die erforderliche Unterstützung jeweils bereitgestellt wird.

Verena Bentele
Beauftragte der Bundesregierung für die Belange behinderter Menschen

Einleitung

Die UN-Behindertenrechtskonvention (UN-BRK) – formal: das Übereinkommen über die Rechte von Menschen mit Behinderungen – wurde 2006 von der UNO-Generalversammlung in New York verabschiedet. Ziel dieses völkerrechtlichen Vertrags ist, behinderten Menschen die gleichberechtigte Teilhabe an allen Bereichen der Gesellschaft zu ermöglichen. Die Behindertenrechtskonvention verweist dabei sowohl auf grundlegende Aspekte allgemeiner Menschenrechte, etwa das Recht auf Leben, als auch auf spezielle Bestimmungen zur konkreten Lebenssituation behinderter Menschen wie die Teilhabe an Bildungsprozessen. Als »Menschen mit Behinderungen« gelten nach der Konvention »persons [...] who have long-term physical, mental, intellectual or sensory impairments which in interaction with various barriers may hinder their full and effective participation in society on an equal basis with others« (UN-BRK, Artikel 1)[1].

Die UN-BRK besteht nach der Präambel aus 50 Artikeln. In der deutschen Diskussion steht allerdings seit Inkrafttreten der Konvention im Jahr 2009 vor allem Artikel 24 im Vordergrund, der sich auf Teilhabe an Bildung bezieht. Inhalt und Reichweite dieses Artikels

1 Wir beziehen uns hier auf den englischen Originaltext der UN-BRK, weil in der offiziellen deutschen Übersetzung »inclusive« – unseres Erachtens fälschlich – als »integrativ« übersetzt wird. Die Schattenübersetzung, die in Deutschland ebenfalls zum Teil verwendet wird, ist wiederum an anderen Stellen ungenau oder benutzt unklare Begriffe. Die Behindertenbeauftragte der Bundesrepublik Deutschland stellt unter www.behindertenbeauftragte.de/SharedDocs/Publikationen/DE/Broschuere_UNKonvention_KK.pdf?__blob=publicationFile eine vergleichende Darstellung der drei Versionen zur Verfügung.

werden von den verschiedenen Interessengruppen sehr unterschiedlich interpretiert.

Artikel 24 regelt, dass die Vertragsstaaten »an inclusive education system at all levels« bereitstellen müssen und dass »a) […] [p]ersons with disabilities are not excluded from the general education system on the basis of disability, and that children with disabilities are not excluded from free and compulsory primary education, or from secondary education, on the basis of disability; b) Persons with disabilities can access an inclusive, quality and free primary education and secondary education on an equal basis with others in the communities in which they live«.

Entscheidend ist der Anspruch auf »Zugang zu inklusiver […] Bildung«. Nimmt man Artikel 24a und b ernst, werden hier sogar zwei Ansprüche formuliert: Erstens muss inklusive, qualitativ hochwertige und kostenfreie Bildung in Wohnortnähe angeboten werden, zweitens müssen Menschen mit Behinderungen vollen Zugang zu diesen Bildungsangeboten haben. Um dem Anspruch auf inklusive Bildung zu genügen, reicht es danach also weder aus, wenn Kinder und Jugendliche mit Behinderungen überhaupt eine Schule besuchen dürfen, noch, wenn ihnen rein rechtlich der Besuch von Regelschulen erlaubt ist. Denn ein Schulsystem ist noch nicht inklusiv, nur weil Kinder und Jugendliche mit Behinderungen die betreffenden Schulen besuchen. Vielmehr lässt sich aus der UN-BRK schließen, dass es eines inklusiven Bildungssystems bedarf, um Teilhabe überhaupt zu ermöglichen. Das wiederum fügt sich ein in das Inklusionsverständnis, das im »Index for Inclusion« formuliert wird. Dieses Werkzeug für inklusive (Schul-)Entwicklung formuliert für Inklusion im Bildungssystem elf Eckpunkte.

Inclusion in education involves:

- Valuing all students and staff equally.
- Increasing the participation of students in, and reducing their exclusion from, the cultures, curricula and communities of local schools.

- Restructuring the cultures, policies and practices in schools so that they respond to the diversity of students in the locality.
- Reducing barriers to learning and participation for all students, not only those with impairments or those who are categorised as »having special educational needs«.
- Learning from attempts to overcome barriers to the access and participation of particular students to make changes for the benefit of students more widely.
- Viewing the difference between students as resources to support learning, rather than as problems to be overcome.
- Acknowledging the right of students to an education in their locality.
- Improving schools for staff as well as for students.
- Emphasizing the role of schools in building community and developing values, as well as in increasing achievement.
- Fostering mutually sustaining relationships between schools and communities.
- Recognizing that inclusion in education is one aspect of inclusion in society.

Quelle: www.csie.org.uk/resources/inclusion-index-explained.shtml

Inklusion geht also weit über das gemeinsame Lernen von Kindern mit und ohne Behinderung hinaus. Die Institution Schule und damit die schulische Bildung an sich braucht, um erfolgreich zu sein, intensive, sich wiederholende Aushandlungsprozesse zwischen den verschiedenen Menschen mit ihren individuellen Bedürfnissen. Inklusive Bildung fokussiert gerade diesen Prozesscharakter: Das gemeinsame Lernen aller basiert darauf, dass die Unterschiedlichkeit aller Menschen immer wieder als Chance begriffen wird, voneinander zu lernen, und darauf, dass alle sich zugehörig fühlen können.

Neben dem fachlichen Lernen rückt damit der Alltag sehr viel stärker die soziale Kompetenz von Einzelnen und Gruppen in den Mittelpunkt. Das bedeutet: Nur ein inklusives Schulsystem kann leistungsstark und chancengerecht sein – wobei Leistung und Chancen immer bezogen sind auf die Möglichkeiten des einzelnen Schülers mit seinen individuellen Voraussetzungen und Bedürfnissen. Vor diesem Hintergrund steht Deutschland seit der Unterzeichnung der UN-BRK gleich vor zwei großen Herausforderungen: Zum einen muss ein inklusives Schulsystem nach dem oben ausgeführten Inklusionsverständnis entwickelt werden; zum anderen müssen an diesem System alle Kinder und Jugendlichen teilhaben können, auch alle mit Behinderungen.

Diese Herausforderungen treffen allerdings derzeit noch auf zwei Schwierigkeiten:

- das stark gegliederte Schulsystem, das erheblich von (wahrgenommenem) fachlichem Leistungsvermögen und sozialen Unterschieden geprägt und zudem in den 16 Bundesländern sehr unterschiedlich ausgestaltet ist, und
- ein besonders ausgeprägtes Sonderschulsystem, wiederum in 16 verschiedenen Ausgestaltungen, das ebenfalls meist stark gegliedert ist (mit bis zu zehn verschiedenen Schultypen) und im europäischen Vergleich von besonders vielen Kindern besucht wird (vgl. Preuss-Lausitz 2013: 1, Abb. 1).

Die ausgeprägte Gliederung der Schulsysteme und die Unterteilung in Regel- und Sonderschulsystem haben in Deutschland die Schulerfahrung der meisten heute erwachsenen Menschen geprägt. Daraus ergibt sich in der öffentlichen Debatte eine weitere Komplikation: »Inklusion« wird häufig gleichgesetzt mit dem gemeinsamen Unterricht von Kindern ohne und mit Behinderungen – Letztere werden im schulischen Kontext als Kinder mit sonderpädagogischem Förderbedarf bezeichnet. Diese Gleichsetzung spiegelt sich auch in Begriffen wider, die in der Debatte verwendet werden, wie »Inklusionsanteil« etc. Das ist insofern problematisch, als damit die Gefahr besteht, dass die beiden Herausforderungen, die sich aus Artikel 24 ergeben, verkürzt werden auf die Integration von Kindern mit sonderpädagogischem Förderbedarf, während das Konzept von Inklusion – im Gegensatz zu Integration – jegliche Gruppeneinteilung von Menschen nach bestimmten Merkmalen überwinden will. Hinz (2002) erklärt den Unterschied zwischen dieser »Zwei-Gruppen-Theorie« und Inklusion so:

»Das Konzept der Inklusion versteht sich als eine allgemeine Pädagogik, die es mit einer einzigen, untrennbar heterogenen Gruppe zu tun hat. In ihr sind unterschiedlichste Dimensionen von Heterogenität vorhanden: Verschiedene Geschlechterrollen, ethnische, sprachliche und kulturelle Hintergründe, religiöse und weltanschauliche Überzeugungen, Familienstrukturen, soziale Lagen sowie Fähigkeiten und Einschränkungen kommen in ihnen vor.«

Schuck und Rauer (2014: III) konkretisieren dieses Verständnis von Schule: Diese habe sich »darin zu bewähren, für alle Formen individueller, sozialer und kultureller Heterogenität optimale schulische Lernbedingungen zu schaffen. Kategoriale Feststellungen, wie z. B. die des sonderpädagogischen Förderbedarfs, können dabei nur begrenzt die differenzierten Fördernotwendigkeiten auf einem Kontinuum individueller Bedürfnisse beschreiben, müssen aus entscheidungstheoretischen Gründen immer fehlerhaft sein und sollten in einer inklusiven Schule überwunden werden. [...] Aufgabe der Schulentwicklung und -steuerung wird es sein, die Schulen in die Lage zu versetzen, mit den vorhandenen individuellen Problemlagen ihrer Schülerinnen und Schüler umgehen zu können, gleich ob nach klassischer Terminologie mutmaßlich ein sonderpädagogischer oder ein allgemeinpädagogischer Förderbedarf besteht.«

Vor dem Hintergrund dieses Inklusionsverständnisses und der daraus abgeleiteten Vorstellung einer inklusiven Schule ist es besonders schwierig, die seit dem Inkrafttreten der UN-Behindertenrechtskonvention regelmäßig gestellte Frage zu beantworten, wie Inklusion in den 16 Bundesländern umgesetzt werden kann. Bis heute haben sich die Länder nicht auf ein gemeinsames Qualitätsverständnis und auf Maßstäbe für Inklusion verständigt. Damit gibt es keine Anhaltspunkte, anhand derer man die Umsetzung von Inklusion wirklich messen und vergleichen könnte.

Zurzeit kann deshalb nur hilfsweise auf Daten und Erkenntnisse zurückgegriffen werden, die öffentlich zugänglich sind und eine gewisse Standortbestimmung ermöglichen. Hier bieten sich zum einen die schulstatistischen Kennzahlen an, die von den statistischen Landesämtern jährlich an die Kultusministerkonferenz (KMK) gemeldet werden. Diese Kennzahlen erfassen die Lernorte von Kindern und Jugendlichen mit sonderpädagogischem Förderbedarf.[2] Gewisse Hinweise geben auch die Gesetzeslage in den einzelnen Bundesländern an den jeweils verschiedenen Orten der Landesgesetzgebung und die hier vorgenommenen Veränderungen: Sie geben Aufschluss über Rahmenbedingungen und Grundhaltungen zu den Themen »Inklusion« und »gemeinsames Lernen in den Ländern«. Hinzu kommen zahlreiche Erfahrungsberichte von Schulen, die beispielhaft zeigen, unter welchen Bedingungen und mit welchen Maßnahmen Inklusion vor Ort konkret umgesetzt wird.

Aus der Kombination dieser drei Quellen können wir in diesem Band zumindest ein ungefähres Bild davon zeichnen, wie weit die Länder auf dem Weg zum gemeinsamen Lernen von Kindern mit und ohne Förderbedarf vorangekommen sind. Das ist zwar nicht gleichzusetzen mit Inklusion – doch ist Inklusion ohne gemeinsames Lernen erst recht nicht denkbar.

Der Band gliedert sich in drei Teile: Im einleitenden ersten Teil werden die zur Verfügung stehenden KMK-Zahlen für Inklusion/Integration vom Schuljahr 2008/09 bis zum Schuljahr 2013/14 vorgestellt. Der zweite Teil umfasst 16 Länderporträts: Für jedes Bundes-

2 Bei der Auswertung der Statistik muss berücksichtigt werden, dass deren Aussagekraft und Vergleichbarkeit begrenzt ist. So ist z. B. nicht festgelegt, ob die Länder die Kinder mit einem diagnostizierten sonderpädagogischen Förderbedarf angeben sollen oder diejenigen, die sonderpädagogische Förderung erhalten. Nicht geregelt ist ferner, wann genau die Beschulung als »inklusiv« gilt. So können hinter den Zahlen der inklusiven Beschulung sehr unterschiedliche Modelle stehen – von gemeinsamem Lernen bis hin zu Außenklassen. Andererseits ist anzunehmen, dass die Zahlen zumindest dem Selbstverständnis des gemeinsamen Lernens entsprechen, sodass sie immerhin bis zu einem gewissen Grad vergleichbar sind (vgl. dazu auch Klemm 2013; Gresch und Piezunka 2015). Entsprechend den Gepflogenheiten im Feld verwenden wir deshalb trotz der Unklarheiten die derzeit gängigen Begriffe, um den Anteil der Schüler im gemeinsamen Unterricht und an separaten Förderschulen zu bezeichnen. Wir sind uns bewusst, dass auch wir hier den Begriff »Inklusion« verengen, da die Zahlen eher die Integration von Kindern mit sonderpädagogischem Förderbedarf wiedergeben.

land stellen wir anhand der schulstatistischen Zahlen der KMK 2008/09 bis 2013/14 den Stand der Umsetzung von Inklusion vor und beschreiben die Umsetzung des gemeinsamen Lernens, soweit sie aus den Gesetzen des jeweiligen Bundeslandes ersichtlich wird.[3]

Da bekannt ist, dass Gesetzeslage und Umsetzung in der Regel nicht Hand in Hand gehen, schließt sich an diese Darstellung jeweils ein kurzer Erfahrungsbericht an: Ein Schulleiter aus dem betreffenden Bundesland schildert die Umsetzung von Inklusion und die Auswirkungen der Gesetzgebung auf den Alltag in seiner Schule und sagt, was aus seiner Sicht für den weiteren Umsetzungsprozess wichtig wäre. Hier fällt auf, dass die Schulleitungen durchgehend einen weiten Inklusionsbegriff vertreten und meinen, entscheidend für eine gelungene inklusive Schulentwicklung sei vor allem, die Verschiedenartigkeit aller Kinder ins Zentrum zu stellen. Die Verengung auf Förderbedarf ist in der (guten) Praxis also offenbar weit weniger aktuell als in der öffentlichen Debatte.

Auf die Interviews folgen Porträts von bisherigen Jakob-Muth-Preisträgern[4] – also von Schulen, die sich bereits erfolgreich auf den Weg zu einer gelingenden Inklusion als Regelfall gemacht haben. Solche Schulporträts gibt es (noch) nicht für jedes Bundesland: Mit dem Jakob Muth-Preis für inklusive Schule wurden bisher 18 Schulen

3 Mit dieser Herangehensweise unterscheidet sich die vorliegende Betrachtung deutlich von anderen Analysen zum Thema Inklusion in Deutschland. Zwar geht z. B. das Deutsche Institut für Menschenrechte (vgl. Mißling und Ückert 2014) in seinen Analysen ebenfalls von den Schulgesetzen aus und beschreibt die rechtliche Implementierung, doch dort liegt der Fokus auf der systematischen Betrachtung von zwölf ausgewählten Kriterien des Menschenrechts auf inklusive Bildung, während der vorliegende Band mit den Porträts und dem Blick auf die Zahlen zum gemeinsamen Lernen den Blick stärker auf die einzelnen Bundesländer (Stand Dezember 2014) richtet.

4 Seit 2009 vergibt die Bertelsmann Stiftung gemeinsam mit der Bundesbehindertenbeauftragten und der Deutschen UNESCO-Kommission (DUK) den Jakob Muth-Preis für inklusive Schule. Bis zur Ausschreibung 2013/14 trug der Preis noch den Untertitel »Gemeinsam lernen mit und ohne Behinderung«. Die Bewerbungen und insbesondere die Preisträgerschulen haben aber deutlich gemacht, dass für gelingende Inklusion immer der Blick auf *alle* Kinder entscheidend ist. Deshalb haben die Projektträger 2014 beschlossen, künftig auf den Untertitel zu verzichten.

aus neun Bundesländern ausgezeichnet. Auch in diesen Porträts zeigt sich, dass das Konzept der betreffenden Schulen auf einem weiten Inklusionsbegriff basiert.

Schließlich werden im dritten Teil des Bandes die vorgestellten Standortbestimmungen der 16 Bundesländer abschließend diskutiert. Die Entwicklungen in den Bundesländern lassen sich auf verschiedenen Ebenen einordnen: Sie müssen sich zum einen daran messen lassen, wie weit sie in Bezug auf Inklusion (im umfassenden Sinne nach Hinz 2002) gekommen sind, zum anderen daran, wie weit das gemeinsame Lernen von Kindern mit und ohne Förderbedarf gediehen ist. Darüber hinaus können die Entwicklungen der Bundesländer miteinander verglichen werden, und schließlich ermöglicht es der Blick über den Tellerrand auch, die bisherigen Entwicklungen in Deutschland auf die internationale Entwicklung in Sachen Inklusion zu beziehen.

Mit diesem Band legen wir eine systematische Übersicht über den aktuellen Stand zum gemeinsamen Lernen in den Bundesländern vor. Dabei ist uns bewusst, dass sich in dieser Hinsicht derzeit ungeheuer viel bewegt. Umso wichtiger ist es unseres Erachtens, mit Momentaufnahmen wie dieser aktuelle Problemlagen aufzuzeigen und eine solide Basis bereitzustellen, auf der Stand und Fortschritt gleichermaßen auch zukünftig beurteilt werden können. Nicht nur deshalb hoffen wir, dass dieser Band als Ausgangspunkt für weitere Betrachtungen zur Entwicklung des gemeinsamen Lernens, aber auch umfassender eines inklusiven Bildungssystems in Deutschland dient.

Bei der Erstellung des Bandes wurden wir von zahlreichen Menschen unterstützt, denen wir hier danken möchten: Die Texte zur gesetzlichen Umsetzung der UN-BRK in den Bundesländern basieren auf einer Analyse, die Sören Thoms von der Universität Hannover im Auftrag der Bertelsmann Stiftung im Sommer 2013 durchgeführt hat. Die Ergebnisse dieser Analyse wurden in Kooperation mit Vertretern der 16 Bildungsministerien wiederholt geprüft, sodass wir für die Länderporträts über eine gut gesicherte Datenlage verfügen. Die letzte Verantwortung für die Texte liegt bei den Autorinnen des

Bandes. Die Schulleiterinterviews hat Andreas Henke geführt und aufbereitet. Schließlich danken wir ganz besonders der Bundesbehindertenbeauftragten Verena Bentele für ihre Bereitschaft, dem Band ein Grußwort voranzustellen, und der Deutschen UNESCO-Kommission für ihre Einordnung der Situation in Deutschland auf internationaler Ebene.

Ina Döttinger, Nicole Hollenbach-Biele

Teil I: Inklusion in Deutschland – ein Überblick

Inklusion kommt in Deutschland nur langsam voran

Der Begriff der Inklusion wurde bis vor wenigen Jahren nur von Fachleuten benutzt. Heute ist er in der breiten Öffentlichkeit angekommen. Das zeigt, dass die UN-Konvention für die Rechte behinderter Menschen (UN-BRK), die Deutschland am 23.3.2009 ratifiziert hat, wahrgenommen wird. Auch erste Wirkungen der Konvention haben sich eingestellt: Aktuell wird hierzulande heftig darüber gestritten, wie der Anspruch, Schüler mit und ohne Behinderungen gemeinsam zu unterrichten, in den Schulsystemen der 16 Bundesländer umgesetzt werden kann. Durch diese Debatte hat sich der Begriff »Inklusion« vielerorts vom Fach- zum Reizwort gewandelt. Eines ist jedoch unbestreitbar: Mit der Unterzeichnung der Behindertenrechtskonvention hat Deutschland sich verpflichtet, allen Menschen mit Behinderung den Zugang zum allgemeinen Schulsystem zu eröffnen.

Diese Öffnung von Schulen für alle Kinder und Jugendlichen gilt es nun weiter voranzutreiben, um sich Schritt für Schritt einem wirklich inklusiven Schulsystem – zum Verständnis des Begriffs siehe Seite 18 ff. – anzunähern. Dazu ist es wichtig, sich die verfügbaren Zahlen und Fakten vor Augen zu führen und die bisherigen Entwicklungen sauber zu dokumentieren, um die oft sehr emotional geführte Diskussion über den gemeinsamen Unterricht von Schülern mit und ohne Behinderung auf eine empirische Grundlage zu stellen.

Im Folgenden wird beschrieben, wie sich die Anteile der Schülerinnen und Schüler mit und ohne Förderbedarf im allgemeinen Schulsystem bzw. an Förderschulen entwickelt haben. Dabei konzentrieren wir uns auf eine Analyse aktueller, öffentlich verfügbarer Daten und zeichnen die bisherige Entwicklung zu einem inklusiven Schulsystem in Deutschland von der Unterzeichnung der UN-BRK (Schuljahr 2008/09) bis zum Schuljahr 2012/13 nach. Zum besseren Verständnis der schulstatistischen Zahlen, die wir im Weiteren anführen, werden zunächst die wichtigsten Fachbegriffe kurz erklärt.

Förderquoten geben die Anteile der Schüler mit Förderbedarf an allen Schülern im schulpflichtigen Alter an – unabhängig von dem Förderort. Sie setzen sich aus Exklusions- und Inklusionsquote zusammen.
- *Exklusionsquoten* geben die Anteile der Schüler mit Förderbedarf, die separiert in Förderschulen unterrichtet werden, an allen Schülern im schulpflichtigen Alter an.
- *Inklusionsquoten* geben die Anteile der Schüler mit Förderbedarf, die inklusiv in allgemeinen Schulen unterrichtet werden, an allen Schülern im schulpflichtigen Alter an.

Exklusionsanteile geben die Anteile der Schüler mit Förderbedarf, die separiert unterrichtet werden, an allen Schülern mit Förderbedarf an.
Inklusionsanteile geben die Anteile der Schüler mit Förderbedarf, die inklusiv unterrichtet werden, an allen Schülern mit Förderbedarf an.

1 Förderbedarfe, Inklusion und Exklusion: Wo steht Deutschland im Schuljahr 2012/13?

Wie weit ist das deutsche Schulsystem mit der Umsetzung der UN-Behindertenrechtskonvention bisher gekommen, wenn wir als Maßstab anlegen, dass alle Kinder mit sonderpädagogischem Förderbedarf im allgemeinen Schulsystem unterrichtet werden? Anders gefragt: Wie verteilen sich Kinder und Jugendliche mit einem diagnostizierten sonderpädagogischen Förderbedarf auf die beiden Lernorte allgemeine Schule und Förderschule? Wie stark sind die einzelnen Förderschwerpunkte vertreten, und wie sieht es darauf bezogen mit der inklusiven Beschulung aus? Diesen Fragen wird im Folgenden für Deutschland insgesamt wie auch für die einzelnen Bundesländer nachgegangen.

1.1 Ein deutschlandweiter Überblick

Im Schuljahr 2013/14 besuchten insgesamt rund 7,4 Millionen Schülerinnen und Schüler die 1. bis 10. Klasse im deutschen Schulsystem. Bei rund 500.500 dieser Kinder und Jugendlichen wurde ein sonderpädagogischer Förderbedarf diagnostiziert. Die sogenannte Förderquote in dieser Altersgruppe lag damit im betreffenden Schuljahr deutschlandweit bei 6,8 Prozent.

Diese Gruppe ist allerdings sehr heterogen: Hinter dieser Zahl verbergen sich diverse Förderschwerpunkte, die außerdem in den Ländern zum Teil unterschiedlich benannt und auch inhaltlich unterschiedlich definiert werden. Die Daten zu Schülern mit Förderbedarf, die die Länder der Kultusministerkonferenz melden, werden in deren Statistik zu insgesamt neun Untergruppen zusammengefasst ausgewiesen. Dadurch entstehen gewisse Ungenauigkeiten;[5] trotzdem zeigen die prozentualen Anteile, wie häufig die Förderschwerpunkte bei den Schülern aktuell jeweils vorkommen (vgl. Abb. 1).

Mit 38,8 Prozent sind die weitaus meisten Schüler mit einem sonderpädagogischen Förderbedarf im Schuljahr 2013/14 dem Förderschwerpunkt »Lernen« zugeordnet. Die anderen Schüler verteilen sich mit erheblich geringeren Anteilen auf die Förderschwerpunkte »Geistige Entwicklung« (16,0 %), »Emotionale und soziale Entwicklung« (15,2 %), »Sprache« (11,1 %), »Körperliche und motorische Ent-

5 Die von der KMK 1994 genannten und in den nachfolgenden Empfehlungen zu Förderschwerpunkten beschriebenen Kategorien von Behinderungen sind äußerst unscharf gefasst und überschneiden sich zum Teil erheblich (vgl. dazu auch Hillenbrand 2013).

Abbildung 1: Anteile der unterschiedlichen Förderschwerpunkte – Schuljahr 2013/14

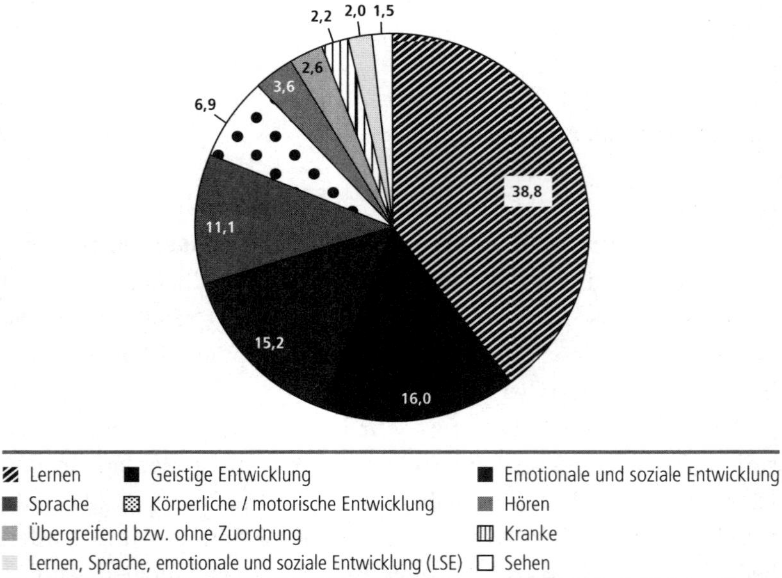

Angaben in Prozent, Abweichungen zu 100 Prozent ergeben sich durch Rundungsfehler.

Der Förderschwerpunkt LSE wird in den KMK-Daten erst seit 2012 erfasst und bezieht sich bisher nur auf zwei Bundesländer (BY und HB).

wicklung« (6,9 %), »Hören« (3,6 %), »Kranke« (2,2 %), »Lernen, Sprache, emotionale und soziale Entwicklung (LSE)« (2,0 %) und »Sehen« (1,5 %). Bei insgesamt 2,6 Prozent wird ein übergreifender Förderbedarf festgestellt, oder sie können nicht zugeordnet werden.

Nun sagt die Förderquote an sich noch nichts über Inklusion aus – dafür ist entscheidend, wo die Schüler mit sonderpädagogischem Förderbedarf unterrichtet werden. Insgesamt rund 343.340 Förderschüler gehen im Schuljahr 2013/14 auf eine Sonder- bzw. Förderschule, das sind 4,7 Prozent aller Erst- bis Zehntklässler in Deutschland (Exklusionsquote). Den sogenannten gemeinsamen Unterricht an einer Regelschule besuchen hingegen nur rund 140.000

Kinder und Jugendliche mit sonderpädagogischem Förderbedarf. Die Inklusionsquote liegt damit bei nach wie vor niedrigen 2,1 Prozent aller Schülerinnen und Schüler in Deutschland: Derzeit kommen also auf 100 Kinder an einer allgemeinen Schule zwei Schüler mit sonderpädagogischem Förderbedarf.

Von der Gruppe der Förderschüler aus betrachtet werden deutschlandweit bisher nur 31,4 Prozent aller Erst- bis Zehntklässer mit sonderpädagogischem Förderbedarf inklusiv unterrichtet, das ist fast jeder vierte Schüler mit Behinderung. Darüber hinaus findet inklusives Lernen in den neun Förderschwerpunkten sehr unterschiedlich statt (vgl. dazu auch die Länderporträts in diesem Band): Von den Schülern mit einem diagnostizierten Förderbedarf im Bereich »Emotionale und soziale Entwicklung« besucht jeder zweite (50,2 %) eine allgemeine Schule; in den Förderbereichen »Sprache« (40,1 %), »Hören« (39,9 %), »Sehen« (37,9 %) und »Lernen« (35,2 %) gilt das jeweils für ein Drittel der betreffenden Schüler; erst dann kommt der Bereich »Körperliche und motorische Entwicklung« (28,5 %). In den übrigen Förderschwerpunkten hat gemeinsamer Unterricht praktisch gar keine Bedeutung.

Von der gemeinsamen Beschulung aller Kinder mit und ohne Behinderungen, die die UN-Konvention als Regelfall fordert, ist Deutschland diesen Zahlen zufolge noch weit entfernt. Zudem ist unklar, wie viele der Kinder und Jugendlichen, die aktuell als inklusiv beschult gelten, zwar in allgemeinen Schulen, aber in eigens für sie eingerichteten Gruppen unterrichtet, also innerhalb der Regelschule separiert werden. Die hier herangezogenen Daten der KMK-Statistik geben dazu keine Auskunft.

1.2 Status quo der Bundesländer

Anhand der Kennzahlen lassen sich die Entwicklungen in Bezug auf den gemeinsamen Unterricht für Deutschland insgesamt nur sehr ungenau darstellen – dafür sind die Bildungssysteme in den 16 Bundesländern zu unterschiedlich ausgestaltet. In den meisten Bundesländern werden ein allgemeines Schulsystem und ein Förder- bzw. Sonderschulsystem parallel geführt; in beiden Systemen unterscheiden sich nach der (meist vierjährigen, teils aber auch sechsjährigen) Grundschule Anzahl und Arten der weiterführenden Schulen zum Teil erheblich, ebenso wie die Formen und Zeitpunkte der Schülerzuweisung bzw. die Selektionsmechanismen. Daher wird nachfolgend ein erster Blick auf die Differenzen zwischen den Bundesländern in Bezug auf Förderquote, Exklusionsquote und Inklusionsanteil geworfen; eine vertiefende Betrachtung dieser Daten findet sich in den jeweiligen Bundeslandporträts im zweiten Teil dieses Bandes.

Ein erster erheblicher Unterschied zwischen den Bundesländern zeigt sich bei den Anteilen der Schüler mit diagnostiziertem sonderpädagogischen Förderbedarf[6] (Förderquoten). Tabelle 1 gibt einen Überblick über die Situation in den einzelnen Ländern.

Tabelle 1: Schülerzahlen und Förderquoten im Ländervergleich – Schuljahr 2013/14

	Schüler in den Jahrgangsstufen 1–10, absolut	Schüler mit sonderpädagogischem Förderbedarf, absolut	Förderquote in Prozent
Baden-Württemberg	1.025.190	73.150	7,1
Bayern	1.169.739	73.648	6,3
Berlin	278.511	20.742	7,4
Brandenburg	195.212	16.187	8,3
Bremen	53.727	3.177	5,9
Hamburg	145.829	12.775	8,8
Hessen	545.651	31.090	5,7
Mecklenburg-Vorpommern	121.784	13.141	10,8
Niedersachsen	765.403	40.791	5,3

6 In der Statistik der KMK bleibt beispielsweise unklar, ob die Bundesländer jeweils die Anteile der Schüler mit sonderpädagogischem Förderbedarf (Anzahl der Diagnosen) melden oder den Anteil der Schüler, die im jeweiligen Schwerpunkt sonderpädagogische Förderung erhalten. Diese und weitere Unschärfen sind bei der Interpretation der Daten zu berücksichtigen (vgl. z.B. Malecki 2013; Gresch und Piezunka 2015).

	Schüler in den Jahrgangsstufen 1–10, absolut	Schüler mit sonderpädagogischem Förderbedarf, absolut	Förderquote in Prozent
Nordrhein-Westfalen	1.700.950	121.797	7,1
Rheinland-Pfalz	373.241	20.033	5,4
Saarland	79.879	6.492	8,1
Sachsen	305.941	25.867	8,5
Sachsen-Anhalt	164.786	14.891	9,0
Schleswig-Holstein	263.426	16.202	6,2
Thüringen	163.484	11.079	6,8
Deutschland	7.352.753	500.544	6,8

Quelle: KMK 2014

In der Berichterstattung der KMK werden die Förderschüler, die die Bundesländer zurückmelden, insgesamt neun Förderschwerpunkten zugeordnet. Die Spannweite der gemeldeten Förderquoten ist erstaunlich groß. So weist Mecklenburg-Vorpommern mit 10,8 Prozent eine doppelt so hohe Quote aus wie etwa Niedersachsen mit 5,3 Prozent. Insgesamt fällt auf, dass in den ostdeutschen Bundesländern (mit Ausnahme von Thüringen) tendenziell häufiger ein sonderpädagogischer Förderbedarf diagnostiziert wird als in den westdeutschen Ländern. Zudem zeigen sich – bei aller Vorsicht in Bezug auf die Vergleichbarkeit der Länderdaten – große Unterschiede in den Anteilen der einzelnen Förderschwerpunkte (vgl. dazu die Länderporträts). Und auch wenn die vorliegenden Daten keine inhaltlich-kausale Interpretation erlauben, kann aus den Befunden abgeleitet werden, dass die Maßstäbe der in den Ländern angewandten Diagnoseverfahren sehr unterschiedlich sein müssen.

Auch die Anteile der Förderschüler, die an separaten Sonder- bzw. Förderschulen unterrichtet werden, differieren im Bundesländervergleich erheblich. So liegt die Exklusionsquote im Schuljahr 2013/14 im Bundesdurchschnitt bei 4,7 Prozent. Dahinter verbirgt sich allerdings eine Spreizung von 4,8 Prozentpunkten zwischen den einzelnen Ländern (vgl. Tab. 2): von 2,3 Prozent in Bremen bis zu 7,1 Prozent in Sachsen-Anhalt.

Tabelle 2: Schülerzahlen und Exklusionsquoten im Ländervergleich – Schuljahr 2013/14

	Schüler in den Jahrgangsstufen 1–10, absolut	Schüler mit sonderpädagogischem Förderbedarf in Sonder- bzw. Förderschulen, absolut	Exklusionsquote in Prozent
Baden-Württemberg	1.025.190	52.176	5,1
Bayern	1.169.739	54.373	4,6
Berlin	278.511	9.435	3,4
Brandenburg	195.212	9.084	4,7
Bremen	53.727	1.000	1,9
Hamburg	145.829	5.230	3,6
Hessen	545.651	24.419	4,5
Mecklenburg-Vorpommern	121.784	8.247	6,8
Niedersachsen	765.403	31.304	4,1
Nordrhein-Westfalen	1.700.950	86.177	5,1
Rheinland-Pfalz	373.241	14.626	3,9
Saarland	79.879	3.581	4,5
Sachsen	305.941	18.551	6,1
Sachsen-Anhalt	164.786	11.146	6,8
Schleswig-Holstein	263.426	6.395	2,4
Thüringen	163.484	7.599	4,6
Deutschland	7.352.753	343.343	4,7

Die Exklusionsquote variiert innerhalb der 16 Bundesländer von 1,9 Prozent (Bremen) bis 6,8 Prozent (Mecklenburg-Vorpommern und Sachsen-Anhalt). Dabei fallen vor allem die guten Werte der drei Stadtstaaten auf: Bremen erzielt mit der bereits genannten Exklusionsquote von 1,9 Prozent den deutschen Bestwert; in Berlin und Hamburg sind die Quoten mit 3,4 bzw. 3,6 Prozent ebenfalls deutlich besser als der Bundesdurchschnitt. In drei der ostdeutschen Flächenländer dagegen liegt die Exklusionsquote deutlich über dem bundesdeutschen Durchschnitt: in Mecklenburg-Vorpommern, Sachsen-Anhalt und Sachsen. Thüringen und Brandenburg dagegen schließen mit 4,6 und 4,7 Prozent erstmals fast zum gesamtdeutschen Wert auf.

Auch innerhalb der westdeutschen Flächenländer zeichnet sich eine große Streuung ab: Allen voran schließt Schleswig-Holstein mit einer Exklusionsquote von 2,4 Prozent praktisch zu Bremen auf. Baden-Württemberg (5,1 %) und Nordrhein-Westfalen (5,1 %) sind die einzigen westdeutschen Länder, in denen die Quote höher liegt als im Bundesschnitt.

Schließlich unterscheiden sich die Bundesländer im Schuljahr 2013/14 auch in Bezug auf den Inklusionsanteil immens. Über ganz Deutschland hinweg besucht mehr als jeder vierte Schüler mit einem diagnostizierten sonderpädagogischen Förderbedarf eine allgemeine Schule, doch zwischen den Ländern differiert die betreffende Quote, wie Tabelle 3 zeigt, um fast 50 Prozentpunkte.

Tabelle 3: Schülerzahlen und Inklusionsanteile im Ländervergleich – Schuljahr 2013/14

	Schüler mit sonderpädagogischem Förderbedarf, Jahrgangsstufen 1–10, absolut	Schüler mit sonderpädagogischem Förderbedarf in allgemeinen Schulen, absolut	Inklusionsanteil in Prozent
Baden-Württemberg	73.150	20.974	28,7
Bayern	73.648	19.275	26,2
Berlin	20.742	11.307	54,5
Brandenburg	16.187	7.103	43,9
Bremen	3.177	2.177	68,5
Hamburg	12.775	7.545	59,1
Hessen	31.090	6.671	21,5
Mecklenburg-Vorpommern	13.141	4.894	37,2
Niedersachsen	40.791	9.487	23,3
Nordrhein-Westfalen	121.797	35.102	28,9
Rheinland-Pfalz	20.033	5.407	27,0
Saarland	6.492	2.911	44,8
Sachsen	25.867	7.316	28,3
Sachsen-Anhalt	14.891	3.745	25,1
Schleswig-Holstein	16.202	9.807	60,5
Thüringen	11.079	3.480	31,4
Deutschland	500.544	157.201	31,4

Quelle: KMK 2014

In den Stadtstaaten besucht mehr als jeder zweite Schüler mit sonderpädagogischem Förderbedarf den Unterricht einer allgemeinen Schule: Ganz weit vorn liegt hier wiederum Bremen mit einem Inklusionsanteil von 68,5 Prozent, gefolgt von Hamburg (59,1 %) und Berlin (54,5%). Einen vergleichbaren Wert erreicht von den Flächenländern einzig Schleswig-Holstein (60,5 %). In den meisten Ländern liegt der Inklusionsanteil zwischen 20 und 30 Prozent; den bundesweit niedrigsten Wert hat Hessen mit 21,5 Prozent. Ein genauerer Blick auf die Inklusionsanteile in den Förderschwerpunkten je nach Bundesland (vgl. dazu die Länderporträts) macht zudem deutlich, dass sich nicht nur das Ausmaß inklusiver Lernsettings erheblich unterscheidet, sondern auch der Umgang mit deren Einführung und Ausweitung sehr unterschiedlichen Strategien zu folgen scheint.

2 Förderbedarfe, Inklusion und Exklusion im Zeitverlauf

Deutschland insgesamt und auch die meisten der 16 Bundesländer sind also noch weit davon entfernt, den Anspruch der UN-BRK flächendeckend umzusetzen. Ein Blick in die statistischen Daten der vergangenen Jahre zeigt aber, dass sich hier über die Zeit durchaus etwas getan hat. Ausgehend von dem Zeitpunkt, als Deutschland die Konvention unterzeichnet hat, setzen wir im Folgenden das Schuljahr 2008/09 als Startpunkt einer Zeitreihe und zeichnen die Entwicklungen bis zum Schuljahr 2013/14 nach.

Auffällig ist bei dieser Betrachtung, dass die dokumentierten Förderbedarfe stetig gestiegen sind: Die deutschlandweite Förderquote erhöhte sich von 6,0 Prozent im Schuljahr 2008/09 über 6,4 Prozent im Schuljahr 2011/12 und 6,6 Prozent im Schuljahr 2012/13 auf 6,8 Prozent im Schuljahr 2013/14 (vgl. Abb. 2).

Über die Gründe für diesen Anstieg lassen sich nur Vermutungen anstellen. Zum einen erscheint es plausibel, dass mit dem stärkeren Fokus auf den Anspruch, Kinder mit und ohne Behinderung gemeinsam zu unterrichten, genauer auf das einzelne Kind und sein Begabungsprofil geschaut wird. Zum anderen sind sicher auch die diag-

Abbildung 2: Förderquoten im Ländervergleich – Schuljahre 2008/09, 2012/13 und 2013/14

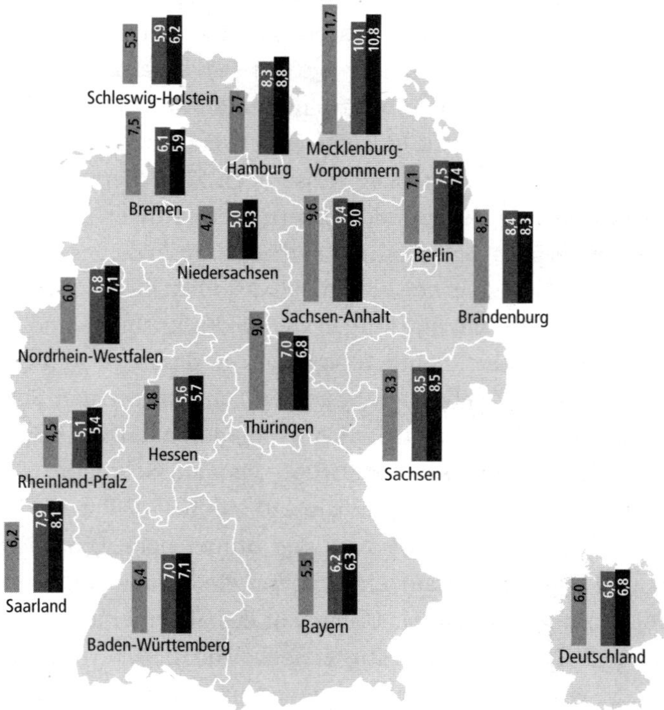

Förderquoten ■ 2008/09 ■ 2012/13 ■ 2013/14

Angaben in Prozent

nostischen Instrumente und Praktiken einer Revision unterzogen worden.

Ein weiterer Grund für den Anstieg der Quoten könnte sein, dass ein vorliegender sonderpädagogischer Förderbedarf in Gesellschaft und Bildungssystem heute stärker akzeptiert ist. Es ist zu vermuten, dass Eltern und Kinder im Zuge der Diskussionen über Inklusion ihre Ängste vor der offiziellen Feststellung eines Förderbedarfs abbauen und mehr darauf vertrauen, dass die Kinder eben nicht stigmatisiert oder exkludiert werden, sondern gemeinsam mit allen anderen lernen und dadurch besser gefördert werden können.

Als eine weitere mögliche Begründung wird schließlich in der Fachliteratur das sogenannte »Ressourcen-Etikettierungs-Dilemma« (z. B. Bleidick 1988) angeführt. Es bezieht sich darauf, dass sich bei mehr diagnostizierten Förderbedarfen die Zahl der Lehrerstellen an den Schulen erhöht. Für die einzelne Schule kann dies ein pragmatischer Weg sein, sich zusätzliche Ressourcen zu sichern – denn bis heute bedeuten in vielen Bundesländern mehr Kinder und Jugendliche mit sonderpädagogischem Förderbedarf zusätzliches pädagogisches Personal. Erste Hinweise auf die Plausibilität dieser Vermutung ergeben sich aus den Entwicklungen von Exklusionsquote und Inklusionsanteil: Sie machen deutlich (vgl. Tab. 4), dass sich in Deutschland an den parallel geführten Systemen von allgemeinen Schulen und Sonder- bzw. Förderschulen nichts verändert hat. Die Exklusionsquote stagnierte – bereits seit 2005/06 – bis zum Schuljahr 2012/13 bei 4,8 Prozent und liegt im Schuljahr 2013/14 bei 4,7 Prozent.

Deutschlandweit gehen also anteilig immer noch genauso viele Kinder und Jugendliche auf eine gesonderte Schule und nehmen eben nicht am gemeinsamen Unterricht des allgemeinen Schulsystems teil (vgl. Tab. 2). Gleichzeitig lernen – und dies ist vor allem ein Resultat der gestiegenen Förderquote – immer mehr Schüler mit diagnostiziertem Förderbedarf an allgemeinen Schulen: Im Schuljahr 2008/09 lag der Anteil der inklusiv unterrichteten Schüler mit sonderpädagogischem Förderbedarf noch bei 18,4 Prozent, bis zum Schuljahr 2012/13 stieg er auf 28,2 Prozent und liegt im Berichtszeitraum 2013/14 bei 31,4 Prozent.

Tabelle 4: Exklusionsquoten und Inklusionsanteile in Deutschland – Schuljahre 2008/09, 2012/13 und 2013/14, Angaben in Prozent

	Schuljahr 2008/09	Schuljahr 2012/13	Schuljahr 2013/14
Exklusionsquote	4,9	4,8	4,7
Inklusionsanteile	18,4	28,2	31,4

Quelle: KMK 2014

Angesichts der oben bereits dokumentierten Unterschiede zwischen den Bundesländern im Schuljahr 2013/14 erstaunt es nicht, dass sich auch die Indikatoren für den Fortschritt im gemeinsamen Lernen von Kindern und Jugendlichen mit und ohne Behinderung im betrachteten Zeitraum sehr unterschiedlich entwickelt haben. So ist es in einzelnen Bundesländern sehr wohl gelungen, trotz steigender Förderquote die Exklusionsquote zu senken. In Schleswig-Holstein beispielsweise ist die Förderquote von 5,3 Prozent (2008/09) auf 6,2 Prozent (2013/14) gestiegen, gleichzeitig ist aber die Exklusionsquote von 3,1 auf 2,4 Prozent gesunken, und der Inklusionsanteil hat sich von 40,9 auf 60,5 Prozent erhöht.

Auch in Berlin ging ein Anstieg der Förderquote von 7,1 auf 7,4 Prozent zwischen 2008/09 und 2013/14 einher mit einem Rückgang der Exklusionsquote von 4,4 auf 3,4 Prozent. Hier konnte der Inklusionsanteil deutlich gesteigert werden, nämlich von 38,8 auf 54,5 Prozent. Hamburg hat einen vergleichbaren Trend zu verzeichnen, obwohl hier die Förderquote sogar deutlich stärker gestiegen ist (von 5,7 auf 8,8 %): Der Inklusionsanteil erhöhte sich von 14,5 Prozent um fast 45 Prozentpunkte auf 59,1 Prozent; so konnte trotz des gestiegenen Anteils an Förderschülern die Exklusionsquote von 4,9 Prozent im Schuljahr 2008/09 auf 3,6 Prozent im Jahr 2013/14 gesenkt werden.

Ganz anders verliefen die Entwicklungen in Brandenburg: Hier hat die Förderquote weitgehend stagniert (8,5 % im Schuljahr 2008/09; 8,3 % im Schuljahr 2013/14), dadurch führte ein vergleichsweise geringer Anstieg des Inklusionsanteils von 36,4 auf 43,9 Prozent zu einer Senkung der Exklusionsquote von 5,4 auf 4,7 Prozent. Ein ähnliches Bild zeigt sich in Sachsen, wo die Förderquote von 8,3 auf 8,5 Prozent (marginal) gestiegen ist: Durch eine Erhöhung des Inklusionsanteils von 16,4 auf 28,3 Prozent hat sich die Exklusionsquote von 6,9 auf 6,1 Prozent reduziert (vgl. dazu auch die Länderporträts).

3 Fazit

Schulen in Deutschland öffnen sich immer mehr für Kinder und Jugendliche mit sonderpädagogischem Förderbedarf. Gleichzeitig wird ein entsprechender Bedarf jedoch auch bei immer mehr Schülern diagnostiziert: Seit Deutschland sich vor fünf Jahren verpflichtet hat, Schüler mit und ohne sonderpädagogischen Förderbedarf gemeinsam zu unterrichten, ist der Anteil der Erst- bis Zehntklässler mit einer Förderdiagnose um 13 Prozent gestiegen. Und auch wenn immer mehr dieser Schüler eine allgemeine Schule besuchen, bleibt der Anteil derer, die an Sonder- oder Förderschulen unterrichtet werden, gleich. Diese und weitere Befunde zeigen, dass Deutschland noch einen weiten Weg vor sich hat, wenn es sein Schulsystem zu einem chancengerechten, inklusiven Bildungssystem umstrukturieren will.

Zum jetzigen Zeitpunkt bindet die Aussonderung von Kindern mit sonderpädagogischem Förderbedarf wichtige Ressourcen an Förderschulen, die für guten gemeinsamen Unterricht an allgemeinen Schulen gebraucht werden. Dabei ist die Teilnahme am Unterricht der allgemeinen Schulen eine wesentliche Voraussetzung für spätere gesellschaftliche Teilhabe: Wissenschaftliche Untersuchungen haben gezeigt, dass Kinder mit sonderpädagogischem Förderbedarf im gemeinsamen Unterricht deutlich bessere Leistungen zeigen als im separierenden Schulsystem (vgl. dazu z. B. Wocken 2005; Klemm und Preuss-Lausitz 2008; Lehmann und Hoffmann 2009; zuletzt Kocaj et al. 2014), während die Mitschüler ohne sonderpädagogischen Förderbedarf dadurch keine Nachteile haben (vgl. z. B. Dumke und Schäfer 1993; Myklebust 2006).

Hinzu kommt, dass der Besuch einer Sonderschule in Deutschland für zu viele Jugendliche zu einer Sackgasse wird. Denn die Chancen der betreffenden Schüler, einen anschlussfähigen Schulabschluss zu erreichen, sind nach wie vor schlecht. So beendeten im Schuljahr 2013/14 fast drei Viertel der Schüler an einer Sonderschule ihre Schulzeit ohne den Hauptschulabschluss, der für einen Ausbildungsplatz so wichtig ist. Leider erlauben die verfügbaren Daten der

Bildungsstatistik keinen Vergleich mit den Bildungsabschlüssen inklusiv beschulter Förderschüler; insofern lässt sich nicht feststellen, ob Förderschüler an Regelschulen bessere oder schlechtere Chancen haben, die Schule mindestens mit einem Hauptschulabschluss zu beenden.

Auch bei den Abschlüssen zeigen sich zwischen den Bundesländern große Unterschiede: Während in Thüringen mit 45,3 Prozent fast die Hälfte aller Förderschüler die Förderschule mindestens mit einem Hauptschulabschluss verlässt, schafft dies in Brandenburg nur jeder Achte. Es ist schon für Schüler ohne besonderen Förderbedarf schwer, mit einem Hauptschulabschluss Zugang zu einer voll qualifizierenden Berufsausbildung zu erhalten. Mit speziellen Abschlüssen oder Abgangszeugnissen von Förderschulen, die unterhalb des Hauptschulabschlusses angesiedelt sind (wie z. B. der »Berufsorientierende Abschluss«, den Schüler in Berlin an Förderschulen erreichen können), haben die Schüler praktisch keine Chance auf Zugang zum Ausbildungsmarkt.

Zudem – das sollte die vorgelegte Argumentation gezeigt haben – kann der Erfolg auf dem Weg zu einem inklusiven Schulsystem nicht allein an einer statistischen Kennziffer wie etwa dem Inklusionsanteil oder der Inklusionsquote gemessen werden. Vielmehr muss es gelingen, möglichst vielen Kindern mit Förderbedarf die Perspektive des Besuchs einer Regelschule zu eröffnen – und das heißt: die Exklusionsquote zu senken. Nur dann wird es gelingen, das allgemeinbildende und das Förderschulsystem allmählich zusammenzuführen.

Es ist darum dringend notwendig, dass die Bundesländer die Weichen für eine schnellere Umstrukturierung des Schulsystems stellen und Inklusion vom Sonderfall zur Regel machen, wie es die UN-BRK fordert. Zu diesem Zweck muss jedes Bundesland sein eigenes Schulsystem auf den Prüfstand stellen, die Rahmenbedingungen schaffen, die für eine beschleunigte Umsetzung von Inklusion notwendig sind – das betrifft die gesetzlichen Grundlagen ebenso wie finanzielle, personelle und räumliche Grundvoraussetzungen –, und vor allem die Qualität seines inklusiven Unterrichts in den Mittelpunkt seiner Bemühungen stellen. Nur so können die positiven Effekte der UN-BRK für alle Schülerinnen und Schüler genutzt, kann individuelle Förderung konsequent umgesetzt werden.

Teil II: Länderprofile

Im Folgenden finden Sie für jedes Bundesland ein Profil, das jeweils aus sechs Teilen besteht:

- der Kurzbeschreibung der jeweiligen Schullandschaft
- der Beschreibung und Erläuterung der KMK-Kennzahlen zur Inklusion im Bundesland
- der Darstellung der Gesetzeslage mit Blick auf
  - die zugrundeliegenden Gesetzestexte und Verordnungen
  - die Feststellung des sonderpädagogischen Förderbedarfs
  - die Entscheidung über den Lernort
  - die Umsetzung des gemeinsamen Lernens
- wesentlichen Entwicklungen zum gemeinsamen Lernen und zur Inklusion seit 2009
- Erfahrungen zum gemeinsamen Lernen aus der Praxis anhand eines Schulleiterinterviews
- einem kurzen Fazit

In den Profilen derjenigen Länder, unter deren Schulen Träger des Jakob Muth-Preises für inklusive Schule sind, finden Sie außerdem die Porträts der Preisträgerschulen.

Die Porträts arbeiten mit den Zahlen bis zum Schuljahr 2013/14. Der Stand der verwendeten Gesetzestexte wird jeweils explizit genannt; der späteste Stichtag ist der 31.12.2014. Die Bundesländer verwenden z. T. unterschiedliche Begrifflichkeiten für vergleichbare Konzepte, z. B. »sonderpädagogischer Förderbedarf« und »Bedarf an sonderpädagogischer Unterstützung«, oder »Eltern«, »Fürsorgeberechtigte« und »Erziehungsberechtigte«. Um die Lesbarkeit und Vergleichbarkeit zu erhöhen, verwenden wir in allen Bundesländerporträts dieselben Begrifflichkeiten, sofern der Bezug klar ist.

Länderprofil Baden-Württemberg

1 Die baden-württembergische Schullandschaft

Baden-Württemberg ist (nach Fläche und Einwohnerzahl) das drittgrößte Bundesland in Deutschland. Es hat rund 10,63 Millionen Einwohner in 35 Land- und neun Stadtkreisen. Das Schulsystem Baden-Württembergs ist nach der vierjährigen Grundschule mehrgliedrig aufgebaut: Werkrealschule und Hauptschule, Realschule sowie Gymnasium bilden den Kern. Dazu kommen die dreijährigen beruflichen Gymnasien in verschiedenen Ausprägungen ab Klasse 11. An einigen Standorten gibt es auch das sechsjährige berufliche Gymnasium ab der 8. Klasse.

2011 wurde zusätzlich die Gemeinschaftsschule eingeführt, die in jedem Fall eine Sekundarstufe I hat, aber auch über eine Grundschule und eine Oberstufe verfügen kann. Parallel dazu unterhält Baden-Württemberg ein hochdifferenziertes Sonderschulwesen mit Sonderschulen für Blinde, Sehbehinderte, geistig Behinderte, Hörgeschädigte, Körperbehinderte, Sprachbehinderte, Erziehungshilfe, Schule für Kranke in längerer Krankenhausbehandlung sowie Förderschulen (das Äquivalent zur Förderschule Lernen in anderen Bundesländern).

2 Gemeinsames Lernen und Inklusion: ein Blick in die Bildungsstatistik

Im Schuljahr 2008/09, als die UN-Behindertenrechtskonvention in Kraft trat (26.3.2009), lag die Förderquote bei 6,4 Prozent. Das heißt, bei 72.827 Schülern der Jahrgangsstufen 1 bis 10 wurde ein sonderpädagogischer Förderbedarf festgestellt. Der Anteil der Förderschüler, die eine Schule des Sonderschulwesens besuchten (Exklusionsquote), betrug im gleichen Schuljahr 4,7 Prozent. Bundesweit lag die Förderquote bei 6,0 Prozent, und mit einer Exklusionsquote von 4,9 Prozent wurden sogar noch etwas mehr Kinder mit besonderem Förderbedarf außerhalb des Regelschulsystems unterrichtet. Der Inklusionsanteil machte in Baden-Württemberg in dem betreffenden Schuljahr 26,0 Prozent aus. Damit fiel er in Baden-Württemberg besser aus als im bundesdeutschen Durchschnitt (18,4 %).

Abbildung 3: Exklusionsquoten in Baden-Württemberg

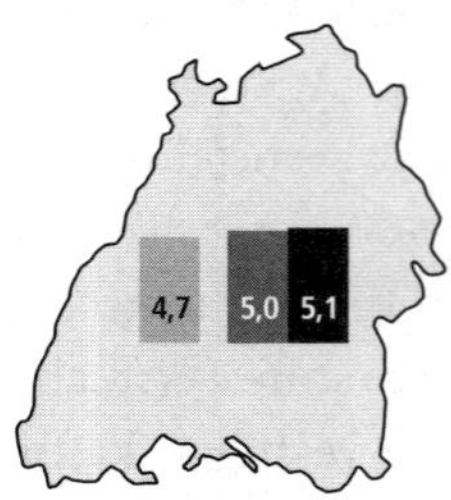

Schuljahr: ■ 2008/09 ■ 2012/13 ■ 2013/14

Angaben in Prozent

Fünf Jahre später ist das Bild in Baden-Württemberg allerdings nahezu unverändert: Im Schuljahr 2013/14 wurde bei gut 73.150 Schülern der Klassenstufen 1 bis 10 ein sonderpädagogischer Förderbedarf diagnostiziert. Damit ist die Förderquote auf 7,1 Prozent gestiegen. Mehr als jeder Vierte (28,7 %) dieser Förderschüler besucht eine Regelschule; der Inklusionsanteil hat sich also ebenfalls leicht erhöht. Zugleich zeigt der bundesweite Vergleich, dass sich die Exklusionsquote untypisch entwickelt hat: Der Anteil der Schüler mit sonderpädagogischem Förderbedarf, die eine Sonderschule besuchen, ist in Baden-Württemberg auf 5,1 Prozent gestiegen. Damit liegt das Land (anders als noch fünf Jahre vorher) nun über dem bundesdeutschen Durchschnittswert von 4,7 Prozent.

Auch die Perspektiven dieser Schüler auf einen Hauptschulabschluss sind im bundesweiten Vergleich unterdurchschnittlich: Im Schuljahr zuvor erzielten nur 20,6 Prozent von ihnen mindestens einen Hauptschulabschluss – bundesweit schaffte das immerhin jeder vierte Jugendliche mit sonderpädagogischem Förderbedarf.

Die weitaus meisten Förderschüler in Baden-Württemberg sind dem Schwerpunkt »Lernen« zugeordnet: Mit 40,8 Prozent macht diese Gruppe im Schuljahr 2013/14 den mit Abstand größten Anteil aus. Die anderen 59,2 Prozent verteilen sich auf die Förderschwerpunkte »Emotionale und soziale Entwicklung« (17,2 %), »Geistige Entwicklung« (12,5 %), »Sprache« (11,2 %), »Körperliche und motorische Entwicklung« (8,2 %), »Hören« (4,5 %), »Kranke« (3,4) und »Sehen« (2,1 %) (vgl. Abb. 4).

Seit dem Schuljahr 2008/09 sind vor allem die Anteile der Förderschüler im Bereich »Emotionale und soziale Entwicklung« (um 2,5 Prozentpunkte) und (in geringerem Maße) in den Schwerpunkten »Hören«, »Körperliche und motorische Entwicklung«, »Geistige Entwicklung« und »Kranke« angewachsen. Im Bereich »Lernen« hat sich der Anteil dagegen deutlich verringert (um 4,0 Prozentpunkte), und auch in den übrigen Schwerpunkten ist er leicht rückläufig.

Inklusion findet in Baden-Württemberg im Schuljahr 2013/14 in der Sekundarstufe I und II vor allem an den Haupt- und Werkrealschulen statt: 62,7 Prozent aller inklusiv unterrichteten Schüler mit besonderem Förderbedarf besuchen eine solche Schule. Weitere 13,0 Prozent gehen auf eine Realschule, 7,6 Prozent zum Gymnasium. An den Gesamt- und Gemeinschaftsschulen des Landes lernen 16,7 Prozent der Förderschüler. Dabei verteilen sich diese Schüler allerdings je nach Förderschwerpunkt sehr unterschiedlich auf die Schulformen des Regelschulsystems. Die Gruppe der im Schuljahr 2013/14 insgesamt 4.000 Förderschüler an den Hauptschulen besteht vorwiegend aus Kindern und Jugendlichen mit den Förderschwerpunkten »Emotionale und soziale Entwicklung« und »Lernen«. Knapp 830 Förderschüler nehmen am Unterricht einer Realschule teil. Hier finden sich mehrheitlich solche mit besonderen Bedarfen in den Bereichen »Emotionale und soziale Entwicklung« und »Hören«. Ein Gymnasium besuchen in dem Schuljahr rund 480 Förderschüler; von diesen hat mehr als jeder zweite Probleme mit dem Hören, rund

Abbildung 4: Förderschwerpunkte in Baden-Württemberg (Verteilung in Prozent)

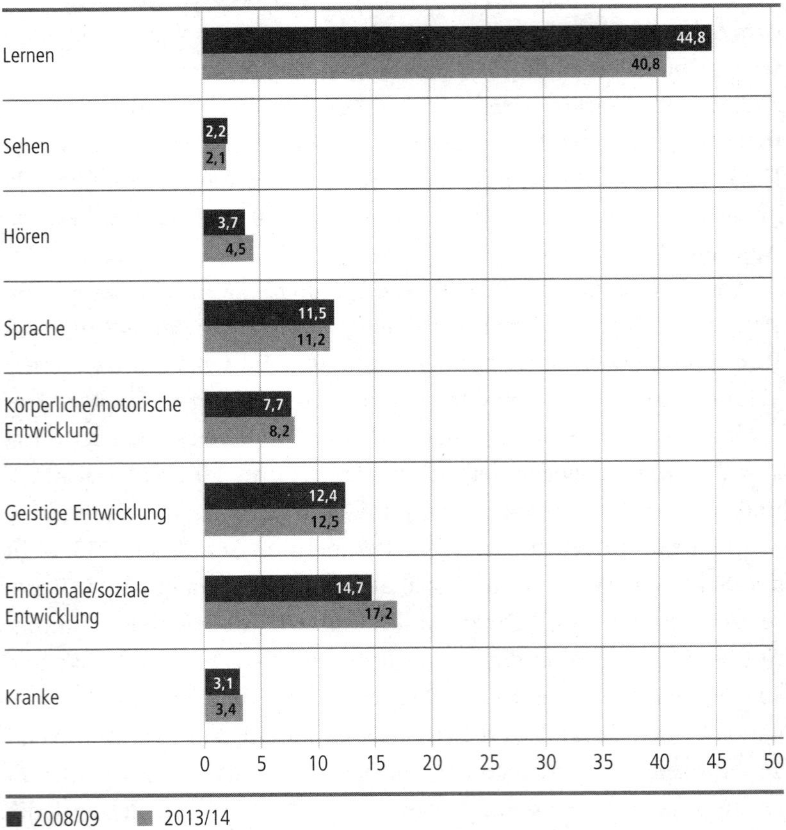

Quelle: KMK 2014a, b, c

ein Viertel mit dem Sehen, gut zehn Prozent haben sonderpädagogischen Förderbedarf im körperlich-motorischen Bereich.

In allen drei Schulformen zusammengenommen finden sich nur elf Schüler mit geistiger Behinderung. An den Gesamt- und Gemeinschaftsschulen des Landes schließlich werden fast 1.100 Schüler inklusiv beschult, vor allem solche mit den Förderschwerpunkten »Lernen« und »Emotionale und soziale Entwicklung«.

3 Gemeinsames Lernen und Inklusion in Baden-Württemberg: die Gesetzeslage

3.1 Gesetzesgrundlagen

Der Schulbesuch von Kindern und Jugendlichen mit sonderpädagogischem Förderbedarf ist ausschließlich im Schulgesetz für Baden-Württemberg (BW-SchG) geregelt (vgl. § 15 zur Sonderschule und § 8a zur Gemeinschaftsschule, Stand 22.7.2014). Eine Änderung des Schulgesetzes ist derzeit für das Schuljahr 2015/16 geplant.

3.2 Entscheidung über einen sonderpädagogischen Förderbedarf

Der sonderpädagogische Förderbedarf wird von der Schulaufsichtsbehörde festgestellt. Ein Feststellungsverfahren kann dann aufgenommen werden, wenn eine Behinderung vorliegt oder vermutet wird, und wenn anzunehmen ist, dass das betreffende Kind in der Regelschule nicht ausreichend gefördert würde (§ 15, § 82 BW-SchG; siehe auch www.service-bw.de/zfinder-bw-web/processes.do?vbmid=0&vbid =7361 72). Im Gegensatz zu dem Vorgehen in den meisten anderen Bundesländern folgt der Feststellungsantrag der Entscheidung für die Sonderschule, nicht umgekehrt (ebd.). Sie wird von Sonderpädagogen durchgeführt, die am bisherigen Verfahren nicht beteiligt waren (ebd.).

3.3 Entscheidung über den Lernort

Für »behinderte Schüler mit sonderpädagogischem Förderbedarf« (§ 15 Abs. 1 BW-SchG) ist der Besuch der Sonderschule[7] verpflichtend (§ 82 Abs. 1 BW-SchG). Über den Lernort entscheidet die Schulaufsichtsbehörde. Sie kann eine pädagogisch-psychologische Prüfung mit Schuleignungs- oder Schulleistungsprüfung und Intelligenztest sowie eine Untersuchung durch das Gesundheitsamt verlangen. Die Erziehungsberechtigten haben kein Wahlrecht, die Schulaufsichtsbehörde soll lediglich anstreben, im Einvernehmen mit ihnen zu entscheiden (§ 82 Abs. 2 BW-SchG).

3.4 Umsetzung des gemeinsamen Lernens

Nach den oben genannten Regelungen können Kinder mit sonderpädagogischem Förderbedarf und Kinder ohne Förderbedarf nur in zwei Fällen gemeinsam unterrichtet werden:

- Ist eine zielgleiche Beschulung möglich, darf das betreffende Kind eine allgemeine Schule besuchen (§ 15 Abs. 4 BW-SchG).
- Eine zieldifferente Beschulung ist dagegen normalerweise nur an der Gemeinschaftsschule möglich (§ 8a Abs. 1 BW-SchG). Eine Ausnahme bilden die fünf Modellregionen (s. u.).

Zusätzlich gibt es in Baden-Württemberg die Form der »Außenklassen«: einzelne Sonderschulklassen, die örtlich an allgemeine Schulen, also an Grund-, Haupt-, Werkreal- und Realschulen und an Gymnasien, verlagert worden sind (nach § 15 Abs. 6 BW-SchG). Jeder Außenklasse ist eine Partnerklasse der allgemeinen Schule zugeord-

7 »Sonderschule« ist in Baden-Württemberg der Oberbegriff für alle Förderschultypen. Als »Förderschule« bezeichnet man in dem Bundesland nur »eine Schule, an der Kinder und Jugendliche mit umfassenden und lang andauernden Lernproblemen und Entwicklungsverzögerungen ein differenziertes Bildungsangebot erhalten« (vgl. www.kultusportal-bw.de/,Lde/Startseite/schulebw/Foerderschule).

net (vgl. www.kultusportal-bw.de/,Lde/770481?QUERYSTRING=auß enklassen). Das Konzept der Außenklassen scheint eine erste Annäherung an Integration zu sein.

4 Entwicklungen zum gemeinsamen Lernen und zur Inklusion

Das Land Baden-Württemberg hat eine Expertenkommission zur Lehrerbildung eingerichtet, die ihre Arbeit im März 2013 abgeschlossen hat. Diese Kommission empfiehlt unter anderem, in alle Lehramtsstudiengänge eine sonderpädagogische Grundbildung zu integrieren. Außerdem sollen Studierende des Lehramts für Primarstufe, Sekundarstufe I und II und berufsbildende Schulen künftig den Schwerpunkt Sonderpädagogik wählen können.

Zum Schuljahr 2015/16 soll eine Schulgesetzänderung zur Inklusion in Kraft treten, die schon zweimal verschoben wurde. Über deren Inhalte ist bisher allerdings wenig bekannt.

Modellprojekt zur inklusiven Beschulung

Mit Beginn des Schuljahres 2010/11 wurde in fünf Modellregionen in Baden-Württemberg – Stuttgart, Mannheim, Freiburg, Konstanz und Biberach – ein Konzept zur inklusiven Beschulung gestartet.[8] Hier ist die Sonderschulpflicht, die in Baden-Württemberg eigentlich besteht, im Rahmen des Schulversuchs aufgehoben. Eltern von Schülerinnen und Schülern mit sonderpädagogischem Förderbedarf sollen nach einer qualifizierten Beratung im Rahmen einer Bildungswegekonferenz ein qualifiziertes Wahlrecht in Bezug darauf haben, ob ihr Kind eine Sonderschule oder eine Regelschule besuchen soll.

8 Einige Informationen zum Projekt finden sich unter www.mannheim.de/bildung-staerken/mannheim-lernen-kinder-und-ohne-behinderung-gemeinsam (Download 22.10.2014).

In den Modellregionen besucht etwa ein Viertel der Kinder mit Förderbedarf eine Regelschule. Die Erfahrungen, die in den Modellregionen gesammelt werden, sollen als Grundlage für die geplante Änderung des Schulgesetzes genutzt werden.

Gleichzeitig wird in den Regionen geprüft, welche Voraussetzungen auf Verwaltungsseite notwendig sind, um inklusive Bildungsangebote – erstmals auch in zieldifferenter Form – zu etablieren. Damit soll der Schulversuch helfen, die Arbeits- und Kommunikationsformen zu entwickeln, die notwendig sind, um die Schulgesetzänderungen zur Inklusion ab dem Schuljahr 2015/16 auch flächendeckend und sinnvoll umsetzen zu können.

5 Gemeinsames Lernen in Baden-Württemberg: Erfahrungen aus der Praxis

Integrative Waldorfschule Emmendingen, Interviewpartner: Michael Löser, Geschäftsführer

Bitte stellen Sie Ihre Schule kurz vor und skizzieren Sie das dort gelebte Inklusionsverständnis.

Die Integrative Waldorfschule Emmendingen, die 1995 von Eltern und Lehrkräften gegründet wurde, ist eine einzügige Schule mit den Klassen 1 bis 12. Zurzeit besuchen rund 280 Schülerinnen und Schüler unsere Schule. Im Vordergrund stehen bei uns das gemeinsame Lernen und die Wertschätzung der unterschiedlichen Begabungen.

In der Gründungsphase Anfang der 1990er-Jahre trafen zwei Strömungen aufeinander: auf der einen Seite Eltern, die im nördlichen Raum von Freiburg im Breisgau eine Waldorfschule gründen wollten, und auf der anderen Seite Eltern mit der Vision einer »integrativen Schule«. Das waren in diesem Fall Eltern von Kindern mit einer Behinderung.

Unser Konzept sieht vor, dass in jede Klasse vier Kinder mit sonderpädagogischem Förderbedarf aufgenommen werden. Unsere Erfahrung zeigt: Inklusion – als ein gesellschaftliches Anliegen und als Ziel – braucht Zeit. Die Integrative Waldorfschule Emmendingen hat vor 18 Jahren begonnen, Erfahrungen zu sammeln, und befindet sich immer noch »auf dem Weg« ...

Welche Auswirkungen hat die Gesetzeslage auf Ihre Schule?

Grundsätzlich unterliegen wir der allgemeinen Schulgesetzgebung des Landes Baden-Württemberg. Für Schulen in freier Trägerschaft gibt es aber besondere Regelungen. Inklusion ist in unserem Bundesland bisher noch nicht gesetzlich geregelt. Das ist für das staatliche Schulsystem ein Problem. Uns betrifft das weniger, weil wir Inklusion schon seit fast 20 Jahren leben. Insgesamt beobachte ich in Baden-Württemberg, dass man versucht, die Sonderschulsystematik in das Regelschulsystem zu »importieren«. So ist wirkliche Inklusion kaum möglich.

Wir hatten bis 2009 bessere Rahmenbedingungen, denn bis dahin erhielten wir für die Schüler mit sonderpädagogischem Förderbedarf die gleichen Landeszuschüsse wie eine Sonderschule in freier Trägerschaft. Ende 2009 wurden uns diese Zuschüsse dann um zehn Prozent gekürzt. Als uns dieser Status genommen werden sollte, haben wir erfolgreich gegen das Land geklagt; so konnten wir auch weiterhin sonderschulpflichtige Kinder unterrichten. Bis heute sind wir die einzige staatlich anerkannte integrative Schule in Baden-Württemberg. Allerdings gibt es in unserem Bundesland fünf Modellregionen, in denen die Sonderschulpflicht aufgehoben ist. Und faktisch können Schulen auch in anderen Regionen des Landes Kinder mit Förderbedarf aufnehmen – das hängt sehr vom Schulamt ab.

Insgesamt ist die Situation sehr unübersichtlich, und es fehlen klare Regelungen vom Kultusministerium. Noch ein Beispiel dafür: Ich kenne eine Waldorfschule in einem anderen Regierungsbezirk, die ein Mädchen mit Körperbehinderung und sonderpädagogischem Förderbedarf aufgenommen hat. Unterrichtet wird es von einem Lehrer mit heilpädagogischer Zusatzausbildung. Alle sind mit der Situation zufrieden: die Schülerin, die Eltern und die Lehrer. Dennoch erhält die Schule dafür keine oder nur begrenzte Zuschüsse, weil dieser Lehrer keine Sonderschulausbildung hat. Das unterstreicht noch einmal, was ich bereits sagte: Die allgemeinen Schulen sollen sich nach der Sonderschulsystematik richten.

Was wünschen Sie sich vom Gesetzgeber, damit Inklusion besser gelingen kann?

Grundsätzlich sollte Inklusion nicht von der Sonderschule her gedacht werden. Die Schulen benötigen in jeder Hinsicht mehr Gestaltungsfreiheit. Wenn bspw. ein Kind mit einer geistigen Behinderung in eine Regelschule geht, wird es an dieser Schule fünf oder sechs Stunden pro Woche von einem Sonderschulpädagogen unterrichtet. Aber was ist in der verbleibenden Zeit? Hier wünsche ich mir, dass Schulen vor dem Hintergrund ihrer Erfahrungen und nach ihren jeweiligen Bedingungen größere Handlungsspielräume bekommen. Die Schulen sollten ihre eigenen Konzepte entwickeln dürfen.

In Rheinland-Pfalz beispielsweise können Schwerpunktschulen für Inklusion eigene Konzepte erarbeiten und sie dem Ministerium zur Genehmigung vorlegen. Dort wird den Schulen also nichts von oben übergestülpt. Wenn das Konzept genehmigt ist, müssen die Schulen eine bestimmte Mindestzahl von Schülern mit Förderbedarf aufnehmen und erhalten entsprechende Zuschüsse und Ressourcen, etwa einen Sonderschulpädagogen pro zwanzig Schüler. So stelle ich mir das für Baden-Württemberg vor: dass ein Schulkonzept in einem dialogischen Prozess entwickelt wird. So kann Inklusion gelingen.

Kontakt
Integrative Waldorfschule Emmendingen
Parkweg 24
79312 Emmendingen
Tel. 07641/959938013
www.waldorfschule-emmendingen.de

6 Fazit

Baden-Württemberg zeigt in Bezug auf gemeinsames Lernen oder gar auf Inklusion noch großen Entwicklungsbedarf. Die Kennzahlen zeigen, dass heute sogar mehr Kinder exklusiv beschult werden, als das 2008/09 der Fall war. Die Sonderschulpflicht besteht fort. Das Feststellungsverfahren folgt der Entscheidung für die Sonderschule und wird von Sonderpädagogen durchgeführt, sodass der Lernortentscheidung keine unabhängige Analyse der Bedürfnisse und Stärken des Kindes vorausgeht.

Dem hochkomplexen Schulsystem aus Regel- und Sonderschulen mit über 15 Sekundarschulformen wurde eine weitere Schulform, die Gemeinschaftsschule, hinzugefügt, deren Hauptaugenmerk auf Inklusion liegen soll. Es gibt einen Schulversuch zur Inklusion, doch Einzelheiten über Konzept, Verlauf und Ergebnisse dieses Schulversuchs konnten aus den öffentlich zugänglichen Quellen nicht erschlossen werden. Berichten zufolge sind die Ergebnisse in den einzelnen Regionen sehr unterschiedlich (z. B. Allgöwer 2013). Und auch der Bericht aus der Praxis zeugt von wenig Zuversicht, das baden-württembergische Schulsystem zu einem inklusiven Bildungsangebot umzustrukturieren.

Insgesamt kann also in Baden-Württemberg bisher von einem Wandel des Systems keine Rede sein; vielmehr bleiben die Bemühungen um gemeinsames Lernen zaghaft. Es bleibt abzuwarten, inwieweit die geplante Schulgesetzänderung hier neue Impulse setzen kann.

Jakob-Muth-Preisträger aus Baden-Württemberg

Waldorfschule Emmendingen: Preisträgerporträt 2015

»Es ist normal, verschieden zu sein«: Unter diesem Motto lernen seit fast 20 Jahren Kinder mit und ohne Behinderung gemeinsam an der Waldorfschule Emmendingen. Bis heute ist sie die einzige staatlich anerkannte integrative Schule in Baden-Württemberg. Zurzeit besuchen 280 Schüler in den Klassen 1 bis 12 die Schule; darunter 38 Schüler mit unterschiedlichen Förderschwerpunkten (geistige Entwicklung, körperlich-motorische Entwicklung und emotional-soziale Entwicklung). Sie alle leben und lernen gemeinsam auf der Grundlage der Waldorfpädagogik. Ganz bewusst hat die Schule kürzlich entschieden, ihren Namen zum Schuljahr 2015/16 von »Integrative Waldorfschule Emmendingen« in »Waldorfschule Emmendingen« zu ändern. Dann drückt der Name aus, was im Kern steht: eine Schule für alle Kinder!

An der Waldorfschule Emmendingen kennt jeder jeden. Waldorflehrer und Heilpädagogen führen ihre Klasse als Team gemeinsam acht Schuljahre lang. Die Klassen 9 bis 12 werden vom Oberstufenteam betreut. Die 9. Klasse übernimmt jeweils die Patenschaft für die neue 1. Klasse. Insgesamt lernen die Schüler zwölf Jahre zusammen, von der 1. Klasse bis zum Waldorfabschluss. Die intensiven Beziehungen zueinander schaffen ein besonderes Vertrauen. Dadurch gelingt es auch, gemeinsam durch die Jahre der Pubertät zu kommen, in denen sonst Integration und Inklusion oft an ihre Grenzen stoßen.

In Emmendingen gibt es keine Noten und keine Versetzungsfragen: jede Klasse bleibt vom ersten bis zum zwölften Jahr zusammen. Stattdessen kann sich jedes Kind in seinem Tempo entwickeln. Die Entwicklung des einzelnen, nicht ein Klassenziel, steht im Vordergrund. Dabei wird, im Sinne der Waldorfpädagogik, immer das ganze Kind mit allen seinen Sinnen angesprochen: Bewegungsspiele, Gartenbau, Werken, Handarbeit, Theater, aber auch lange Praktika gehören ganz selbstverständlich zum Stunden- und Jahresplan. Das kommt allen Kindern und Jugendlichen entgegen, besonders denjenigen mit dem Anspruch auf sonderpädagogische Unterstützung.

Der Weg und die Entwicklung vom Schulanfänger bis zum jungen Erwachsenen drückt sich in Emmendingen schon im Gebäude aus: Jedes Stockwerk ist einer Stufe vorbehalten und hat eine eigene farbliche Gestaltung in Lasurtechnik, so dass die Wandflächen lebendig erscheinen und die Wirkung der Räume bewusst unterstützen.

Die Unterstufe mit den Klassen 1 bis 4 lernt im Erdgeschoss. Flur und Foyer sind in Gelbtönen gehalten – warm und einladend. Die Klassenräume gehen von zartem Rot in der 1. Klasse bis Zitronengelb in der 4. Klasse. Bei der Einrichtung überwiegt Holz. Insgesamt herrscht ein friedlicher, freundlicher Charakter. In den ersten drei Klassenstufen gibt es zusätzlich das »Bewegliche Klassenzimmer«: leichte Holzbänke ersetzen Tische und Stühle, ein großer Teppich bildet den Mittelpunkt. In der Unterstufe beginnt jeder Tag mit dem rhythmisierten Anfang, mit gemeinsamem Aufsagen von Sprüchen, Singen, Bewegungsspielen, Rätseln, häufig mit Bezug zum Jahreskreis. Jeden Tag dürfen die Kinder, die an diesem Wochentag geboren sind, ihren Zeugnisspruch aufsagen. Diesen Spruch bekommen die Kinder als Teil ihres Zeugnisses. Er begleitet sie während des gesamten kommenden Schuljahres und soll ihnen Orientierung für ihre Entwicklung und ihren Weg geben. Für den gemeinsamen Anfang bilden die Bänke einen großen Sitzkreis mit freier Fläche. Danach nehmen die Kinder die Bänke als Tische, stellen sie in Reihen auf und sitzen, knien oder hocken auf Sitzkissen zum Arbeiten davor.

Die Mittelstufe, Jahrgänge 5 bis 8, ist im hellblau lasierten ersten Stock untergebracht. Die Klassenzimmer sind in Grün- und Blautönen gehalten. Hier wird eine nüchternere, ernstere Stimmung spürbar: Es geht um die ersten Schritte aus der Kindheit in die Jugend. In der Mittelstufe gehen die Bedürfnisse der Schüler stärker auseinander. Bei den einen steht Zielorientierung und Selbstfindung an, bei den anderen geht es um Mobilität im Alltag oder lebenspraktisches Training. Aber während es im gegliederten Schulsystem sonst in dieser Zeit oft keine Berührungspunkte zwischen diesen Wegen gibt, erleben die Schüler in Emmendingen diese Zeit gemeinsam: – im gemeinsamen Tages- oder Unterrichtsbeginn, bei den künstlerisch-praktischen Arbeiten und im Epochenunterricht in Biologie, Kunstgeschichte oder auch Deutsch. Differenzierung und Individualisierung finden ebenfalls ihren Platz – etwa in Extrastunden parallel zur zweiten Fremdsprache oder in differenzierten Epochenthemen. Ein großes Theaterprojekt (sogenanntes »Achtklassspiel«) und die erste Jahresarbeit beenden die 8. Klasse. Auch hier bildet die Waldorfpädagogik eine wichtige Grundlage für Gemeinsamkeit und Individualität: Während das Achtklassspiel eine Anstrengung der ganzen Klasse ist, bei der sich jeder mit seinen Stärken in ein gemeinsames Projekt einbringt, beschäftigt sich für die Jahresarbeit jeder Schüler schriftlich, künstlerisch und/oder handwerklich mit einem selbstgewählten Thema und stellt es im Anschluss öffentlich vor. Beides zusammen bildet den Abschluss der Mittelstufe.

Der Oberstufenflur der Jahrgänge 9 bis 12 im zweiten Stock ist in Violett lasiert und die Klassenräume in ganz leichter Lasur von Hellblau bis Lila. Besonders in den letzten Schuljahren findet die Gemeinschaft hier oft wieder zusammen, auf eine neue und reifere Weise, wenn aus suchenden Jugendlichen langsam junge Erwachsene werden. Die oft schwierige Zeit in der späteren Mittel- und frühen Oberstufe ist durchgestanden. Die Schüler erleben, wie es sie prägt, gemeinsam im Alltag mit sehr unterschiedlichen Bedürfnissen umzugehen und Verschiedenheit anzunehmen. Oft wachsen daraus Erkenntnisse, die die Schüler für ihr Leben wichtig finden. Verschiedene Praktika begleiten sie auf ihrem Weg durch die Oberstufe: in der 9. Klasse ein Landwirtschaftspraktikum, in der 10. Klasse ein Betriebspraktikum und in der 11. Klasse das Sozialpraktikum. Alle Praktika dauern jeweils mindestens drei Wochen. Alle Schüler schließen ihre Schulzeit am Ende der 12. Klasse mit dem Waldorfabschluss ab. Dazu gehört die zweite große Jahresarbeit. Ein weiterer wichtiger Teil ist das »Zwölfklass-Theaterstück«. Das gemeinsam mit einem Profi erarbeitete Theaterstück bietet allen Schülern die Möglichkeit, sich mit ihren Stärken einzubringen.

Im 12. Schuljahr gibt es außerdem die Möglichkeit, den Realschulabschluss abzulegen. Im Anschluss an das 12. Schuljahr kann in einem 13. Schuljahr in Kooperation mit einer benachbarten Waldorfschule das Abitur erworben werden.

Überall in der Waldorfschule Emmendingen ist spürbar: hier geht es um eine gemeinsame Sache, von Schülern, Pädagogen und auch Eltern. Die gemeinsam verbrachte Zeit schafft Erfahrungen, die gerade da wichtig sind, wo Gesellschaft inklusiv werden möchte – Erfahrungen von Vielfalt und von Schwierigkeiten und davon wie es gelingt, damit umzugehen.

Ein Schüler der Oberstufe fasst das so zusammen: »Irgendwie bin ich stolz darauf, diese Erfahrungen gemacht zu haben. Freunde zu haben, die ›anders‹ sind, aber eben doch vertraut. Das ist mehr wert, als mancherlei Lernstoff! Weil es eben das richtige Leben angeht. Ich weiß, wie und dass ich mit Menschen mit Behinderung leben und wie ich mich verhalten kann. Ich glaube, dass das sehr prägend ist« (Engesser 2013).

Kontakt
Schulleiterin: Catrin Muff
Ansprechpartner: Silke Engesser
Parkweg 24
79312 Emmendingen
Tel. 07641/959938011
E-Mail: engesser@waldorfschule-emmendingen.de
www.waldorfschule-emmendingen.de

Länderprofil Bayern

1 Die Schullandschaft in Bayern

Bayern ist bezogen auf die Fläche das größte und nach Einwohnerzahl das zweitgrößte Bundesland in Deutschland. Hier leben über 12,5 Millionen Einwohner in 71 Land- und 25 Stadtkreisen. Das Schulsystem in Bayern gliedert sich nach der vierjährigen Grundschule in Mittelschule, Realschule und Gymnasium. Vereinzelt gibt es zudem »Schulen besonderer Art«; als solche werden zum größten Teil integrative und kooperative Gesamtschulen bezeichnet. Parallel dazu findet sich ein hochdifferenziertes Förderschulwesen mit Schulen für den Förderschwerpunkt Sehen, Hören, geistige Entwicklung, körperliche und motorische Entwicklung, Sprache, emotionale und soziale Entwicklung und Lernen sowie Schulen für Kranke bei längerer Krankenhausbehandlung.

2 Gemeinsames Lernen und Inklusion: ein Blick in die Bildungsstatistik

Am 26.3.2009 trat die UN-Behindertenrechtskonvention in Kraft. In jenem Schuljahr (2008/09) war bei 70.528 Schülern der Jahrgangsstufen 1 bis 10 ein sonderpädagogischer Förderbedarf diagnostiziert worden; damit lag die Förderquote in Bayern bei 5,5 Prozent. Eine Förderschule besuchten 4,6 Prozent aller Schüler (Exklusionsquote). Zum Vergleich: Bundesweit lag die Förderquote bei 6,0 Prozent, und mit einer Exklusionsquote von 4,9 Prozent wurden im Schnitt mehr Kinder mit sonderpädagogischem Förderbedarf außerhalb des Regelschulsystems unterrichtet. Der Inklusionsanteil in Bayern lag indes bei 16,1 Prozent – also unter dem bundesdeutschen Durchschnitt von 18,4 Prozent im betreffenden Schuljahr.

Abbildung 5: Exklusionsquoten in Bayern

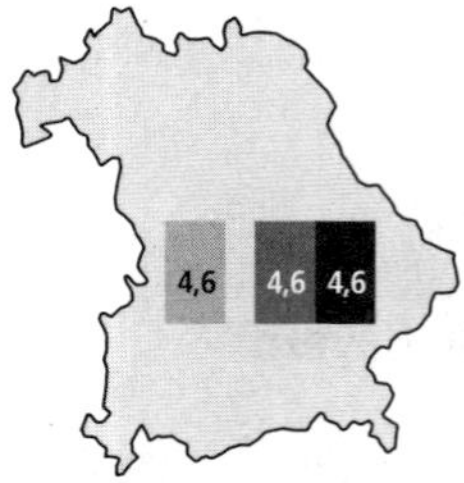

Schuljahr: ■ 2008/09 ■ 2012/13 ■ 2013/14

Angaben in Prozent

Fünf Jahre später hat sich die Situation in Bayern kaum verändert: Im Schuljahr 2013/14 betrug die Förderquote 6,3 Prozent und ist damit – bei insgesamt rückläufigen Schülerzahlen – deutlich angestiegen. Mit 26,2 Prozent besucht gut jeder vierte der Schüler mit sonderpädagogischem Förderbedarf eine Regelschule; der Inklusionsanteil ist damit in fünf Jahren um rund zehn Prozentpunkte gestiegen. Gleichzeitig hat sich der Anteil der Schüler mit sonderpädagogischem Förderbedarf, die eine Schule des Förderschulwesens besuchen, nicht verändert: Die Exklusionsquote beträgt weiterhin 4,6 Prozent. Bayern liegt damit nach wie vor knapp unter dem bundesdeutschen Durchschnittswert von derzeit 4,7 Prozent.

Ein Problem der Exklusion ist die schwierige Perspektive der betroffenen Förderschüler im Anschluss an die Schulzeit. Bundesweit erreichten im betreffenden Schuljahr rund 29 Prozent der Abgänger und Absolventen von Förderschulen mindestens einen Hauptschulabschluss. In Bayern schaffte das immerhin mehr als jeder Dritte aus dieser Schülergruppe (36 %).

Die meisten Schüler mit sonderpädagogischem Förderbedarf sind in Bayern dem Schwerpunkt »Lernen« zugeordnet: Mit 29,8 Prozent macht diese Gruppe im Schuljahr 2013/14 fast ein Drittel aller diagnostizierten Förderschüler aus. Weitere 15,1 Prozent sind keinem Schwerpunkt zugeordnet. Die übrigen 57,6 Prozent verteilen sich auf die Förderschwerpunkte »Geistige Entwicklung« (14,9 %), »Lernen, Sprache, emotionale und soziale Entwicklung« (LSE – wird seit 2012

Abbildung 6: Förderschwerpunkte in Bayern (Verteilung in Prozent)

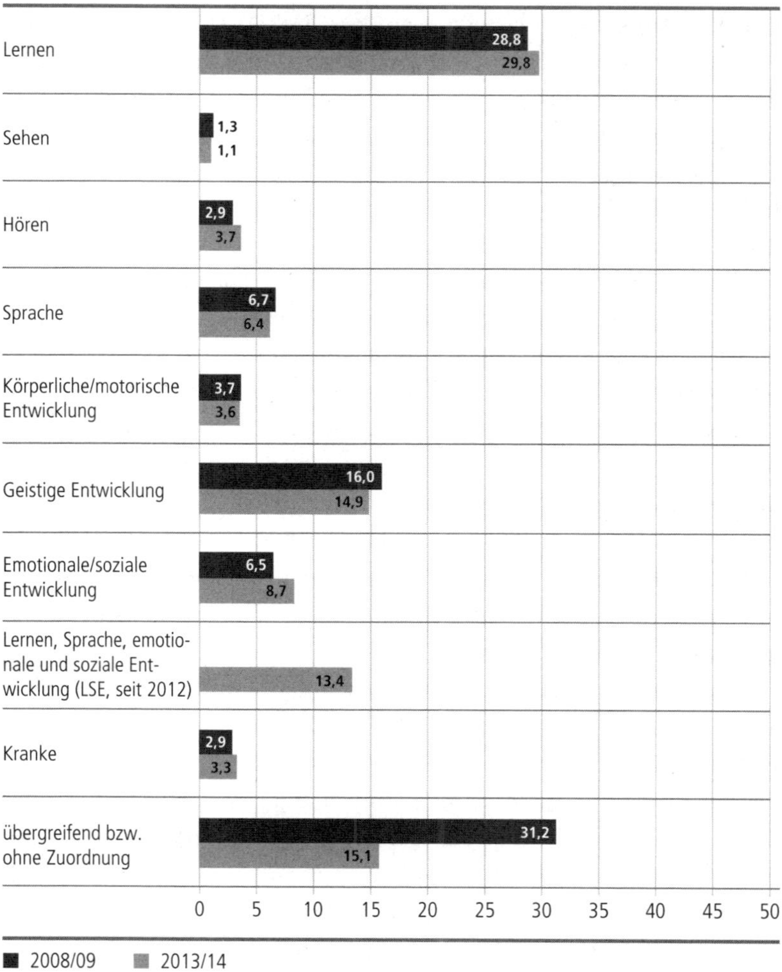

Quelle: KMK 2014a, b, c

erfasst) (13,4 %), »Emotionale und soziale Entwicklung« (8,7 %), »Sprache« (6,4 %), »Körperliche und motorische Entwicklung« (3,7 %), »Hören« (3,7 %), »Kranke« (3,3 %), »Sehen« (1,1 %) (vgl. Abb. 6). Damit ist der Förderbedarf gegenüber dem Schuljahr 2008/09 vor allem im Bereich »Emotionale und soziale Entwicklung« relativ stark gestiegen (um 2,2 Prozentpunkte).

In anderen Förderschwerpunkten (Ausnahmen: Lernen, Hören und Kranke) sind die Anteile gesunken. Der Anteil der Schüler mit »übergreifenden« Förderschwerpunkten bzw. »ohne Zuordnung«, der seinerzeit mit 31,2 Prozent im bundesweiten Vergleich enorm hoch lag, ist im Schuljahr 2012/13 auf 15,2 Prozent gesunken, liegt damit allerdings im bundesweiten Durchschnitt immer noch recht hoch. Der Rückgang in diesem Bereich ist vermutlich auf eine Umverteilung zurückzuführen.

Im Schuljahr 2013/14 besucht mit 89,8 Prozent der weitaus größte Teil der inklusiv beschulten Kinder mit besonderem Förderbedarf (einschließlich Schüler der Sekundarstufe II) die Grund- und Haupt- bzw. Mittelschule. Weitere 5,2 Prozent lernen an Realschulen, 5,1 Prozent besuchen ein Gymnasium. An den wenigen bayerischen Gesamtschulen werden laut dem Statistischen Bundesamt überhaupt keine Schüler mit besonderem Förderbedarf unterrichtet. Dabei haben von den rund 6.150 Förderschülern an bayerischen Hauptschulen (heute: Mittelschule) gut 66 Prozent Förderbedarf im Förderschwerpunkt »Lernen«. Rund jeder Fünfte hat besonderen Förderbedarf in Bezug auf seine emotionale und soziale Entwicklung.

Am inklusiven Unterricht in Realschulen nehmen gut 350 Schüler mit sonderpädagogischem Förderbedarf teil; bei ihnen liegen die Förderbedarfe zu fast 90 Prozent im körperlichen Bereich (Hören, Sehen, körperlich-motorische Fähigkeiten). Nahezu identisch ist die Situation an Gymnasien: Die rund 350 Jugendlichen, die im betrachteten Schuljahr hier inklusiv beschult werden, haben überwiegend physiologische Förderbedarfe (gut 83 % in den Bereichen Hören, Sehen, körperlich-motorisch). Dagegen finden sich in allen drei Schulformen zusammen nur rund 120 Schüler mit Unterstützungsbedarfen in der geistigen Entwicklung.

3 Gemeinsames Lernen und Inklusion in Bayern: die Gesetzeslage

3.1 Gesetzesgrundlagen

Der Schulbesuch von Kindern und Jugendlichen mit sonderpädagogischem Förderbedarf ist in Bayern im Wesentlichen durch zwei Gesetze und Verordnungen geregelt:

- das Bayerische Gesetz über das Erziehungs- und Unterrichtswesen (BayEUG, 22.7.2014) und
- die Schulordnung für die Volksschulen zur sonderpädagogischen Förderung (VSO-F, Stand 30.8.2014).

Außerdem wird die SVSO in der alten Fassung in der Literatur zitiert (www.schulberatung.bayern.de/imperia/md/content/schulberatung/pdf/sonpdga.pdf).

3.2 Entscheidung über den sonderpädagogischen Förderbedarf

In Bayern hängt die Art und Weise, wie der sonderpädagogische Förderbedarf festgestellt wird, von der Entscheidung für eine allgemeine oder eine Förderschule ab. Soll ein Kind inklusiv beschult werden, wird der sonderpädagogische Förderbedarf im Rahmen der Erstellung eines Förderdiagnostischen Berichts durch den Mobilen Sonderpädagogischen Dienst nach § 25 Abs. 1 VSO-F festgestellt. Dieser Bericht ist die Voraussetzung für eine sonderpädagogische Förderung und Grundlage für – je nach Bedarf – zieldifferenten oder zielgleichen Unterricht. Er macht Aussagen zu Notwendigkeit und Art der sonderpädagogischen Förderung. Der Mobile Sonderpädagogische Dienst soll mit den Eltern vertrauensvoll zusammenarbeiten und sie über die Testverfahren und Ergebnisse und weitere Beobachtungen informieren.

Für den Besuch einer Förderschule ist nach Art 41 Abs. 4 BayEUG ein sonderpädagogisches Gutachten notwendig. Dieses Gutachten wird, nach § 28 Abs. 4 VSO-F, nach der Anmeldung an der Förderschule von der Förderschule »unter Verwendung geeigneter Diagnoseverfahren« erstellt und die entsprechenden Fördermaßnahmen beschrieben. Die Eltern werden mindestens eine Woche im Voraus über Zeit, Art und Umfang der förderdiagnostischen Maßnahmen informiert, und der bisherige Entwicklungsverlauf des Kindes wird mit ihnen besprochen. Ebenfalls mit den Eltern besprochen werden die Ergebnisse des Gutachtens sowie mögliche Förderorte.

3.3 Entscheidung über den Lernort

Seit 2011 gilt nach dem Bayerischen Gesetz über das Erziehungs- und Unterrichtswesen, »[i]nklusiver Unterricht ist Aufgabe aller Schulen« (Art. 2 Abs. 2 BayEUG), und die inklusive Schule allgemein ist das Entwicklungsziel aller Schulen (Art. 30b Abs. 1 BayEUG).

An den Förderschulen in Bayern können Kinder mit und ohne sonderpädagogischen Förderbedarf unterrichtet werden (§ 14 VSO-F). Allgemeine Schulen können seit 2011 das Schulprofil »Inklusion« entwickeln, das nach Art. 30b des Bayerischen Gesetzes über das Erziehungs- und Unterrichtswesen (BayEUG) besonders darauf ausgerichtet ist, Kinder und Jugendliche mit und ohne Behinderungen gemeinsam zu unterrichten (s. u.). Die allgemeinen Schulen werden bei der gemeinsamen Beschulung von Kindern mit und ohne sonderpädagogischen Förderbedarf von den Mobilen Sonderpädagogischen Diensten (MSD) beraten und unterstützt (Art. 21 BayEUG).

Entsprechend können Kinder und Jugendliche mit sonderpädagogischem Förderbedarf eine allgemeine Schule, eine Schule mit dem Profil »Inklusion« oder eine Förderschule besuchen (Art. 41 Abs. 1 BayEUG). Die Eltern melden sie zunächst bei der gewünschten Schulform an, wobei für die Anmeldung an einer Förderschule ein sonderpädagogisches Gutachten notwendig ist (Art. 41 Abs. 4 BayEUG, s. o.). Hierzu sollen sich die Eltern von Kindern mit festgestelltem oder vermutetem Förderbedarf über die verschiedenen Förderorte informieren (ebd.). Die Aufnahme eines Schülers mit sonderpädagogischem Förderbedarf in den Schwerpunkten »Hören«, »Sehen«, Körperliche und motorische Entwicklung« an einer allgemeinen Schule setzt die

Zustimmung des Aufwandsträgers voraus. Eine allgemeine Schule kann den Eltern mitteilen, dass sie einen Schüler nicht aufnimmt, wenn sie meint, das betroffene Kind nicht oder nicht ausreichend fördern zu können (Art. 41 Abs. 4 BayEUG, unter Bezug auf Art. 30a Abs. 4, Art. 30b Abs. 2 Satz 3 und Abs. 3 Satz 2 oder Art. 43 Abs. 2 und 4).

Ebenso können Kinder oder Jugendliche zum Besuch einer Förderschule verpflichtet werden, wenn durch den Besuch einer allgemeinen Schule ihre Entwicklung gefährdet ist oder die Rechte von Mitgliedern der Schulgemeinschaft erheblich beeinträchtigt werden (Art. 41 Abs. 5 BayEUG). Aus dem Gesetz geht nicht hervor, wer eine solche Einschätzung vornehmen soll und wie sie zu begründen ist. In diesem Fall sind die Eltern ausführlich zu beraten – das Gesetz nennt allerdings nicht, wer die Beratung durchführen kann. Auch die Förderschule kann die Aufnahme ablehnen, wenn sie die entsprechenden Voraussetzungen für nicht gegeben hält (Art. 28 Abs. 5–8 VSO-F).

Sind sich die Eltern und die Schule über den Lernort uneinig, entscheidet die Schulaufsichtsbehörde darüber in einem förmlichen Verfahren. Dazu werden die Eltern und die betroffenen Schulen im Vorfeld angehört (Art. 41 Abs. 6 BayEUG und § 28 Abs. 6 und 7 VSO-F), ggf. eine Kommission gebildet, und das Ergebnis den Eltern abschließend mitgeteilt. Im Zweifelsfall liegt damit die letzte Entscheidung über die zu besuchende Schule im Einzelfall bei der Regierung.

3.4 Umsetzung des gemeinsamen Lernens

In Bayern wird im Rahmen des gemeinsamen Lernens einerseits zwischen zielgleichem und zieldifferentem Lernen unterschieden, andererseits zwischen verschiedenen Organisationsformen des gemeinsamen Lernens.

Zieldifferentes Lernen ist nur an den Grundschulen und den Mittelschulen möglich. An Realschulen und Gymnasien ist es wegen der »schulartspezifische[n] Voraussetzungen« nicht möglich (vgl. Art. 30a Abs. 5 BayEUG) – also etwa wegen der spezifischen Notenschnitte in den Hauptfächern, die für den Besuch einer Realschule oder eines Gymnasiums verlangt werden.[9]

Zielgleiches Lernen ist dagegen in allen Schulformen möglich; dabei kann ggf. ein Nachteilsausgleich gewährt werden (ebd.).

Organisatorisch lassen sich fünf Formen des gemeinsamen Lernens unterscheiden:

Tabelle 5: Fünf Formen des gemeinsamen Lernens

Einzelintegration	Mit Unterstützung des Mobilen Sonderpädagogischen Dienstes (MSD) werden einzelne Schülerinnen und Schüler mit sonderpädagogischem Förderbedarf in der Regelschule gefördert.	Art. 30b Abs. 2 BayEUG
Kooperationsklassen	In Kooperationsklassen der Grundschulen, Mittelschulen und Berufsschulen wird eine Gruppe von mindestens drei Schülerinnen und Schülern mit sonderpädagogischem Förderbedarf zusammen mit Schülerinnen und Schülern ohne sonderpädagogischen Förderbedarf gemeinsam unterrichtet. Dabei werden sie durch die Mobilen Sonderpädagogischen Dienste stundenweise unterstützt. Durch die Gruppe können mehr MSD-Stunden zur Verfügung gestellt werden als bei der Einzelintegration.	Art. 30a Abs. 7.1 BayEUG
Partnerklassen (ehemals Außenklassen)	Partnerklassen der Förderschule oder der allgemeinen Schule kooperieren mit einer Partnerklasse der jeweils anderen Schulart. Es gibt regelmäßig Formen des gemeinsamen, allerdings lernzieldifferenten Unterrichts. Gleiches gilt für Partnerklassen verschiedener Förderschularten.	Art. 30a Abs. 7.2 BayEUG
Offene Klassen der Förderschule	In offenen Klassen der Förderschule, in denen der Unterricht den Lehrplänen der allgemeinen Schule folgt, können Schülerinnen und Schüler ohne sonderpädagogischen Förderbedarf unterrichtet werden, wenn dafür kein zusätzliches Personal oder zusätzliche Räume benötigt werden. An Förderzentren mit den Schwerpunkten Sehen, Hören und körperliche und motorische Entwicklung dürfen bis zu 20 Prozent Kinder ohne sonderpädagogischen Förderbedarf in der Lehrerstundenzuweisung berücksichtigt werden.	Art. 30a Abs. 7.3 BayEUG

9 Vgl. etwa www.km.bayern.de/eltern/schularten/uebertritt-schulartwechsel.html (Download 22.10.2014).

Schulen mit dem Schulprofil »Inklusion«	Schülerinnen und Schüler mit und ohne Förderbedarf werden gemeinsam von Regel- und Sonderpädagogen unterrichtet. Es können besondere »Klassen mit festem Lehrertandem« gebildet werden, in denen Kinder ohne Förderbedarf und mit sehr hohem Förderbedarf gemeinsam durch eine Lehrkraft der Regelschule und eine Lehrkraft für Sonderpädagogik unterrichtet werden.	Art. 30b Abs. 3–5 BayEUG

Die Tabelle basiert wesentlich auf Gresch, Piezunka und Solga (2014: VIII); vgl. auch www.bayerischer-elternverband.de/fileadmin/redaktion/Download_Infos/BEV_Inklusionstipps_2013-02.pdf (Download 22.10.2014).

4 Entwicklungen zum gemeinsamen Lernen und zur Inklusion in Bayern

In Bayern wurde ein Wissenschaftlicher Beirat Inklusion eingesetzt. Im Jahr 2012 hat der Beirat einen Leitfaden veröffentlicht, der Schulen dabei unterstützen soll, das Profil »Inklusion« herauszubilden. Im Schuljahr 2013/14 hatten 126 (von über 5.500) Schulen das Profil Inklusion. Derzeit werden Fortbildungen zu verschiedenen Aspekten von Inklusion entwickelt (Umgang mit Vielfalt, Maßnahmen für schnelle Unterstützung etc.), außerdem wurden die Lehramtsprüfungsordnung I und die Ausbildungsordnungen angepasst. Für den Bereich der Grund-, Mittel- und Förderschulen wurde zum Schuljahr 2013/14 die »Inklusionsberatung am Schulamt« eingeführt. Sie soll Eltern neutral beraten und ist deshalb überörtlich und interdisziplinär organisiert. Ein wesentliches Ziel dieser Maßnahme ist, die einschlägigen Akteure (Eingliederungshilfe, Schulaufwandsträger etc.) untereinander zu vernetzen. Bisher gibt es Inklusionsberater an 28 Standorten; geplant ist, entsprechende Stellen flächendeckend einzurichten.

5 Gemeinsames Lernen in Bayern: Erfahrungen aus der Praxis

Grund- und Mittelschule Thalmässing, Interviewpartner: Elke Moder, Lehrerin

Bitte stellen Sie Ihre Schule kurz vor und skizzieren Sie das dort gelebte Inklusionsverständnis.

Die Grund- und Mittelschule Thalmässing ist eine Schule im ländlichen Raum mit mehreren Standorten. Insgesamt haben wir rund 310 Schülerinnen und Schüler in den Klassen 1 bis 9.

An unserer Schule unterrichten wir schon seit etwa zehn Jahren Kinder mit Behinderungen. Für uns war das in all den Jahren didaktisch-methodische Herausforderung und menschlich-sozialer Auftrag zugleich, ging es doch vor allem darum, eine Beschulung im gewohnten Umfeld zu ermöglichen, wie es sich viele Eltern wünschten, und damit eine möglichst hohe soziale Bindung zu erreichen. Wie das gehandhabt wird, hat sich nach und nach entwickelt. Wir behaupten nicht, dass wir das Nonplusultra-Inklusionskonzept hätten.

Begonnen haben wir mit einem Jungen mit Downsyndrom. Ihn haben wir bis zur Mitte der 3. Klasse sogar ohne sonderpädagogische Schulbegleitung beschult. Nach neun Jahren Schulbesuch wiederholt er nun eine Klasse, damit er vor dem Berufseinstieg noch etwas Zeit hat. Wir arbeiten daran, ihm den Übergang in die Arbeitswelt zu ermöglichen. Parallel dazu haben wir einen Jungen mit Asperger-Syndrom beschult und ihn dann auch noch über die Schulzeit hinaus sozial betreut und an der Schule beschäftigt. Unsere Geduld und Gelassenheit hat sich ausgezahlt: Nun konnten wir diesen Jungen in einen festen Arbeitsplatz auf dem ersten Arbeitsmarkt vermitteln.

In all den Jahren waren wir auf uns selbst gestellt; als Unterstützung hatten wir die Schulbegleitungen und – leider nur mit sehr wenigen Stunden pro Woche – den Mobilen Sonderpädagogischen Dienst. Seit dem Schuljahr 2011/12 sind wir nun eine Schule mit dem »Schulprofil Inklusion«. Das bedeutet, dass unserer Schule eine Sonderpädagogin mit 13 Wochenstunden und zehn Grundschulstunden zusätzlich zugeteilt wurden.

Welche Auswirkungen hat die Gesetzeslage auf Ihre Schule?

Als wir vor Jahren den Jungen mit Downsyndrom aufnahmen, war noch nichts geregelt. Wir haben damals zu einem Elternabend eingeladen und alle Beteiligten an einen Tisch geholt. Die Kindergartenleitung und die Eltern des Jungen haben über ihre Erfahrungen berichtet und einen Einblick in das Leben eines Kindes mit Downsyndrom gegeben, um Ängste abzubauen. Dann haben sich 18 Eltern bereit erklärt, den Jungen gemeinsam mit ihren Kindern in einer Klasse unterrichten zu lassen. Das war für alle eine sehr positive Erfahrung und für die Schule ein guter Einstieg in das inklusive Lernen. Auch der Junge mit Asperger-Syndrom hat das Schulleben absolut bereichert. Heute arbeitet er beim Landratsamt. Natürlich macht man nicht nur positive Erfahrungen, und es gibt auch Rückschläge.

Grundsätzlich muss man sagen, dass das dreigliedrige System in Bayern mit Grundschule, Realschule und Gymnasium und die damit einhergehende Trennung nach »Intelligenz« für Inklusion nicht besonders förderlich ist. Inklusion bezieht sich ja nicht nur auf Kinder mit einer Behinderung, sondern meint die gesamte Vielfalt im Schulleben und in der Gesellschaft. Denn jedes Kind hat seine eigenen Stärken und Schwächen. Das nehme ich auch bei den Sonderschulpädagogen an den Förderzentren wahr. Die sind verunsichert, weil die Kinder plötzlich in die Regelschulen gehen sollen. Die weiterführenden Schulen mit ihrem Schwerpunkt auf Frontalunterricht sind meines Erachtens überhaupt noch nicht auf Inklusion eingestellt.

Was wünschen Sie sich vom Gesetzgeber, damit Inklusion besser gelingen kann?

Was wir definitiv benötigen, ist mehr Unterstützung in Form von Lehrerstunden. Wir haben mit unserem anerkannten »Schulprofil Inklusion« ja noch den Luxus einer Sonderschulpädagogin und zusätzlicher zehn Wochenstunden. Aber auch diese Ausstattung reicht einfach nicht aus. Wir benötigten eine Sonderschulpädagogin mit einer ganzen Stelle, die auch Teil des Kollegiums ist. Außerdem muss die Aus- und Fortbildung von Lehrern dringend verbessert werden. Insgesamt bin ich der Auffassung, dass sich alle Schulformen für Inklusion öffnen sollten. Wenn Eltern ihr Kind mit einem Handicap in eine Regelschule schicken wollen, sollte man diesen Wunsch respektieren.

Kontakt
Grund- und Mittelschule Thalmässing
Badstraße 23
91177 Thalmässing
Tel. 09173/90981
www.vs-thalmaessing.de

6 Fazit

Wie die Kennzahlen zeigen, werden im Schuljahr 2013/14 noch genauso viele Kinder separat beschult wie im Schuljahr 2008/09. So ist der Zuwachs an Schülern mit besonderem Förderbedarf in den allgemeinbildenden Schulen der Sekundarstufe I im Wesentlichen auf den gestiegenen Anteil diagnostizierter Schüler zurückzuführen. Und auch wenn Inklusion inzwischen nach dem Gesetz »Entwicklungsziel aller Schulen« ist, zeigt der genaue Blick in die Bestimmungen doch, dass weiterhin die Separation im Vordergrund steht. So gelten weiter die »schulartspezifischen Voraussetzungen«, die zur Folge haben, dass die meisten Schulen, insbesondere Realschule und Gymnasium, das gemeinsame Lernen umgehen können. Der »Leitfaden Inklusion« liefert allerdings Schulen, die sich auf den Weg machen wollen, einen guten Ausgangspunkt für die Profilbestimmung.

Das »Schulprofil Inklusion« steht bisher an einer eher geringen Anzahl von Schulen zur Verfügung und führt obendrein noch zu einer weiteren Kategorisierung innerhalb der Schulformen. Die Entscheidung über den Lernort liegt nach dem Gesetz letztlich nicht bei den Eltern, wenn auch Berichten zufolge von der Möglichkeit der Zuweisung wenig Gebrauch gemacht wird. Drei der fünf Formen des gemeinsamen Lernens – Kooperationsklassen, Partnerklassen und die offenen Klassen der Förderschule – sind Modelle, bei denen das gemeinsame Lernen nur in sehr begrenztem Maße stattfindet.

Und gemeinsames Lernen braucht zusätzliche Ressourcen. Bayern hat mit der Berufung von Inklusionsberatern und damit, einen Beirat Inklusion zu installieren, erste positive Maßnahmen zur Umsetzung von Inklusion ergriffen. Jetzt steht es mit seinem stark selektiven Schulsystem vor der Aufgabe, sich von der Separation und Kategorisierung zu lösen, wenn die Maßnahmen für ein inklusives Schulsystem Früchte tragen sollen.

Länderprofil Berlin

1 Die Berliner Schullandschaft

Berlin ist Bundeshauptstadt und mit rund 3,4 Millionen Einwohnern zugleich der größte der drei deutschen Stadtstaaten. Seit dem Schuljahr 2011/12 wird die Berliner Schullandschaft konsequent umstrukturiert: Die Bildungsgänge der Haupt-, Real- und Gesamtschulen, die bisher auf die sechsjährige Primarschule folgten, laufen zum Schuljahresende 2014/15 aus. Bis dahin wird die derzeit parallel geführte Integrierte Sekundarschule (ISS) komplett aufgebaut sein und dann zusammen mit dem Gymnasium die neue zweigliedrige Schulstruktur bilden. Beide Schultypen führen zum Abitur, das Gymnasium nach acht Jahren, die Sekundarschule nach neun Jahren. Die Grundschule empfiehlt in einer schriftlichen Förderprognose die Schulart (bis 2,2 Gymnasium oder ISS; ab 2,8 ISS; dazwischen nach der individuellen Kompetenz des Kindes), trotzdem sind Schulart und Schule frei wählbar; allerdings ist das siebte Schuljahr am Gymnasium ein Probejahr. Wer es nicht besteht, wechselt auf die Sekundarschule.

Für die sonderpädagogische Förderung weist Berlin neun Förderschwerpunkte (Sonderpädagogische Förderzentren/Sonderschulen) aus: Hier werden Schüler in den Bereichen »Sehen«, »Hören«, »Körperliche und motorische Entwicklung«, »Sprache«, »Lernen«, »Geistige Entwicklung«, »Emotionale und soziale Entwicklung«, »Autistische Behinderung« und »Langfristige Erkrankungen, Hausunterricht« unterstützt. Schüler mit besonderem Förderbedarf in den

Förderschwerpunkten »Sehen«, »Hören«, »Körperliche und motorische Entwicklung«, »Sprache« und »Emotionale und soziale Entwicklung« sowie langfristig Erkrankte werden nach den Berliner Rahmenlehrplänen für die allgemeine Schule unterrichtet und haben je nach Leistungsniveau die Option auf alle Schulabschlüsse (Hauptschulabschluss, erweiterter Hauptschulabschluss, Mittlerer Schulabschluss (MSA), Abitur).

Schüler mit sonderpädagogischem Förderbedarf in den Bereichen »Lernen« und »Geistige Entwicklung« werden nach eigenen Rahmenlehrplänen unterrichtet. Insbesondere Kinder und Jugendliche mit dem Förderschwerpunkt »Lernen« können hier den sogenannten Berufsorientierenden Schulabschluss oder einen dem Hauptschulabschluss gleichwertigen Schulabschluss erwerben.

2 Gemeinsames Lernen und Inklusion: ein Blick in die Bildungsstatistik

Im Schuljahr 2008/09 – also bei Inkrafttreten der UN-Behindertenrechtskonvention am 26.3.2009 – wurde in Berlin bei gut 20.000 Erst- bis Zehntklässlern ein sonderpädagogischer Förderbedarf festgestellt. Die Förderquote lag damit bei 7,1 Prozent. Ein sonderpädagogisches Förderzentrum bzw. eine Sonderschule besuchten im gleichen Jahr 4,4 Prozent (Exklusionsquote).

Im Vergleich zur gesamtdeutschen Situation schnitt Berlin schon damals relativ gut ab: Bundesweit wurden weniger Schüler diagnostiziert (Förderquote: 6,0 %), mit 4,9 Prozent (Exklusionsquote) wurden jedoch anteilig mehr Kinder mit besonderem Förderbedarf gesondert beschult. Dies lässt sich auch anhand des Inklusionsanteils gut verdeutlichen: In Berlin besuchten im betreffenden Schuljahr 38,8 Prozent aller Kinder mit sonderpädagogischem Förderbedarf den Unterricht einer Regelschule – dieser Anteil lag mehr als doppelt so hoch wie der bundesdeutsche Durchschnitt von 18,4 Prozent.

Abbildung 7: Exklusionsquoten in Berlin

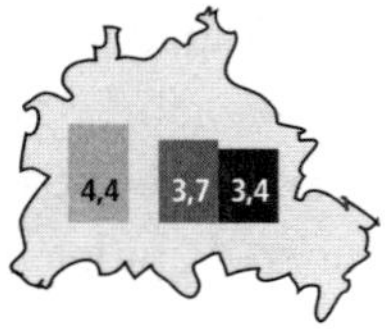

Schuljahr: 2008/09 2012/13 2013/14

Angaben in Prozent

Fünf Jahre später hat Berlin diesen Vorsprung weiter ausgebaut. Im Schuljahr 2013/14 ist zwar die sogenannte Förderquote auf 7,4 Prozent gestiegen – bei insgesamt rückläufigen Schülerzahlen wurde für rund 20.750 Schüler der Klassenstufen 1 bis 10 ein sonderpädagogischer Förderbedarf diagnostiziert –, doch positiv ist, dass in der Bundeshauptstadt auch die Zahl der Förderschüler an Regelschulen steigt. Der sogenannte Inklusionsanteil, der den Fortschritt beim gemeinsamen Unterricht belegt, hat sich im Stadtstaat in den vergangenen Jahren deutlich erhöht: Im Schuljahr 2013/14 nehmen 54,5 Prozent der rund 20.750 Förderschüler am gemeinsamen Unterricht an einer Regelschule teil – das sind rund 16 Prozentpunkte mehr als noch vor fünf Jahren. Bundesweit liegt Berlin damit weit über dem Durchschnitt (31,4 %).

Zugleich besuchen immer weniger Berliner Schüler eine Sonderschule: Die entsprechende Quote verringerte sich im betrachteten Zeitraum auf 3,4 Prozent. Berlin liegt damit deutlich unter dem Bundesdurchschnitt (4,7 %). Und auch die Chancen dieser Schüler auf einen Hauptschulabschluss sind im bundesweiten Vergleich gut: Im vergangenen Schuljahr erzielten 38,1 Prozent von ihnen mindestens einen Hauptschulabschluss – bundesweit schaffte das nur gut jeder vierte Jugendliche mit sonderpädagogischem Förderbedarf.

Etwa ein Drittel aller Förderschüler in Berlin hat einen diagnostizierten sonderpädagogischen Förderbedarf im Schwerpunkt »Lernen«; mit 31,8 Prozent macht diese Gruppe im Schuljahr 2013/14 den größten Anteil aus. Rund jeder fünfte Förderschüler erhält sonderpädagogische Unterstützung in seiner sprachlichen Entwicklung. Jeweils rund 14 Prozent aller geförderten Kinder und Jugendlichen brauchen zusätzliche Hilfestellung in ihrer geistigen oder emotional-sozialen Entwicklung, etwa jeder zehnte Schüler mit Förderbedarf ist in Bezug auf seine körperlich-motorische Entwicklung auf Unterstützung angewiesen. Die übrigen Schüler mit sonderpädagogischem

Abbildung 8: Förderschwerpunkte in Berlin (Verteilung in Prozent)

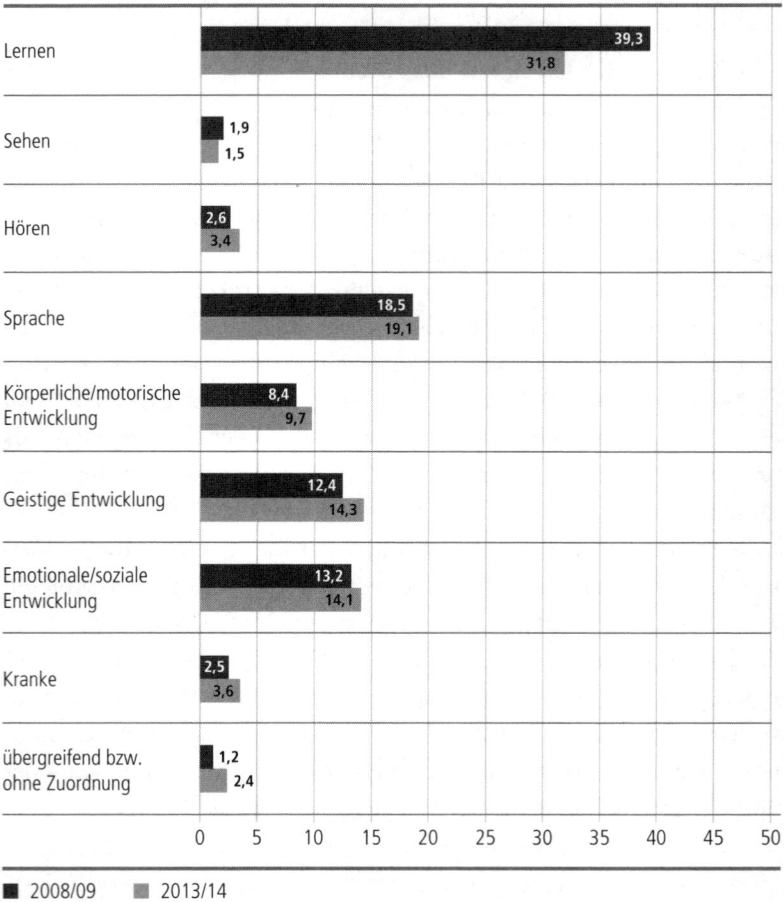

Quelle: KMK 2014a, b, c

Förderbedarf verteilen sich mit jeweils geringen Anteilen auf die Förderschwerpunkte »Kranke« (3,6 %), »Hören« (3,4 %), »Übergreifend bzw. ohne Zuordnung« (2,4 %) und »Sehen« (1,5 %).

Im Vergleich zum Schuljahr 2008/09 haben sich die Anteile der diagnostizierten Schüler im Schuljahr 2013/14 nahezu in allen Schwerpunkten vergrößert. Nur die Schülergruppe mit Schwierigkeiten im Bereich »Sehen« ist leicht gesunken, und im Bereich »Lernen« verzeichnet Berlin einen deutlichen Rückgang um 7,5 Prozentpunkte (vgl. Abb. 8).

Inklusion findet in Berlin derzeit nach der sechsjährigen Grundschulzeit vor allem an Sekundarschulen statt: Im Schuljahr 2013/14 besucht die deutliche Mehrheit der inklusiv unterrichteten Schüler mit besonderem Förderbedarf diese Schulform (da Berlins Schulsystem sich im Umbau befindet, wird hier auf genaue Prozentanteile verzichtet). An den Gymnasien des Stadtstaats finden sich dagegen nur 3,2 Prozent der betreffenden Kinder und Jugendlichen.

Die Gruppe der rund 4.130 integrierten Förderschüler an einer Berliner Gesamtschule bzw. Sekundarschule setzt sich im Wesentlichen aus Kindern und Jugendlichen mit drei Förderschwerpunkten zusammen: Fast die Hälfte sind dem Förderschwerpunkt »Lernen« zugerechnet, knapp jeder Dritte benötigt besondere Unterstützung in seiner emotionalen und sozialen Entwicklung, und weitere rund neun Prozent erhalten sonderpädagogische Förderung im Schwerpunkt »Sprache«. Am Gymnasium lernen im betreffenden Schuljahr nur 220 Förderschüler – hier sind alle Schwerpunkte mit Ausnahme des Förderbedarfes »geistige Entwicklung« vertreten. Die größte Teilgruppe der Förderschüler am Gymnasium (21 %) hat Defizite in der körperlich-motorischen Entwicklung.

Die zurzeit auslaufenden Schulformen werden von vergleichsweise wenig Förderschülern besucht: An Real- und Hauptschulen lernen im Schuljahr 2013/14 insgesamt nur noch acht Schüler mit sonderpädagogischem Förderbedarf.

3 Gemeinsames Lernen und Inklusion in Berlin: die Gesetzeslage

3.1 Gesetzesgrundlagen

Der gemeinsame Unterricht von Kindern mit und ohne sonderpädagogischen Förderbedarf ist in Berlin hauptsächlich über drei Gesetze und Verordnungen geregelt:

- das Schulgesetz für das Land Berlin (SchulG, Stand 26.3.2014),
- die Sonderpädagogik-Verordnung (SopädVO, Stand 2.10.2014) sowie
- die Grundschulverordnung (GsVO, Stand 29.10.2014).

Schüler mit sonderpädagogischem Förderbedarf sollen bevorzugt den gemeinsamen Unterricht der allgemeinen Schulen besuchen (§ 36 Abs. 2 SchulG). Der gemeinsame Unterricht ist in allen oben genannten Regelschulformen möglich. Er kann zielgleich oder – in der Grundschule und an der ISS – auch zieldifferent erfolgen (§ 37 Abs. 1 SchulG; § 18 Abs. 1 SopädVO; § 20 Abs. 4 SopädVO). Individuelle Förderung ist dabei ein durchgängiges Prinzip, das sich auf alle Schülerinnen und Schüler bezieht – nicht nur auf diejenigen mit einem sonderpädagogischen Förderbedarf (§ 4 Abs. 2 und 3 SchulG). Allerdings steht der gemeinsame Unterricht weiterhin unter einem gewissen Ressourcenvorbehalt (§ 37 Abs. 3 SchulG).

3.2 Feststellung des sonderpädagogischen Förderbedarfs

In Berlin ist Förderbedarf definiert als ein Anspruch, den Schülerinnen und Schüler haben, wenn sie dem Unterricht nicht ohne besondere Unterstützung folgen können (§ 36 Abs. 1 SchulG). Einen Antrag auf Förderung können entweder die Eltern oder die Schule stellen (§ 31 Abs. 1 SopädVO), und zwar nach § 31 Abs. 2 SopädVO:

- vor der Einschulung, wenn ein besonderer Bedarf bereits erkennbar ist,
- nach der Einschulung, wenn während des Schulbesuchs deutlich wird, dass ein Förderbedarf entstehen könnte, und
- wenn sich ein Förderbedarf erkennbar verändert.

Wird der Antrag von der Schule gestellt, so muss diese zunächst nachweisen, dass alle schulischen Fördermöglichkeiten über einen längeren Zeitraum ausgeschöpft wurden und darüber hinausgehender Förderbedarf wahrscheinlich ist (§ 15 Abs. 1 GsVO). Wird ein Feststellungsverfahren eingeleitet, folgt dieses dem »Leitfaden zur Feststellung sonderpädagogischen Förderbedarfs an Berliner Schulen«. Der Leitfaden wurde 2012 erstmals veröffentlicht, nachdem festgestellt worden war, dass sich die Förderquoten und die Diagnostik zwischen den Berliner Bezirken erheblich unterscheiden. Er soll den Verfahrensablauf vereinheitlichen und systematisieren und zugleich sicherstellen, dass die Diagnostik vergleichbar und die Beratung unabhängig ist (Senatsverwaltung für Bildung, Jugend und Wissenschaft 2012).

Wird ein Förderbedarf in den Bereichen »Lernen« oder »Geistige Entwicklung« vermutet, wird der Antrag in der Regel vor dem Aufrücken in die Jahrgangsstufe 3 gestellt, es sei denn, es gibt schon vorher eindeutige Hinweise auf einen entsprechenden Förderbedarf (§ 31 Abs. 2 SopädVO). Für die Förderschwerpunkte »Lernen«, »Emotionale und soziale Entwicklung« oder »Geistige Entwicklung« muss ein Gutachten eingeholt werden (§ 31 Abs. 7 SopädVO). Über den Antrag entscheidet die Schulaufsichtsbehörde (§ 31 Abs. 6 SopädVO).

3.3 Entscheidung über den Lernort

Wo ein Kind mit sonderpädagogischem Förderbedarf lernen soll, entscheiden in Berlin nach § 36 Abs. 4 SchulG die Eltern. Die Schulleitung einer allgemeinen Schule darf nach § 37 Abs. 3 SchulG ein Kind nur abweisen, »wenn für eine angemessene Förderung die personellen, sächlichen und organisatorischen Möglichkeiten nicht vorhanden sind«. In diesem Fall muss die betreffende Schulleitung den Antrag zusammen mit einer Begründung der Ablehnung der Schulaufsichtsbehörde vorlegen (§ 33 Abs. 2 SopädVO). Die Schulaufsichtsbehörde beruft dann einen Entscheidungsausschuss ein, der die Eltern und die Schule anhört. Abschließend entscheidet die Schulaufsichtsbehörde im Einvernehmen mit der zuständigen Schulbehörde über den Förderort – das kann die gewählte allgemeine Schule sein, eine andere allgemeine Schule oder eine Schule mit sonderpädagogischem Förderschwerpunkt (§ 37 Abs. 3 SchulG).

3.4 Umsetzung des gemeinsamen Unterrichts

Grundsätzlich kann gemeinsamer Unterricht an allen Schulen zielgleich erfolgen; in Grundschulen und Integrierten Sekundarschulen ist auch zieldifferenter Unterricht möglich (§ 18 Abs. 1 SopädVO; § 20 Abs. 4 SopädVO). Außerdem können Grundschulen, Integrierte Sekundarschulen und Schulen mit sonderpädagogischem Förderschwerpunkt jeweils organisatorisch und pädagogisch verbunden werden; sie können auch zu einer Schule verbunden werden (§ 17 Abs. 2 SchulG). Schulen der Sekundarstufe I können sich auf einen Förderschwerpunkt spezialisieren und damit zu »Schwerpunktschulen« werden (§ 20 Abs. 1 SopädVO).

In der SopädVO ist geregelt, wie viele Kinder mit ausgewiesenem Förderbedarf einer Klasse zugeordnet werden dürfen (§ 19 Abs. 3 und 5 SopädVO; § 20 Abs. 1 SopädVO). In integrativen Klassen und Schwerpunktschulen dürfen diese Quoten überschritten werden (§ 4 Abs. 2 SopädVO). Für alle Berliner Grundschulen gilt der Grundsatz der individuellen Förderung: Alle Schülerinnen und Schüler sollen durch differenzierte Lernangebote umfassend gefordert und gefördert werden; der Unterricht soll sich an dem jeweiligen Lerntempo, dem Leistungsvermögen und der Belastbarkeit der einzelnen Kinder orientieren. In der Schulanfangsphase werden standardisierte Instrumente angewandt, um die Lernentwicklung jedes Kindes prozessorientiert zu dokumentieren (§ 14 Abs. 1 GsVO).

Der gemeinsame Unterricht hat Priorität; es können zeitlich begrenzte Lerngruppen oder auch Kleinklassen gebildet werden (§ 4 Abs. 3 SopädVO). Kinder mit festgestelltem Förderbedarf erhalten in der 6. Klasse, vor dem Abschluss der Primarstufe, eine eingehende Beratung zur weiteren Schullaufbahn, zu der auch Sonderpädagogen des jeweiligen Förderschwerpunktes hinzugezogen werden. Für diese Schullaufbahnberatung ist die Schule verantwortlich, die die Kinder besuchen (§ 4 Abs. 4 SopädVO).

4 Entwicklungen zum gemeinsamen Lernen und zur Inklusion

In Berlin lassen sich drei Punkte hinsichtlich der Entwicklung zur Inklusion besonders hervorheben: die Empfehlungen des Fachbeirats Inklusion, die Empfehlungen der Expertenkommission Lehrerbildung und verschiedene Schulversuche.

Empfehlungen des Fachbeirats Inklusion

Der Fachbeirat Inklusion hat für Berlin ein Konzept »Auf dem Weg zur inklusiven Schule« entwickelt, das der Senat 2013 den Mitgliedern des Abgeordnetenhauses zur Kenntnis gegeben hat (www.berlin.de/sen/bildung/bildungspolitik/inklusive-schule).
Der Beirat empfiehlt insbesondere,

- den Haushaltsvorbehalt in § 37 Abs. 3 Schulgesetz aufzuheben, damit alle Schülerinnen und Schüler, mit und ohne sonderpädagogischen Förderbedarf, eine allgemeine Schule besuchen können,
- in allen Bezirken Beratungs- und Unterstützungszentren einzurichten,
- Pädagoginnen und Pädagogen speziell fortzubilden,
- Schwerpunktschulen einzurichten,
- auf die Feststellungsdiagnostik für die Förderschwerpunkte »Lernen«, »Emotionale und soziale Entwicklung« und »Sprache« (LES) zu verzichten,
- eine verlässliche Grundausstattung schulgenau zuzuweisen,
- zehn Prozent mehr Personalressourcen für sonderpädagogische Förderung bereitzustellen, mit denen die Schulaufsicht ungleiche Förderquoten an Schulen ausgleichen kann.

Empfehlungen der Expertenkommission Lehrerbildung

Im Jahr 2012 hatte das Land Berlin eine Expertenkommission Lehrerbildung einberufen, die sich unter anderem mit der Frage beschäftigt hat, welche Veränderungen in der Lehrerbildung mit Blick auf die UN-BRK notwendig sind. Die Kommission hat vor allem empfohlen,

- das »Lehramt an Sonderschulen/für Sonderpädagogik« abzuschaffen und durch einen neuen Studienschwerpunkt »Sonderpädagogik/Rehabilitationswissenschaften« zu ersetzen, der in den drei Studiengängen »Lehramt an Grundschulen«, »Lehramt an ISS und Gymnasien« und »Lehramt an beruflichen Schulen« eingerichtet wird,
- in die Studiengänge aller Lehrämter in den Bildungswissenschaften und die Fachdidaktiken eine inklusionspädagogische Grundqualifikation im Umfang von zwölf bis 15 Leistungspunkten aufzunehmen.

Im Lehrkräftebildungsgesetz vom 7.2.2014 sind diese Empfehlungen umgesetzt worden – allerdings mit unterschiedlichen Masterstudiengängen für das Gymnasium und die ISS; inklusive Bildung ist in allen drei Lehrämtern verbindlich. Das Lehramt an Sonderschulen fällt weg; in allen drei oben genannten Lehrämtern können anstelle eines Fachs zwei sonderpädagogische Fachrichtungen gewählt werden. Derzeit ist eine Lehramtsverordnung in Anhörung, die die weiteren Vorgaben regelt, etwa den Stundenumfang für Inklusion.

Schulversuche

Zur Einführung der Inklusion werden in Berlin diverse Schulversuche durchgeführt. Zu nennen sind hier besonders:

- »ISI« (Inklusive Schule in Steglitz-Zehlendorf). Dieser Versuch läuft seit 2010/11, mit dem Ziel, im Bezirk ein engmaschiges Unterstützungsnetzwerk über die Einzelschule hinaus zu bilden (www.isi.cidsnet.de).

- INKA (Inklusive Schule auf dem Weg, in Marzahn-Hellersdorf). Hier läuft seit 2009 das Projekt, einen Schulverbund systematisch in inklusive Bildungsstrukturen zu überführen: Ein sonderpädagogisches Förderzentrum »Lernen« läuft aus, und die frei werdenden Ressourcen werden planvoll in eine regionale Bildungslandschaft überführt (www.inka-zentrum.de).

Weitere Schulversuche finden in den Bezirken Tempelhof-Schöneberg und Neukölln statt.

5 Gemeinsames Lernen in Berlin: Erfahrungen aus der Praxis

Havelmüller Grundschule, Interviewpartner: Gaby Plachy

Bitte stellen Sie Ihre Schule kurz vor und skizzieren Sie das dort gelebte Inklusionsverständnis.

In den insgesamt zwölf altersgemischten Klassen unserer sechsjährigen Grundschule werden derzeit 22 Kinder mit einem festgestellten sonderpädagogischen Förderbedarf beschult. Unsere Förderschwerpunkte sind »Autismus« sowie »Emotionale und soziale Entwicklung«. Wir haben ein gut funktionierendes Unterstützungssystem aufgebaut, das im Sinne des Inklusionsgedankens allen Kindern zugutekommt. Dieses gemeinsame Verständnis von Inklusion ist das Ergebnis zehnjähriger Personalentwicklung.

Die Heterogenität aller Schüler zu akzeptieren und diese nicht in Kinder mit und ohne sonderpädagogischen Status einzuteilen, ist die Grundlage unseres Handelns. Dies erfordert ein werteorientiertes Unterrichtsklima. Eine entsprechende Didaktik und Methodik, die den individuellen Eigenschaften und Fähigkeiten aller Kinder gerecht wird, bietet die Form der Lernwege.

Die Arbeit in Lernwerkstätten vertieft das gemeinschaftliche und kooperative Handeln.

Die positiven Effekte zeigen sich unter anderem darin, dass in den vergangenen Jahren kaum noch Feststellungsverfahren zum Bereich »Emotionale und soziale Entwicklung« eingeleitet werden mussten, obwohl viele unserer Kinder beim Schuleintritt noch gravierende Probleme im Umgang mit anderen haben. Daher scheint die Aussage gerechtfertigt, dass unsere schulischen Bedingungen den Erwerb von emotionalen und sozialen Kompetenzen fördern.

Die Grundhaltung aller Erwachsenen an unserer Schule ist dafür ebenso entscheidend wie das Instrument der kollegialen Fallberatung im Team. Häufige organisatorische Konstruktionen sind temporäre Lerngruppen oder Fördergruppen mit wenigen Schülern. Zum Beratungs- und Unterstützungssystem an unserer Schule gehört, dass wir eine fest angestellte Sonderpädagogin haben und dass wir eng mit den Sozialpädagoginnen der Schule und der Schulpsychologin zusammenarbeiten.

Welche Auswirkungen hat die Gesetzeslage auf Ihre Schule?

Das neue Schulgesetz in Berlin ist genau das, worauf ich gewartet habe. Es bezieht sich beispielsweise auf die neue Rolle der Schulleitung, auf altersgemischte Klassen und die Möglichkeiten der Integration. An meiner Schule hat das alles funktioniert und wir sind in den zehn Jahren sehr weit gekommen. Insgesamt ist die Gesetzeslage für die Umstellung auf ein inklusives Schulsystem nicht hinderlich. Natürlich könnten die personellen Ressourcen besser sein, denn die notwendige Unterstützung ist nicht immer gegeben.

Die Situation in Berlin zeichnet sich nach meinem Eindruck dadurch aus, dass bereits viele Kinder mit sonderpädagogischem Förderbedarf in Regelschulen beschult werden. Meine persönliche Kritik richtet sich eher darauf, dass sich immer dieselben Schulen aus der Verantwortung stehlen mit der Begründung, die Rahmenbedingungen stimmten nicht. Diesen Schulen müsste die Schulaufsicht mal genauer in die Karten schauen. Wahrscheinlich fehlt es dort an der gemeinsamen Grundhaltung, dass es notwendig ist, sich auf den

Weg zu machen. Sicher muss man auch einräumen, dass nicht jedes Kind in einer Regelschule integriert werden kann, aber das sind nur wenige. Es ist richtig, dass es weiterhin die Förderzentren gibt. Aber das A und O für das Gelingen von Inklusion sind die Schulen selbst.

Was wünschen Sie sich vom Gesetzgeber, damit Inklusion besser gelingen kann?

Gesetzlich sind die Weichen richtig gestellt. In der Praxis gibt es natürlich Probleme. Zum Beispiel erhalten die Sozialarbeiter immer nur Zeitverträge, dadurch finden wir keine qualifizierten Leute. Oder es fehlt an einer verlässlichen Doppelbesetzung im Unterricht. Insgesamt sind wir aber durch die Personalkostenbudgetierung flexibler geworden. Da immer mehr Kinder mit Förderbedarf an die Regelschulen kommen, müsste eigentlich die Zahl der Integrationsstunden erhöht werden, aber die sind gedeckelt. Das ist ein Problem.

Kontakt
Havelmüller-Schule
Namslaustraße 49–57
13507 Berlin
Tel. 030/4322101
www.havelmueller-grundschule.de

6 Fazit

Berlin ist in Sachen gemeinsames Lernen und Inklusion in den letzten Jahren weit vorangekommen. Hatte schon 2008/09 die Exklusionsquote unter dem Bundesschnitt gelegen, so liegt sie jetzt noch deutlicher darunter. Und im Gegensatz zu der Entwicklung in anderen Bundesländern speist sich der gewachsene Inklusionsanteil von jetzt über 54 Prozent nicht ausschließlich aus der gestiegenen Förderquote, sondern es besuchen tatsächlich weniger Kinder heute Sonderschulen. Gemeinsames Lernen hat nach dem Gesetz und offenbar auch in der Praxis Vorrang und ist Aufgabe aller Schulen. Die Umstrukturierung des Schulsystems in ein Zwei-Säulen-System, bei dem auf beiden Wegen Abitur gemacht werden kann, bedeutet, dass Inklusion keine Frage einer »Restschule« ist; welche Rolle das Gymnasium in der Inklusion spielt, bleibt allerdings weiterhin offen.

Die Umwandlung der Lehrerbildung ist ein weiterer wichtiger Schritt auf dem Weg zur inklusiven Schule. Das Feststellungsverfahren ist vereinheitlicht worden und erfordert, dass die Schule zuvor ihre Fördermöglichkeiten ausgenutzt hat. Insgesamt scheint Berlin damit sowohl von der Gesetzeslage her als auch in der Umsetzung des gemeinsamen Lernens schon weit gekommen zu sein. Dies zeigt sich auch im Bericht aus der Praxis, wenngleich hier durchaus Bedarf für Verbesserungen etwa in der Frage der Ressourcen gesehen wird, um das Konzept der Inklusion im schulischen Alltag gut umsetzen zu können. Und nur mit einer angemessenen Ausstattung wird es in Berlin gelingen, Inklusion zum dauerhaften Regelfall zu machen und damit allen Kindern die Förderung zu bieten, die sie benötigen.

Jakob-Muth-Preisträger aus Berlin[10]

Erika-Mann-Grundschule: Preisträgerporträt 2009

Seit 1998 entwickelt sich die Erika-Mann-Grundschule zur »Schule für alle Kinder«. Die sechsjährige Grundschule versteht sich als offene Schule im Kiez und Schwerpunktschule für Inklusion. Hier treffen täglich rund 600 Schülerinnen und Schüler zusammen, acht Prozent von ihnen wird ein »sonderpädagogischer Förderbedarf« attestiert. Sie alle werden gemeinsam unterrichtet und individuell gefördert: geistig behinderte und hochbegabte Kinder, Kinder aus über

10 Die Porträts sind jeweils der Website des Jakob Muth-Preises entnommen: www.jakobmuthpreis.de.

20 verschiedenen Nationen und aus Familien, in denen Arbeitslosigkeit und Armut zum Alltag gehören.

Auf der Basis von regelmäßigen Stärken-Schwächen-Analysen erhalten alle Kinder in den ersten vier Klassen individuelle Lernpläne. Zu Beginn jedes Schuljahres werden die Leistungsanforderungen den Eltern ausführlich erläutert und bei Bedarf in die Muttersprachen übersetzt. Die Schule unterstützt die Eltern dabei, aktive Bildungspartner ihrer Kinder zu werden. In der integrierten Schuleingangsphase werden die ersten und zweiten Jahrgänge gemischt. Multi-professionelle Lehrerteams werden von Fachkräften wie Medizinern, Logopäden oder Ergotherapeuten an der Schule unterstützt.

Eine Besonderheit der Schule ist die verbindende Sprache des Theaterspiels. Die erste theaterbetonte Grundschule in Berlin beweist seit zehn Jahren, wie das Theaterspiel die unterschiedlichen Fähigkeiten und Begabungen jedes einzelnen Kindes anspricht und entwickelt. Hier können sich die Kinder mit all ihren Facetten zeigen und machen die Erfahrung, dass es auf sie ankommt und sie angenommen sind. Der wöchentliche Theaterunterricht fördert nicht nur Sprachkompetenz und soziales Miteinander; bei ihrem jährlichen Theaterfestival in der Berliner »Schaubude« ernten die Kids aus dem Kiez auch jede Menge Anerkennung.

Die Schule arbeitet intensiv mit außerschulischen Partnern: In Kooperation mit dem Deutschen Kinderschutzbund sichert zum Beispiel das KinderKiezZentrum der Schule die Betreuung der Kinder von 6 Uhr morgens bis 18 Uhr abends im rhythmisierten Ganztag. Demnächst soll die Zusammenarbeit mit einem Gymnasium die inklusive Beschulung auch nach der 6. Grundschulklasse sichern.

Die überdurchschnittlichen Resultate bei den Vergleichsarbeiten der Berliner Grundschulen belegen die sehr gute Lernentwicklung der Kinder. Die herausragenden Leistungen, zu denen die Kinder geführt werden, zeigt exemplarisch die Tatsache, dass im Sommer 2009 alle Schülerinnen und Schüler der Klasse 6c mit 25 Prozent Kindern mit sonderpädagogischem Förderbedarf eine Empfehlung für die Realschule oder das Gymnasium erhielten.

Die besonderen Leistungen der Erika-Mann-Grundschule dokumentieren auch die vielen Auszeichnungen. So war die Schule 2007 Preisträgerin beim Bundeswettbewerb »Kinder forschen« der Telekom-Stiftung und beim Landeswettbewerb zur Gewaltprävention. 2008 wurde die Schule für den »Deutschen Schulpreis« der Robert Bosch sowie der Heidehof-Stiftung nominiert. Die Schule nimmt regelmäßig an Modellversuchen teil und übernimmt mit ihrer selbst entwickelten, indikatorgestützten Leistungsbeurteilung eine Pilotfunktion in Deutschland.

Kontakt
Schulleiterin Birgit Habermann
Erika-Mann-Grundschule
Utrechter Straße 25–27
13347 Berlin
www.erika-mann-grundschule.com

Heinrich-Zille-Grundschule: Preisträgerporträt 2011/12

Die Berliner Heinrich-Zille-Grundschule liegt im Bezirk Kreuzberg und setzt sich seit 20 Jahren für Inklusion ein. In sechs Jahrgängen werden täglich 396 Kinder mit und ohne Förderbedarf gemeinsam unterrichtet. Hier treffen Kinder und Jugendliche unterschiedlicher Sprachen, Kulturen und Schichten zusammen; ein großer Teil der Schülerschaft kommt aus armen Familien, mehr als die Hälfte der Kinder hat einen Migrationshintergrund, zwölf Prozent haben einen Förderbedarf. Angesichts dieser Herausforderungen ist die durchschnittliche Quote von über 40 Prozent Gymnasialempfehlungen der Schule herausragend. Durch veränderte Unterrichtskonzepte ist es der Schule gelungen, der Abwanderung bildungsnaher Familien entgegenzuwirken: Der Akademikeranteil bei den Eltern beträgt 25 Prozent. Die Zufriedenheit der Eltern mit der Schule ist sehr ausgeprägt.

Eine Besonderheit der Heinrich-Zille-Grundschule sind die Lernstandsdiagnosen für Schulanfänger. Förderpläne werden für die Kinder mit sonderpädagogischem Förderbedarf, sprachlichen Defiziten sowie Lern- und Verhaltensauffälligkeiten erstellt. In den Klassen 1 bis 3 wird jahrgangsgemischt unterrichtet. Dem Prinzip der inneren Differenzierung folgend, wird so viel wie möglich im Klassenverband gelernt. Angebote gibt es für leistungsschwache und -starke Kinder; von der Schule entwickelte »Lernstraßen« helfen beim Lesen, Schreiben und im Fach Mathematik dabei, dass alle in ihrem Tempo und auf ihre Weise den Stoff erarbeiten können.

Halbjährlich sind die Schülerinnen und Schüler gefragt, mithilfe von Selbsteinschätzungsbögen ihre Leistung zu bewerten. In den Klassenstufen 1 bis 3 gilt die verbale Beurteilung als Zeugnisform. Leistungsanforderungen werden durch individuelle Wochenpläne, Stationsaufgaben und differenzierte Klassenarbeiten mit der Schülerschaft vereinbart. In einer wertschätzenden Umgebung und im partnerschaftlichen Umgang miteinander lernen die Kinder, ihre Zeit selbst zu organisieren und Verantwortung für ihr eigenes Lernen zu übernehmen. Für Kinder mit nicht-deutscher Muttersprache gibt es Unterricht in »Deutsch als Zweitsprache«.

Teamarbeit und eine lebendige Kommunikationskultur prägen das Miteinander der Lehrkräfte. Es gibt eine enge Zusammenarbeit zwischen Lehrkräften, Sonderpädagogen und Therapeuten.

Die Schule evaluiert ihre Arbeit regelmäßig selbst, befragt dazu auch die Schüler und Eltern und entwickelt sich dadurch ständig weiter. In den unteren Klassen wird mit einem Patenmodell gearbeitet. Dabei übernehmen die älteren Schüler eine Mentorenrolle für die jüngeren Schüler oder für solche mit besonderem Förderbedarf. Dadurch erweitern sie ihre Sozialkompetenzen. Zum sozialen Lernen und zur Demokratieerziehung zählen die Schulversammlungen. Sie werden von der Schülerschaft weitestgehend selbstständig geplant, durchgeführt und weiterentwickelt. Aktuelle Themen oder die Würdigung besonderer Schülerleistungen stehen hier auf der Agenda.

Die Schule ist eine offene Ganztagsschule mit vielfältigen Angeboten für den Nachmittag. Ein besonderer Fokus der pädagogischen Arbeit an der Schule liegt im kreativ-musischen Bereich. Es gibt eine Theater-AG, und jedes Jahr findet eine große Theateraufführung statt, die auch von engagierten Eltern mitgestaltet wird. Die Elternbeteiligung an der Schule ist insgesamt sehr ausgeprägt. Sie bringen sich aktiv in Projekte ein und gestalten das Schulleben mit. Erst kürzlich ist auf dem Schulhof eine Kletterwand von künstlerisch versierten Eltern erstellt worden. Die Schule organisiert themenorientierte Elterncafés etwa zur gewaltfreien Erziehung oder zum Umgang mit Medien.

Die Schule ist im Stadtteil aktiv und war Gründungsmitglied der durch das Quartiersmanagement initiierten Bildungsinitiative. Der Förderverein »Zille-Schule und Nachbarschaft e. V.« engagiert sich nicht nur für die Schule, sondern auch für das Umfeld. Die Schule arbeitet aktiv mit den Kitas und den Oberschulen im Bezirk zusammen, um den Kindern und Jugendlichen gute Übergänge zu ermöglichen.

Kontakt
Schulleiterin Birgit Braun
Heinrich-Zille-Grundschule
Waldemarstraße 118
10997 Berlin
www.heinrich-zille-grundschule.de

Länderprofil Brandenburg

1 Die Schullandschaft in Brandenburg

Brandenburg ist bezogen auf die Fläche das größte ostdeutsche Bundesland. Es hat rund 2,45 Millionen Einwohner in 18 Regionen, 14 Flächenkreisen und vier kreisfreien Städten. Das Schulwesen in Brandenburg beginnt mit der sechsjährigen Primarstufe (die es ansonsten nur noch in Berlin gibt), danach gliedert es sich auf in die weiterführenden Schularten Oberschule (Jahrgänge 7 bis 10), Gesamtschule (inkl. Oberstufe, Jahrgänge 7 bis 13) und Gymnasium mit dem Abitur nach Jahrgangsstufe 12.

Gemeinsamer Unterricht ist grundsätzlich an allen Schulen der Sekundarstufe möglich. Parallel dazu gibt es ein hochdifferenziertes Sonderschulwesen. Die Förderschulen mit den Schwerpunkten »Lernen«, »Hören«, »Sehen« sowie »Körperliche und motorische Entwicklung« umfassen die Schuljahrgänge bis zur zehnten Klasse. Die Schulen mit dem Schwerpunkt »Sehen« können als einzige Förderschulform eine gymnasiale Oberstufe führen. Die Förderschulen mit den Schwerpunkten »Sprache« und »Soziale und emotionale Entwicklung« umfassen in der Regel nur die Jahrgänge 1 bis 6, da die Schüler möglichst früh (wieder) in eine Regelschule bzw. eine integrativ-kooperative Schule überwiesen werden sollen.[11]

11 Die integrativ-kooperative Schule bietet die Möglichkeit, Förderschüler sowohl im gemeinsamen Unterricht zu beschulen als auch in speziellen Förderklassen. Die Schüler werden in den Räumlichkeiten der Schule und in Kooperation mit anderen Klassen derselben Jahrgangsstufe, aber dennoch separat unterrichtet.

2 Gemeinsames Lernen und Inklusion: ein Blick in die Bildungsstatistik

Seit am 26.3.2009 die UN-Behindertenrechtskonvention in Kraft getreten ist, sind die Länder verpflichtet, Schülerinnen und Schülern mit sonderpädagogischem Förderbedarf den Besuch einer Regelschule zu ermöglichen. In Brandenburg hatten zu der Zeit – im Schuljahr 2008/09 – 15.774 Erst- bis Zehntklässler einen diagnostizierten sonderpädagogischen Förderbedarf; damit lag die Förderquote bei 8,5 Prozent. 5,4 Prozent aller Schüler besuchten eine Schule des Sonderschulwesens (Exklusionsquote). Bundesweit betrug die Förderquote 6,0 Prozent, und mit einer Exklusionsquote von 4,9 Prozent wurden weniger Schülerinnen und Schüler dieser Altersgruppe außerhalb des Regelschulsystems unterrichtet. Allerdings lag der Inklusionsanteil in Brandenburg bei 36,4 Prozent – und damit deutlich über dem bundesdeutschen Durchschnitt von 18,4 Prozent im betreffenden Schuljahr.

Abbildung 9: Exklusionsquoten in Brandenburg

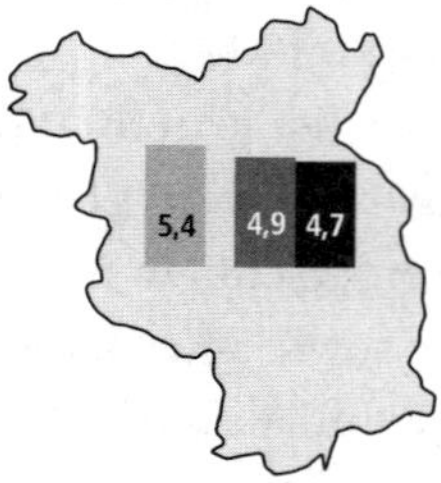

Schuljahr: 2008/09 2012/13 2013/14

Angaben in Prozent

Fünf Jahre später hat sich die Situation in Brandenburg verändert: Die Förderquote lag im Schuljahr 2013/14 bei 8,3 Prozent, sie ist damit bei steigender Schülerzahl marginal gesunken. Mit 43,9 Prozent gingen gut zwei von fünf diagnostizierten Förderschülern zur Regelschule; das bedeutet, dass der Inklusionsanteil um 7,5 Prozentpunkte gestiegen ist. Gleichzeitig ist die Exklusionsquote rückläufig: Der Anteil der

Schüler mit sonderpädagogischem Förderbedarf, die in Sonderschulen unterrichtet werden, ist auf 4,7 Prozent gesunken.

Damit liegt die Exklusionsquote in Brandenburg nach aktuellen Daten auf einer Linie mit dem bundesdeutschen Durchschnittswert von 4,7 Prozent. Allerdings sind die Perspektiven dieser Schüler auf einen Hauptschulabschluss im bundesweiten Vergleich schlecht: Im Schuljahr 2013/14 erhielt nur gut jeder achte Abgänger einer Förderschule mindestens einen Hauptschulabschluss – bundesweit schaffte das immerhin mehr als jeder vierte Jugendliche mit sonderpädagogischem Förderbedarf, in Berlin gut jeder dritte.

Die meisten diagnostizierten Förderschüler in Brandenburg sind im Schuljahr 2013/14 dem Schwerpunkt »Lernen« zugeordnet: Mit 44,5 Prozent macht diese Gruppe fast die Hälfte aller Förderschüler aus. Die übrigen 55,5 Prozent verteilen sich auf die anderen Förderschwerpunkte: »Geistige Entwicklung« (19,9 %), »Emotionale und soziale Entwicklung« (17,3 %), »Sprache« (6,9 %), »Körperliche und motorische Entwicklung« (6,3 %), »Hören« (3,8 %), »Sehen« (1,3 %) (vgl. Abb. 10). Gegenüber dem Schuljahr 2008/09 zeigen sich in allen sieben Förderschwerpunkten kleinere Veränderungen. Die Diagnosen im Bereich »Lernen« sind um 3,5 Prozentpunkte zurückgegangen, die im Bereich »Sprache« um 2,8 Prozentpunkte. Gestiegen sind hingegen die Förderbedarfe vor allem in den Bereichen »Emotionale und soziale Entwicklung« (1,4 Prozentpunkte) sowie »Geistige Entwicklung« (1,8 Prozentpunkte). Und auch in den anderen Förderbereichen hat sich der Anteil der Diagnosen jeweils leicht erhöht.

In Brandenburg besuchten 39,6 Prozent der inklusiv unterrichteten Kinder die 5. und 6. Klasse der Grundschule (statistisch geführt als schulunabhängige Orientierungsstufe); 45,6 Prozent gingen zur Oberschule, 8,5 Prozent zur Gesamtschule, 5,6 Prozent zum Gymnasium und 1,6 Prozent zu einer Waldorfschule.

Betrachtet man die Verteilung der Schüler mit den unterschiedlichen Förderschwerpunkten auf die verschiedenen Schulformen des Regelschulsystems, zeigt sich insbesondere für die Schulen der Sekundarstufe I ein durchmischtes Bild: Die größte Gruppe der Förderschüler an der Oberschule – das sind im Schuljahr 2013/14 rund

2.030 Jugendliche – besteht fast ausschließlich aus Schülern mit den Förderschwerpunkten »Lernen« und »Emotionale und soziale Entwicklung«. Rund 380 Förderschüler besuchen den Unterricht der Integrierten Gesamtschulen; diese haben vor allem Förderbedarfe im emotionalen und sozialen bzw. im körperlich-motorischen Bereich oder im »Lernen«. An Gymnasien werden im betrachteten Schuljahr rund 250 Jugendliche inklusiv beschult. Bei diesen überwiegen die Förderschwerpunkte »Emotionale und soziale Entwicklung«, »Körperliche und motorische Entwicklung« sowie »Hören«. In allen drei Schulformen zusammen finden sich fast 90 Jugendliche mit einem Förderbedarf im Bereich »Geistige Entwicklung«.

Abbildung 10: Förderschwerpunkte in Brandenburg (Verteilung in Prozent)

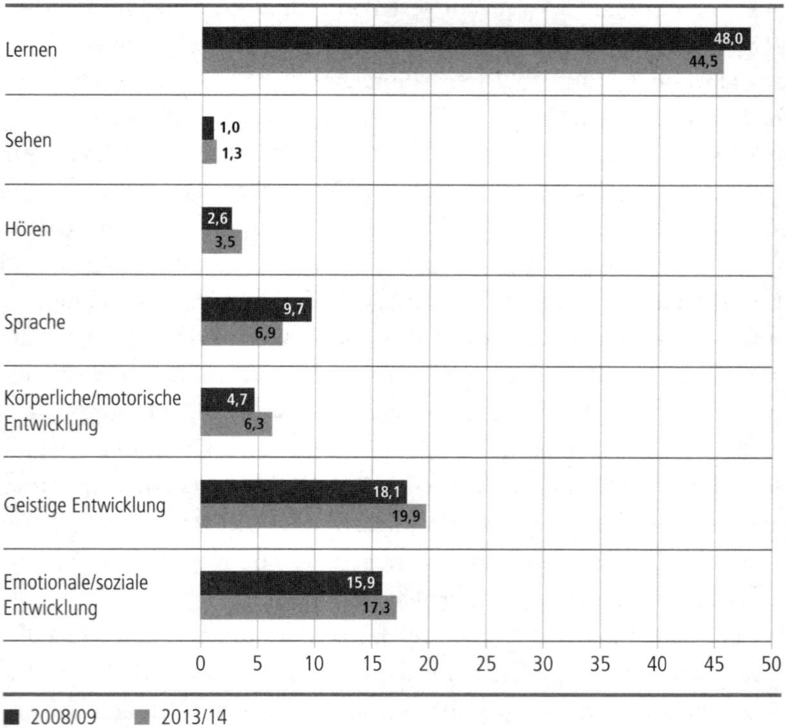

Quelle: KMK 2014a, b, c

3 Gemeinsames Lernen und Inklusion in Brandenburg: die Gesetzeslage

3.1 Gesetzesgrundlagen

Der gemeinsame Unterricht von Kindern mit und ohne sonderpädagogischen Förderbedarf ist in Brandenburg hauptsächlich durch drei Texte geregelt:

- das Gesetz über die Schulen im Land Brandenburg (Brandenburgisches Schulgesetz – BbgSchulG, Stand 21.11.2013),
- die Verordnung über Unterricht und Erziehung für Schülerinnen und Schüler mit sonderpädagogischem Förderbedarf (Sonderpädagogik-Verordnung – SopV, Stand 10.7.2009) sowie
- die Verwaltungsvorschriften zur Sonderpädagogik-Verordnung (VV-SopV, Stand 28.11.2012).

Nach § 3 Abs. 4 BbgSchulG sollen Kinder und Jugendliche mit sonderpädagogischem Förderbedarf bevorzugt den gemeinsamen Unterricht der allgemeinen Schulen besuchen können. Der gemeinsame Unterricht ist Aufgabe der Grundschulen, der weiterführenden allgemeinbildenden Schulen und der Oberstufenzentren, die dabei eng mit Förderschulen oder Förder- und Beratungsstellen zusammenarbeiten (§ 29 Abs. 2 und 3 BbgSchulG). Der gemeinsame Unterricht kann zielgleich oder zieldifferent erfolgen (§ 9 Abs. 2–4 BbgSchulG). Dabei ist individuelle Förderung ein durchgängiges Prinzip, das für alle Schülerinnen und Schüler gilt (§ 3 Abs. 1 BbgSchulG). Allerdings steht der gemeinsame Unterricht unter Ressourcenvorbehalt, er kann also nur stattfinden, wenn dafür eine angemessene personelle, räumliche und sächliche Ausstattung zur Verfügung steht oder geschaffen werden kann (§ 29 Abs. 2 BbgSchulG).

Da der gemeinsame Unterricht Vorrang genießt, sollen entsprechend an den Förderschulen nur Kinder und Jugendliche unterrichtet werden, deren Eltern dies ausdrücklich wünschen oder für deren Beschulung an allgemeinen Schulen die Voraussetzungen fehlen (§ 30 Abs. 2 BbgSchulG).

3.2 Feststellung des sonderpädagogischen Förderbedarfs

Ob ein sonderpädagogischer Förderbedarf besteht, wird in Brandenburg in einem ausführlichen zweistufigen Verfahren festgestellt (§§ 3–5 SopV). Die Einleitung eines solchen Verfahrens können die Eltern, die Schüler selbst ab vollendetem 14. Lebensjahr, die Schulleitungen der allgemeinen Schule oder die der Förderschule beantragen. In der Folge beauftragt das staatliche Schulamt die zuständige Sonderpädagogische Förder- und Beratungsstelle, das Feststellungsverfahren durchzuführen. Wird der Antrag von der Schulleitung gestellt, müssen die Eltern und der Schüler (sofern das 14. Lebensjahr vollendet ist) informiert werden (§ 3 Abs. 1 SopV).

Nach § 3 Abs. 3 SopV erfolgt das Feststellungsverfahren durch einen Förderausschuss und ist in der Regel zweistufig:

- die »Grundfeststellung des sonderpädagogischen Förderbedarfs« (Stufe I) und
- die »förderdiagnostische Lernbeobachtung« (Stufe II).

Die Eltern sind verpflichtet, an diesem Verfahren mitzuwirken (§ 3 Abs. 2 SopV).

Dem Förderausschuss gehören die mit dem Vorsitz beauftragte Lehrkraft der Sonderpädagogischen Förder- und Beratungsstelle sowie die Eltern an. Die Schulleitung der aufnehmenden oder besuchten Schule ist ebenfalls einzubeziehen. In Stufe II gehören dem Ausschuss außerdem eine sonderpädagogisch qualifizierte Lehrkraft und die Klassenlehrkraft an. Darüber hinaus können durch den Vorsitzenden und mit Einverständnis der Eltern noch weitere Personen hinzugezogen werden (§ 4 SopV).

Stufe I, die Grundfeststellung des sonderpädagogischen Förderbedarfs, wird durch vom Landesschulamt beauftragte Diagnostikteams durchgeführt, zu denen jeweils zwei Lehrkräfte gehören (§ 2 Abs. 7 VV-SopV zu § 2 SopV). Die Diagnostikteams arbeiten unter dem Dach der Sonderpädagogischen Förder- und Beratungsstelle (SpFB). Für die Förderschwerpunkte »Sehen«, »Hören«, »Körperliche und motorische Entwicklung«, »geistige Entwicklung« und autistische Verhaltensweise soll in Stufe I abschließend festgestellt werden, ob ein Förderbedarf vorliegt (§ 3 Abs. 4 SopV).

Für die Schwerpunkte »Lernen«, »Sprache« und »Emotionale und soziale Entwicklung« schließt sich in der Regel Stufe II an, die förderdiagnostische Lernbeobachtung. Diese führen die zuständige SpFB und die zuständige Schule in gemeinsamer Verantwortung durch (3 Abs. 8 VV-SopV zu § 3 Abs. 3 Nr. 2 SopV). In der flexiblen Eingangsstufe wird gleich mit Stufe II begonnen, wenn einer der letztgenannten Förderschwerpunkte vermutet wird (3 Abs. 5 VV-SopV zu § 3 Abs. 5 SopV).

Anhand der Ergebnisse der Untersuchungen formuliert der Förderausschuss Bildungsempfehlungen, die dem Landesschulamt übergeben werden (4 VV-SopV zu § 4 SopV).

Das Feststellungsverfahren ist in den VV-SopV umfassend geregelt. Die sonderpädagogische Diagnostik wird nach verbindlichen Handreichungen durchgeführt, die seit dem Schuljahr 2013/14 für alle Förderschwerpunkte vorliegen (www.mbjs.brandenburg.de/sixcms/detail.php/bb1.c.302117.de).

3.3 Entscheidung über den Lernort

Auf Grundlage der Bildungsempfehlungen des Förderausschusses entscheidet das Landesschulamt, ob sonderpädagogischer Förderbedarf vorliegt. Ist das der Fall, entscheidet es unter Berücksichtigung des Elternwunsches auch darüber,

- wo das Kind bzw. der Jugendliche lernen soll,
- in welche Jahrgangsstufe er eingestuft wird,
- welcher Rahmenlehrplan angewendet wird,
- in welchem Umfang der Schüler bzw. die Schülerin gefördert wird,
- auf welche Inhalte sich die Förderung beziehen soll und, soweit erforderlich,
- ob der Nachteilsausgleich durchgeführt wird.

Mit der Entscheidung des Landesschulamtes ist der Schüler bzw. die Schülerin an der Schule aufgenommen und das Schulverhältnis begründet (§ 5 SopV, § 50 Abs. 2 BbgSchulG).

3.4 Umsetzung des gemeinsamen Unterrichts

Der gemeinsame Unterricht ist nach § 29 Abs. 2 BbgSchulG Aufgabe der Grundschulen, der weiterführenden allgemeinbildenden Schulen und der Oberstufenzentren und wird in enger Zusammenarbeit mit einer Förderschule oder einer SpFB organisiert. Da Brandenburg flächenmäßig groß und gleichzeitig dünn besiedelt ist, ist hier von besonderer Bedeutung, dass durch den gemeinsamen Unterricht Schüler mit sonderpädagogischem Förderbedarf wohnortnah beschult werden können (§ 29 Abs. 3 und 4 BbgSchulG), während bei einem Förderschulbesuch oft weite Wege zurückzulegen wären.

Wie genau der gemeinsame Unterricht umgesetzt wird, ist jeweils individuell zu entwickeln (ebd.), sodass offenbar die Schulen große Freiheiten in der Umsetzung haben und von Einzellösungen bis hin zur inklusiven Schulentwicklung alles möglich ist. Für einen Großteil der Förderschwerpunkte gilt, dass zielgleich unterrichtet wird, mit Anpassungen an die entsprechenden Bedürfnisse, wo sie notwendig sind (§ 9 Abs. 4 SopV). Je nachdem, wie der Unterricht organisiert ist, kann in einer Schule nach Bildungsgängen oder bildungsgangübergreifend unterrichtet werden; entsprechend ist »Zieldifferenz« in diesem Sinne umfassend möglich (§ 15 Abs. 1 BbgSchulG). Kinder und Jugendliche mit den Förderbedarfen »Lernen« und »Geistige Entwicklung« werden zieldifferent und möglichst themengleich unterrichtet (§ 9 Abs. 2 und 3 SopV). Für alle Kinder und Jugendlichen mit Förderbedarf werden individuelle Förderpläne erstellt, die mindestens halbjährlich überprüft werden (§ 9 Abs. 1 SopV).

Eine besondere Schulform in Brandenburg sind die integrativkooperativen Schulen: Hier erfolgt die sonderpädagogische Förderung sowohl im gemeinsamen Unterricht als auch in Förderklassen.

Die Förderklassen kooperieren eng mit allgemeinen Klassen derselben Jahrgangsstufe (§ 13 Abs. 6 SopV).

Einzelheiten zu den Rahmenbedingungen des gemeinsamen Unterrichts in Brandenburg sind in §§ 8 und 9 SopV, den VV-SopV und in § 29 des BbgSchulG geregelt.

4 Entwicklungen zum gemeinsamen Lernen und zur Inklusion

Seit Herbst 2012 hat das Landesinstitut für Lehrerbildung (LaLeb) inklusionspädagogische Inhalte auch in die seminaristische Ausbildung im Vorbereitungsdienst aufgenommen. Die dort tätigen Seminarleiterinnen und -leiter wurden im Vorfeld entsprechend fortgebildet.

Mit Beginn des Pilotprojekts »Inklusive Grundschule« (s.u.) im Schuljahr 2012/13 werden alle Lehrkräfte der Pilotschulen gezielt fortgebildet. Die Grundlage dafür bildet ein Curriculum, das vom Landesinstitut für Schule und Medien Berlin-Brandenburg (LISUM) entwickelt wurde. Es umfasst beispielsweise die Arbeit mit dem Index für Inklusion, das Beobachten und Begleiten individueller Lernprozesse speziell in den Bereichen Lesen, (Recht-)Schreiben und Mathematik sowie Formen der inklusiven Unterrichtsorganisation.

Die neue Lehramtsstudienverordnung[12], die am 1.6.2013 in Kraft getreten ist, sieht vor, dass Inklusion sehr viel stärker als bisher in die Studiengänge aller Lehrämter integriert wird. So sollen in allen Studiengängen im Studienbereich Bildungswissenschaften Grundlagen der allgemeinen Inklusionspädagogik und -didaktik in einem vorgeschriebenen Mindestumfang vermittelt werden. Im Rahmen der fachdidaktischen Studien werden außerdem fachbezogene inklusionspädagogische und -didaktische Inhalte vermittelt. Im Studium für das Lehramt für die Primarstufe kann Inklusion auch als eigener Studienschwerpunkt gewählt werden.

12 www.bravors.brandenburg.de/sixcms/detail.php?gsid=land_bb_bravors_01.c.53678.de (Download 22.10.2014).

Pilotprojekt »Inklusive Grundschule«

Zu Beginn des Schuljahres 2012/13 startete das Bundesland Brandenburg das Pilotprojekt »Inklusive Grundschule« (www.inklusion-brandenburg.de), an dem über 80 Grundschulen und Oberschulen mit Primarstufe teilnehmen. Die Schulen proben derzeit unter vergleichbaren Bedingungen, aber mit je unterschiedlichen Konzepten, die Umsetzung von Inklusion.

Als Basisausstattung erhalten die Schulen unter anderem für fünf Prozent ihrer Schülerschaft 3,5 Lehrerwochenstunden für förderdiagnostische Lernbegleitung in den sonderpädagogischen Förderschwerpunkten »Lernen«, »Emotionale und soziale Entwicklung« und »Sprache«. Außerdem stehen dem Landesschulamt rechnerisch – für fünf Prozent der Schüler – weitere 0,5 Lehrerwochenstunden als Pool für besondere Problemlagen zur Verfügung. In der Praxis bedeutet das: Bei einer Schule mit 260 Schülern erhält die Schule 45,5 zusätzliche Lehrerwochenstunden (13 x 3,5); das Landesschulamt erhält weitere 6,5 Lehrerwochenstunden zur Disposition in den Pool.

Die neu zu bildenden Klassen der teilnehmenden Schulen können maximal 25 Kinder aufnehmen, der Richtwert liegt bei 23. Alle Schulen haben jeweils eigene ganzheitliche Unterrichtskonzepte; für jedes Kind wird ein individueller Lernplan geführt. Die beteiligten Lehrkräfte erhalten die oben erwähnte prozessbegleitende Fortbildung und Beratung durch spezielle Beraterinnen und Berater, um sie bestmöglich auf die Besonderheiten einer inklusiven Schule vorzubereiten. Das Pilotprojekt an den Grundschulen wird durch ein Forschungsteam der Universität Potsdam wissenschaftlich begleitet. Da alle Pilotschulen mit unterschiedlichen Konzepten arbeiten, konzentriert sich die Evaluation auf die Frage, unter welchen konkreten Bedingungen inklusiver Unterricht gelingen kann.

Das Pilotprojekt läuft bis zum Schuljahr 2015/16; es wurden dafür 120 neue Lehrkräfte eingestellt.

5 Gemeinsames Lernen in Brandenburg: Erfahrungen aus der Praxis

Jean-Clermont-Schule Oranienburg, Interviewpartner: Olaf Wildgrube, Schulleiter

Bitte stellen Sie Ihre Schule kurz vor und skizzieren Sie das dort gelebte Inklusionsverständnis.

Die Jean-Clermont-Schule ist eine Ganztagsoberschule in Trägerschaft der Stadt Oranienburg mit insgesamt 250 Schülerinnen und Schülern. Von diesen haben 30 einen besonderen Förderbedarf in den Schwerpunkten »Lernen«, »Körperliche und motorische Entwicklung« oder »Emotionale und soziale Entwicklung«. Unsere Schule umfasst die Klassenstufen 7 bis 10. Wir waren zunächst zweizügig, sind aber seit einer baulichen Erweiterung im Schuljahr 2007/08 dreizügig. Seither verfügen wir über Teamräume, kleine Arbeitsräume, Beratungsräume und die notwendigen Rückzugsmöglichkeiten. Ohne ein entsprechendes Raumangebot ist Inklusion kaum möglich.

In allen Klassen gibt es Kinder mit besonderem Förderbedarf, die gemeinsam mit den anderen Schülerinnen und Schülern unterrichtet werden. Auch im neuen Schuljahr werden wir pro Klasse wieder vier Kinder mit besonderem Förderbedarf aufnehmen. Zu unserem Kollegium gehören drei Sonderpädagogen und eine Schulsozialarbeiterin. Mit unserer Initiative ZEBRA-plus erproben wir Wege, um Absolventen der Schule mit dem sonderpädagogischen Förderbedarf »Lernen« eine betriebliche Ausbildung im allgemeinen Arbeitsmarkt zu vermitteln.

Welche Auswirkungen hat die Gesetzeslage auf Ihre Schule?

Die Gesetzeslage im Land Brandenburg befindet sich im Umbruch. Gesetzlich ist zwar bereits seit 1991 der Vorrang des gemeinsamen Unterrichts festgeschrieben. Die letzten Änderungen aus dem Jahr

2007 bilden den Artikel 24 der UN-Behindertenrechtskonvention, die in Deutschland ja erst 2009 in Kraft getreten ist, allerdings noch nicht ab. Inzwischen gibt es aber Empfehlungen eines wissenschaftlichen Beirats des Kultusministeriums zu inklusiver Bildung, die als Grundlage für Gesetzesänderungen dienen sollen. Diese Empfehlungen greifen aus meiner Sicht die wichtigsten Punkte wie Personal, Räumlichkeiten und unterschiedliche Förderschwerpunkte auf. Sie sollen bis zum Jahr 2020 umgesetzt werden; die Weichen sind also gestellt.

Allerdings ist die Realität an den Schulen heute noch eine völlig andere. Nehmen wir zum Beispiel das Projekt »Inklusive Grundschule«. Diese Initiative des Landes wird zwar von der Universität Potsdam wissenschaftlich begleitet, und es finden regelmäßige Konferenzen über den aktuellen Entwicklungsstand statt. Es sind jedoch nur wenige Schulen bereit, daran teilzunehmen, weil sie wissen, dass damit eine enorme Mehrbelastung auf sie zukommt.

Dies ist zwar meine subjektive Wahrnehmung, aber ich kann sie anhand der Verhältnisse an unserer Schule auch objektivieren. Da zwölf Prozent unserer Schülerschaft einen Förderbedarf haben, stehen uns nach den Verwaltungsvorschriften für den gemeinsamen Unterricht rund 100 zusätzliche Lehrerwochenstunden zu. In der Realität bekommen wir aber nur 55 Stunden. Das zeigt schon, wo der Hase im Pfeffer liegt. Solche Befürchtungen haben sicher viele Grundschulen gehabt und sich deshalb nicht am Projekt beteiligt.

Im Bereich der Sekundarstufe I sieht es nicht besser aus. Wir wurden vor zwei Jahren gefragt, ob wir »Referenzschule« werden wollten. Das ist ein inoffizieller Titel für Schulen, die gern bereit sind, Kinder mit Förderbedarf aufzunehmen. Dafür hätten wir eine Lehrerwochenstunde zusätzlich bekommen – ein Witz. Natürlich erhalten wir gemäß den Verwaltungsvorschriften zusätzliche Stunden für die Schüler mit Förderbedarf. Für ein Kind mit dem Förderschwerpunkt »Lernen« stehen mir drei Lehrerwochenstunden zu, ich bekomme faktisch aber nur eine Stunde. Für ein Kind mit dem Förderschwerpunkt »Emotionale und soziale Entwicklung« stehen mir ebenfalls drei Stunden zu, tatsächlich erhalte ich zwei. Das ist schon ernüchternd.

Was wünschen Sie sich vom Gesetzgeber, damit Inklusion besser gelingen kann?

Wir wünschen uns, mindestens das zu bekommen, was das Land Brandenburg ins Gesetz geschrieben hat. Wenn meiner Schule für die Aufnahme von 30 Kindern mit Förderbedarf 100 Lehrerwochenstunden zusätzlich zustehen, möchte ich die auch haben. Zudem sollte das Land bei allen Veränderungen stärker mit den Schulträgern kooperieren.

Kontakt
Jean-Clermont-Schule Oranienburg
Hermann-Löns-Straße 5
16515 Oranienburg
Tel. 03301/703287
www.jean-clermont-schule.de

6 Fazit

Nach dem Gesetz hat in Brandenburg gemeinsamer Unterricht Vorrang vor der separaten Beschulung. Wenn auch die Entwicklung noch relativ langsam ist, zeigt sich doch, dass dieser Vorrang den Kennzahlen zufolge zunehmend ernst genommen wird. Im Vergleich zum Bundesdurchschnitt wird in Brandenburg, wie in den anderen östlichen Bundesländern auch, überdurchschnittlich häufig ein sonderpädagogischer Förderbedarf diagnostiziert, aber die Quote ist, im Gegensatz zu den westlichen Bundesländern, leicht gesunken, und die Exklusionsquote ist leicht rückläufig. Das bedeutet, dass inzwischen anteilig weniger Kinder separat beschult werden, als das noch 2008/09 der Fall war.

Es gilt weiterhin ein Ressourcenvorbehalt. Allerdings scheint es, dass die Kombination aus dem Vorrang des gemeinsamen Unterrichts und der dünnen Besiedlung in Brandenburg, zusammen mit den Änderungen in der Lehrerbildung und dem Schulversuch, an dem knapp zehn Prozent der Brandenburger Schulen teilnehmen, langsam dazu führen, dass sich in diesem Bundesland ein inklusiv(er)es Schulsystem herausbildet. Wichtig auf dem Weg wäre es allerdings – und das zeigt der Blick in die Praxis –, die zugesicherten Ressourcen bereitzustellen, um einen guten Unterricht für alle Kinder umsetzen zu können und die Schulen und Lehrkräfte dabei zu unterstützen, jedes Kind bestmöglich zu fördern.

Jakob-Muth-Preisträger aus Brandenburg

Regine-Hildebrandt-Schule: Preisträgerporträt 2011/12

Die Regine-Hildebrandt-Schule im brandenburgischen Birkenwerder hat sich bereits Mitte der 1990er-Jahre auf den Weg zu einer inklusiven Schule gemacht. Aus einer zunächst eher demographisch bedingten Fusion der Gesamtschule mit der Körperbehindertenschule vor Ort entstand eine integrativ-kooperative Gesamtschule mit gymnasialer Oberstufe, in der es keine Aufteilung mehr in Regel- und Förderklassen gibt. Alle 679 Schülerinnen und Schüler, darunter auch die 81 Kinder und Jugendlichen mit sonderpädagogischem Förderbedarf, lernen miteinander und voneinander im gemeinsamen Unterricht. Für ihr innovatives Konzept hat die Schule bereits mehrere landes- und bundesweite Auszeichnungen erhalten.

Trotz der vielfältigen Herausforderungen liegen die Leistungen der Schülerschaft bei Vergleichsarbeiten im Landesdurchschnitt, bei den Abschlussprüfungen des zehnten Jahrgangs teilweise darüber. Ein Drittel der Zehntklässler mit sonderpädagogischem Förderbedarf schaffte im Jahr 2011 die Versetzung in die gymnasiale Oberstufe. Bei regionalen paralympischen Sportwettbewerben erreichen die Schülerinnen und Schüler regelmäßig vordere Platzierungen. Besonders hervorzuheben ist die integrative Segelmannschaft, deren sportliche und soziale Leistungen der Schule bereits einen bundesweiten Preis eingebracht haben.

An der Regine-Hildebrandt-Schule sind alle Kinder und Jugendlichen mit ihren ganz unterschiedlichen Begabungen, Interessen und

Problemlagen willkommen. Jeweils zwei Lehrkräfte teilen sich die Verantwortung für die Klassenleitung, und auch der Fachunterricht findet meist im Team statt. So kann besser auf jeden einzelnen Schüler – ob mit oder ohne sonderpädagogischen Förderbedarf – eingegangen werden. In heterogenen Klassen lernen alle gemeinsam, jedoch im eigenen Tempo, durch individuelle Arbeitsweisen und nach unterschiedlichen Zielvereinbarungen. Mithilfe von regelmäßigen Methoden-, Kommunikations- und Kompetenztrainings sind alle Kinder und Jugendlichen in der Lage, eigenständig zu lernen und ihre Ergebnisse vorzustellen. Dabei stehen ihnen neben den modernen Klassenräumen auch Lernflure, die Bibliothek und individuelle Stillarbeitsplätze zur Verfügung.

Teamarbeit wird im Kollegium großgeschrieben: Durch gemeinsame Unterrichtsvorbereitung, -planung und -durchführung in Klassen-, Jahrgangs- und Fachteams ist die Arbeitszufriedenheit der Lehrkräfte an der Regine-Hildebrandt-Schule sehr hoch. Regelmäßige Weiterbildung und Evaluationen sind Ausdruck eines hohen Qualitätsbewusstseins im Kollegium.

Auf vielfältige Weise bringen sich die Kinder und Jugendlichen an der Regine-Hildebrandt-Schule aktiv ein. Schülerinnen und Schüler der oberen Klassen können sich zu »Peer Teachers« fortbilden lassen. Sie helfen dann schwächeren und jüngeren Mitschülern, den Unterrichtsstoff besser zu bewältigen. Ein Kernteam aus gewählten und besonders engagierten Schülervertretern setzt sich maßgeblich für die Entwicklung von Schul- und Lernkultur ein: So wurde unter anderem auf Initiative dieser Schülervertreter ein jährlich stattfindender Integrationstag eingeführt, der auch von den Schülern selbst gestaltet wird. An der Streit- und Konfliktlösung sind unter Anleitung der Schulsozialarbeiterin Schüler selbst beteiligt; sie übernehmen so Verantwortung für das gute Miteinander an ihrer Schule.

Als gebundene Ganztagsschule gewährleistet die Regine-Hildebrandt-Schule ein Betreuungsangebot von 7:30 bis 15:50 Uhr bzw. freitags bis 13 Uhr. Die gesamte Schule – auch das Sportzentrum und alle Fachräume – ist barrierefrei eingerichtet. Es gibt eine Bibliothek, eine Schülerarbeitszone, einen Freizeitbereich, ein Schülercafé sowie einen Bereich für die Behindertenbetreuung mit Ruheraum, Beratungsräumen und Physiotherapieraum.

Schule und Unterricht beziehen zahlreiche Kooperationspartner ein und schaffen so für ihre Schüler ein vielfältiges Lern- und Erfahrungsumfeld. Die Eltern sind ein wichtiger Bestandteil der Schulgemeinschaft: Sie sind ausdrücklich eingeladen, Arbeitsgemeinschaften und Profilkurse zu übernehmen. Benötigen sie spezielle Hilfe und Beratung, so können sie die »Elternschule«, ein Beratungsangebot der Schulsozialarbeiterin und des Deutschen Roten Kreuzes, in Anspruch nehmen.

Durch gute Kontakte zur lokal ansässigen Wirtschaft und zu weiteren regionalen Akteuren bemüht sich die Schule, alle Jugendlichen mit oder ohne Förderbedarf bestmöglich auf eine spätere berufliche Perspektive vorzubereiten. Gemeinsam mit den außerschulischen Partnern organisiert die Schule berufsorientierende Projekte wie die »Schul-GmbH« und Schülerbetriebspraktika. Sogar Kinder mit multiplen Beeinträchtigungen, die nur mit Assistenz oder Einzelfallhelfern an einem Praktikum teilnehmen können, werden von den lokalen Partnern gern als Praktikanten angenommen und erhalten genau wie alle anderen die Chance, in die Berufs- und Arbeitswelt hineinzuschnuppern.

Kontakt
Schulleiterin Kathrin Voigt
Hubertusstraße 30
16547 Birkenwerder
www.hildebrandtschule.de

Länderprofil Bremen

1 Die Bremer Schullandschaft

Bremen ist mit rund 548.000 Einwohnern der kleinste der drei Stadtstaaten in Deutschland und besteht aus den Städten Bremen und Bremerhaven. Das Schulsystem ist nach der vierjährigen Grundschule in die beiden weiterführenden Schulformen Oberschule und Gymnasium gegliedert. Diese Zweigliedrigkeit bzw. die Oberschule wird seit 2011 aufsteigend eingeführt; parallel dazu werden die bisherigen Bildungsgänge an den Schulzentren, den Sekundarschulen und den Gesamtschulen auslaufend weitergeführt. Für Schüler mit besonderem Förderbedarf in den Bereichen »Hören«, »Sehen« und »Körperliche und motorische Entwicklung« gibt es drei Spezialzentren als Wahlangebot, ansonsten unterhält Bremen keine Sonderschulen mehr.

Alle Schülerinnen und Schüler werden an Regelschulen unterrichtet; dabei stehen ihnen je nach Förderschwerpunkt Zentren für unterstützende Pädagogik (ZuP) zur Seite, die in die Schulen integriert sind. Diagnostiziert werden sonderpädagogische Förderbedarfe in den Bereichen »Lernen«, »Sprache«, »Wahrnehmungs- und Entwicklungsförderung«, » Emotionale und soziale Entwicklung«, »Sehen«, »Hören«, »Körperliche und motorische Entwicklung« und »Autismusspektrumsstörung«. Für Beratung und Koordinierung stehen darüber hinaus mobile Dienste und die Regionalen Beratungs- und Unterstützungszentren (ReBUZ) zur Verfügung, die in der Verantwortung der Stadtgemeinden liegen.

2 Gemeinsames Lernen und Inklusion: ein Blick in die Bildungsstatistik

Im Schuljahr 2008/09, als die UN-Behindertenrechtskonvention in Kraft trat, wurde rund 4.500 Schülern der 1. bis 10. Klasse in Bremen ein sonderpädagogischer Förderbedarf attestiert. Die sogenannte Förderquote lag damit bei 7,5 Prozent – höher als der bundesdeutsche Durchschnitt von 6,0 Prozent. Insgesamt 4,6 Prozent der bremischen Kinder und Jugendlichen besuchten keine Regelschule (Exklusionsquote). Damit lag Bremen etwas unter dem entsprechenden deutschen Mittelwert von 4,9 Prozent.

Vor allem in Bezug auf den Anteil der Schüler, die vor fünf Jahren bereits am gemeinsamen Unterricht teilnahmen, setzte sich Bremen aber deutlich vom damaligen innerdeutschen Status ab: Im hanseatischen Stadtstaat besuchten immerhin schon rund 1.800 der 4.500 Förderschüler den Unterricht einer Regelschule. Damit lag der Inklusionsanteil bei 39,0 Prozent – mehr als doppelt so hoch wie der deutsche Durchschnittswert im gleichen Schuljahr (18,4 %).

Abbildung 11: Exklusionsquoten in Bremen

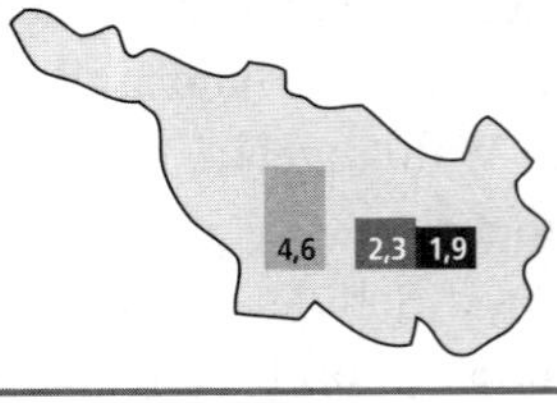

Schuljahr: 2008/09 2012/13 2013/14

Angaben in Prozent

Fünf Jahre später hat der Bremer Systemumbau in Bezug auf die Zusammenführung von Regelschul- und Sonderschulwesen weitere Früchte getragen. Im Schuljahr 2013/14 haben in Bremen nur noch rund 3.180 Schüler der Klassenstufen 1 bis 10 einen diagnostizierten sonderpädagogischen Förderbedarf. Damit sank die Förderquote – bei rückläufigen Schülerzahlen – auf 5,9 Prozent. Bundesweit liegt der entsprechende Wert bei 6,8 Prozent. Sehr positiv hat sich zudem die Teilnahme am gemeinsamen Unterricht entwickelt: Im Schuljahr 2013/14 besuchen 68,5 Prozent der rund 3.300 Förderschüler den Unterricht an einer Regelschule. Damit ist der Anteil der inklusiv beschulten Kinder und Jugendlichen im Stadtstaat in den vergangenen fünf Jahren um rund 30 Prozentpunkte gestiegen und liegt nun mehr als doppelt so hoch wie der bundesdeutsche Durchschnitt (31,4 %). Bremen erreicht damit im Vergleich der Bundesländer einen Spitzenwert.

Zugleich besuchen immer weniger Kinder und Jugendliche die noch bestehenden Förderschulen: Die Exklusionsquote im Stadtstaat hat sich gegenüber dem Schuljahr 2008/09 auf 1,9 Prozent mehr als halbiert. Der Bundesdurchschnitt liegt bei 4,7 Prozent – in Bremen besuchen also anteilig weniger als halb so viele Schüler eine Förderschule wie im Bundesvergleich. Angesichts dieser geringen Anteile von Schülern, die gesondert beschult werden, wundert es nicht, dass die Chancen dieser Gruppe auf einen Hauptschulabschluss im bundesweiten Vergleich nicht gut sind: Im vergangenen Schuljahr erhielt jeder fünfte dieser Förderschulabgänger mindestens einen Hauptschulabschluss (19,8 %) – bundesweit schaffte das immerhin jeder vierte Jugendliche mit sonderpädagogischem Förderbedarf.

Die große Mehrheit der Förderschüler in Bremen ist dem Schwerpunkt »Lernen« zugeordnet: Mit 51,2 Prozent bilden sie im Schuljahr 2012/13 die mit Abstand größte Gruppe. Ebenfalls vergleichsweise hoch ist der Anteil im Förderbereich »Geistige Entwicklung« (19,4 %). Bei weiteren 9,4 Prozent wurde ein Bedarf im Förderschwerpunkt »LSE« festgestellt, der erst 2012 in die Berichterstattung aufgenommen wurde. Die übrige Schülerschaft mit sonderpädagogischem Förderbedarf verteilt sich auf die Schwerpunkte »Emotionale und soziale Entwicklung« (5,4 %), »Hören« (4,2 %), »Körperliche und motorische Entwicklung« (3,8 %), »Sehen« (2,1 %) und »Sprache« (2,3 %) (vgl. Abb. 12).

In der Entwicklung der einzelnen Förderbedarfe im betrachteten Zeitraum zeigt sich, dass der Schwerpunkt »Übergreifende, bzw. ohne Zuordnung« im Schuljahr 2013/14 quasi nicht mehr existiert (Rück-

Abbildung 12: Förderschwerpunkte in Bremen (Verteilung in Prozent)

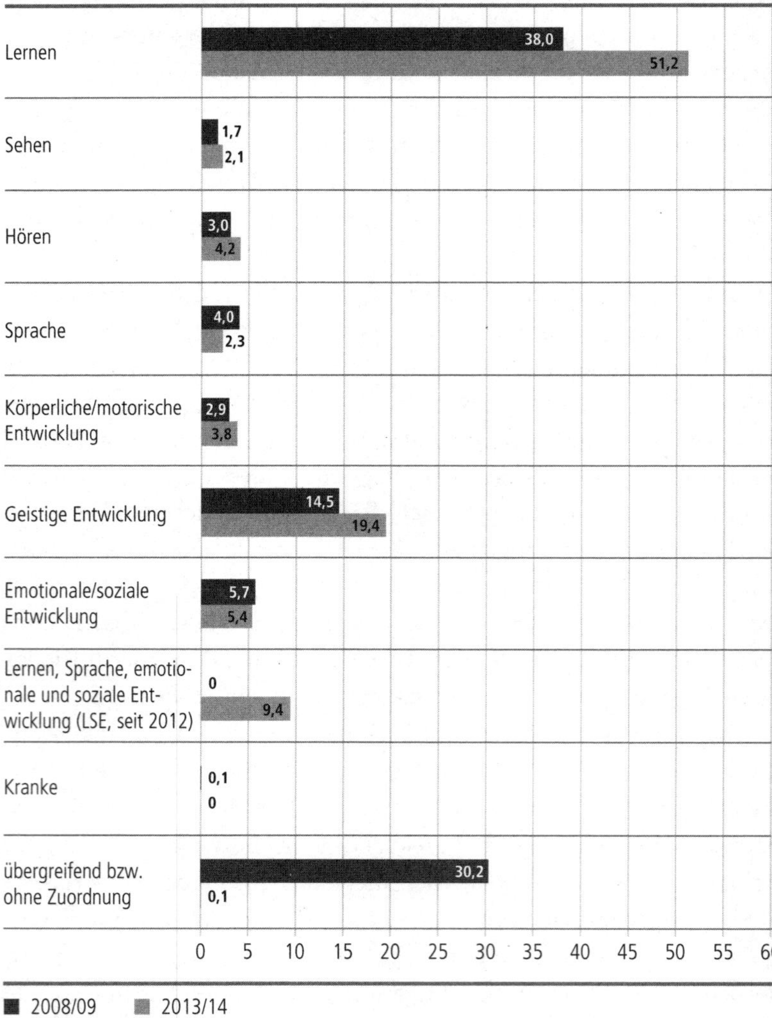

Quelle: KMK 2014a, b, c

gang um mehr als 30 Prozentpunkte). Der systematische Anstieg in allen anderen Schwerpunkten weist darauf hin, dass sich die entsprechenden Schüler infolge einer Neuausrichtung der Diagnosepraxis bzw. der inhaltlichen Definitionen nun auf die anderen Schwerpunkte verteilen.

Inklusion findet in Bremen im Schuljahr 2013/14 vor allem an den Gesamtschulen bzw. Oberschulen statt: Rund 88 Prozent aller inklusiv unterrichteten Schüler mit besonderem Förderbedarf besuchen diese Schulform. Weitere knapp sechs Prozent nehmen am Unterricht eines Gymnasiums teil, die übrigen rund sechs Prozent besuchen Schulen mit mehreren Bildungsgängen.

Die Schüler mit den verschiedenen Förderschwerpunkten verteilen sich in Bremen im Schuljahr 2013/14 sehr unterschiedlich auf diese – teils auslaufenden – Schulformen des Regelschulsystems. So benötigen mehr als drei Viertel der weitaus größten Gruppe der integrierten Förderschüler (1.496) an Gesamtschulen bzw. Oberschulen sonderpädagogische Förderung im Bereich »Lernen«, jeder neunte Förderschüler erhält Unterstützung im Schwerpunkt »Geistige Entwicklung«. Zum Vergleich: Am Unterricht eines Gymnasiums nehmen gut 100 Förderschüler teil, fast alle haben einen diagnostizierten Förderbedarf im Bereich »Geistige Entwicklung«.

3 Gemeinsames Lernen und Inklusion in Bremen: die Gesetzeslage

3.1 Gesetzesgrundlagen

Der gemeinsame Unterricht von Kindern mit und ohne sonderpädagogischen Förderbedarf ist in Bremen im Wesentlichen über drei Texte geregelt:

- das Bremische Schulgesetz (BremSchulG, Stand 1.8.2014),
- die Erste Verordnung für unterstützende Pädagogik (EVuP, Stand 5.10.2014) sowie
- die Zeugnisverordnung (ZeugnisVO, Stand 1.8.2014).

Seit der umfassenden Schulgesetzänderung von 2009 haben nach § 3 Abs. 4 BremSchulG ausdrücklich alle bremischen Schulen den Auftrag, sich zu inklusiven Schulen zu entwickeln. Der dabei zugrunde gelegte Inklusionsbegriff ist weit: Es geht um »Inklusion aller Schülerinnen und Schüler unabhängig von ihrer ethnischen Herkunft, ihrer Staatsbürgerschaft, Religion oder einer Beeinträchtigung in das gesellschaftliche Leben und die schulische Gemeinschaft« (ebd.). Die Begriffe »Sonderschule« oder »Förderschule« sind im BremSchulG nicht mehr enthalten: »Der Unterricht und das weitere Schulleben sollen für behinderte und nicht behinderte Schülerinnen und Schüler gemeinsam gestaltet werden. Die Schule hat der Ausgrenzung von jungen Menschen mit Behinderungen entgegenzuwirken« (§ 4 Abs. 5 BremSchulG).

Damit hat Bremen die UN-BRK auch gesetzlich schon früh umfassend umgesetzt.

3.2 Feststellung eines sonderpädagogischen Förderbedarfs

In Bremen ist sonderpädagogischer Förderbedarf definiert als »individuelle Förderbedürfnisse im Sinne spezieller unterrichtlicher und erzieherischer Erfordernisse«, die ohne sonderpädagogische Unterstützung nicht einzulösen sind (§ 35 Abs. 2 BremSchulG). Entsprechend ist sonderpädagogische Förderung gefasst als Anspruch, die Schülerinnen und Schüler durch individuelle Hilfen auf dem Weg zu einer angemessenen Schulbildung zu unterstützen und zu begleiten (§ 35 Abs. 1 BremSchulG). Die einzelnen Förderbedarfe sind in § 7 EVuP definiert. Dabei wird in § 8 EVuP unter »weiteren Förderbedarfen« explizit auch Hochbegabung genannt.

Beantragt wird die Feststellung eines sonderpädagogischen Förderbedarfs in Bremen entweder von den Eltern oder von der besuchten Schule (bzw. der Schule, bei der das betreffende Kind zum Besuch angemeldet ist) in Absprache mit dem schulinternen Zentrum für unterstützende Pädagogik (ZuP) oder dem schulärztlichen Dienst (§ 35 Abs. 3 BremSchulG; § 11 Abs. 1 EVuP).

Das Verfahren wird durch das ZuP bzw. das regionale Beratungs- und Unterstützungszentrum (ReBUZ) koordiniert. Im Rahmen des

Verfahrens werden unter anderem ein förderdiagnostisches, ein schulärztliches und auf Wunsch der Eltern auch ein schulpsychologisches Gutachten eingeholt. Die Eltern sind in das gesamte Verfahren einzubinden (§ 13 EVuP). Widersprechen sie dem Verfahren, kann die zuständige Schulbehörde im Interesse der Schülerin oder des Schülers ein Verfahren auch gegen ihren Willen durchsetzen (§ 35 Abs. 3 BremSchulG; § 12 Abs. 2 EVuP).

Das ZuP oder das ReBUZ erstellt ein abschließendes sonderpädagogisches Gutachten mit einer Empfehlung (§ 14 Abs. 2 EVuP). Es bildet die Grundlage für die Erstellung eines individuellen Förderplans.

3.3 Entscheidung über den Lernort

Den Förderort legt die Senatorin für Bildung und Wissenschaft fest, nach Möglichkeit im Einvernehmen mit den Erziehungsberechtigten (§ 70a Abs. 3 BremSchulG; § 15 Abs. 1 EVuP). Dabei ist nochmals zu unterstreichen, dass *alle* Schulen in Bremen die Aufgabe haben, »eine auf die individuelle Problemlage und die Förderbedürfnisse ihrer Schülerinnen und Schüler ausgerichtete Erziehung, Unterrichtung, Betreuung anzubieten«. Die sonderpädagogische Förderung in den verschiedenen Förderschwerpunkten ist in den allgemeinen Schulen durchzuführen. Mit Ausnahme der oben genannten Förderzentren als Wahlmöglichkeit in den Schwerpunkten »Hören«, »Sehen«, »Körperliche und motorische Entwicklung« gibt es in Bremen keine separaten Förderschulen mehr (§ 18 Abs. 1 EVuP).

3.4 Umsetzung des gemeinsamen Unterrichts

Nach § 27 Abs. 3 ZeugnisVO entscheidet die Zeugniskonferenz jeweils zum Ende des Schulhalbjahrs und zum Ende des Schuljahrs, ob im folgenden Halbjahr zielgleich oder zieldifferent unterrichtet werden soll. Getreu dem inklusiven Auftrag aller Schulen gelten ansonsten allgemeine Grundsätze für das gemeinsame Lernen aller Kinder (z. B. § 18 Abs. 4 BremSchulG zum jahrgangsübergreifenden und jahrgangsunabhängigen Lernen in der Grundschule). In Bezug auf sonderpädagogische Fragen werden die Schulen von den ZuPs (§ 22 Abs. 1 BremSchulG) und den mobilen Diensten der genannten Förderschulzentren unterstützt.

In der Schulabschlussverordnung für die Sekundarstufe I ist geregelt, dass Prüflinge mit Behinderungen einen Nachteilsausgleich erhalten, der jeweils individuell zu bestimmen ist (§ 17 SchAVO Sek I); nur bei einer Lese-Rechtschreib-Schwäche (LRS) gilt die jeweilige Fassung des Erlasses »Grundsätze zur Förderung von Schülerinnen und Schülern mit besonderen Schwierigkeiten im Lesen und Schreiben« (ebd., Abs. 2).

4 Entwicklungen zum gemeinsamen Lernen und zur Inklusion

Die Lehrerbildung in Bremen wurde bereits an das neue Schulsystem angepasst; der Umgang mit Heterogenität gilt in Bremen als Schlüsselqualifikation für alle Lehrämter.

Es gibt einen Masterstudiengang für das Lehramt für Inklusive Pädagogik/Sonderpädagogik und für Grundschulen (M. Ed.), der zu einer Doppelqualifikation für Sonderschulen und Grundschulen führt, sowie einen grundständigen Bachelor-/Masterstudiengang »Inklusive Pädagogik«.[13] Außerdem können Lehrkräfte über einen weiterbildenden Masterstudiengang die »Befähigung zum Lehramt für Inklusive Pädagogik/Sonderpädagogik« erlangen (Inklusive Pädagogik-Weiterbildungsverordnung, IPWeiterbildungsV).[14]

13 www.fb12.uni-bremen.de/de/inklusive-paedagogik.html (Download 22.10.2014).
14 http://bremen.beck.de/?bcid=Y-100-G-bripweiterbildungsv-name-inh (Download 22.10.2014).

5 Gemeinsames Lernen in Bremen: Erfahrungen aus der Praxis

Zentrum für unterstützende Pädagogik an der Oberschule Findorff, Interviewpartner: Johanna Boomgaarden, Leiterin

Bitte stellen Sie Ihre Schule kurz vor und skizzieren Sie das dort gelebte Inklusionsverständnis.

Die Oberschule Findorff in Bremen liegt im sozial gut durchmischten Stadtteil Findorff, zwischen der Innenstadt und den sozialen Brennpunkten im Bremer Westen. Mit ungefähr 1.150 Schülerinnen und Schülern und 140 Mitarbeiterinnen und Mitarbeitern ist sie eine der größten allgemeinbildenden Schulen in Bremen.

Die gegenwärtige Schulentwicklungsphase ist gekennzeichnet durch tiefgreifende strukturelle Veränderungen. Seit 2008 entwickeln wir uns zu einer Ganztagsschule. Seit 2009 bauen wir eine dreizügige gymnasiale Oberstufe auf und entwickeln uns von einem zweigliedrigen Schulzentrum zu einer integrierten Oberschule. Seit 2010 erfolgt die Inklusion von Förderschülern im Bereich »Lernen, Sprache, Verhalten« und seit 2011 die Inklusion von Förderschülern im Bereich »Geistige Entwicklung«, der bei uns »Wahrnehmung und Entwicklung« heißt.

Die Oberschule Findorff hat in der gemeinsamen Beschulung von Kindern mit und ohne Förderbedarf eine lange Tradition. Kinder mit einem Förderbedarf im Bereich »Wahrnehmung und Entwicklung« werden bei uns schon seit über 20 Jahren in sogenannten Kooperationsklassen unterrichtet. Im Zuge der Inklusion gibt es nun nicht mehr zwei getrennte Klassen (Förderklasse und Partnerklasse), sondern nur noch eine Klasse, die von fünf bis sechs Förderschulkindern und 17 Kindern ohne Förderbedarf besucht wird. Unterrichtet werden sie von einer Regelschullehrkraft und einer sonderpädagogischen Lehrkraft.

Im Sinne der Individualisierung wird darauf geachtet, was jedes Kind braucht. Beispielsweise hatten wir in einer Inklusionsklasse ein autistisches Kind, das es im großen Klassenverbund anfangs nur fünf Minuten aushielt. Der Junge bekam dann ein auf seine Bedürfnisse und Fähigkeiten abgestimmtes Lernprogramm, aber es war für alle immer klar, dass er zur Klasse gehört. Diesen Paradigmenwechsel – wir sind eine gemeinsame Klasse, zu der Schüler mit und ohne Förderbedarf gehören und in der versucht wird, jedem Kind gerecht zu werden – begrüße ich sehr.

Auch im Förderbereich »Lernen, Sprache, Verhalten« gibt es eine über zehnjährige Tradition der gemeinsamen Beschulung in Integrationsklassen. Für die Inklusionsklassen »LSV« gilt das Gleiche wie oben beschrieben: Es gibt eine gemeinsame Klasse für Schüler mit und ohne Förderbedarf, die zeitweise von zwei Klassenlehrkräften unterrichtet wird.

Eine wichtige flankierende Rolle spielen die Kollegen des Zentrums für unterstützende Pädagogik, das es in Bremen an allen inklusiven Schulen gibt. Zu diesem Team gehören Sonderpädagogen, Sozialpädagogen und Assistenten, aber auch Lehrkräfte, die für LRS-Förderung verantwortlich sind.

Welche Auswirkungen hat die Gesetzeslage auf Ihre Schule?

Durch unsere lange Tradition des gemeinsamen Unterrichts waren wir auf die Änderungen in der Schulgesetzgebung gut vorbereitet. Im Grundschulbereich gibt es in Bremen ohnehin schon seit Jahren inklusive Beschulung. Eine Herausforderung ist das vor allem für diejenigen weiterführenden Schulen, die jetzt neu vor dieser Aufgabe stehen. Dort müssen nun andere Strukturen aufgebaut und das Rollenverständnis sowie das Verhältnis zwischen Sonderpädagogen und Regelschullehrkräften geklärt werden. Das kostet natürlich viel Zeit.

Und Inklusion ist ja nicht die einzige Baustelle: In Bremen wird die gesamte Schulstruktur umgebaut, das dreigliedrige System wird schrittweise aufgelöst und in Gesamtschulen überführt. Als 2009 das Elternwahlrecht für die Schüler mit sonderpädagogischem Förderbedarf im Schulgesetz festgeschrieben wurde, hat die Anforderung der Inklusion viele Schulen zusätzlich unter Druck gesetzt – zumal damals angenommen wurde, dass sich viele Eltern weiterhin für die Förderzentren entscheiden würden. Das war aber nur sehr eingeschränkt der Fall. Die Regelschulen müssen sich also sehr schnell umstellen, und das in einem Bundesland mit Haushaltsnotlage. Das wird natürlich an der einen oder anderen Stelle schwierig.

Wenn ich mich mit Lehrkräften anderer Schulen austausche, stelle ich schon eine Überforderung fest. An manchen Schulen fehlen die Sonderpädagogen, und die Regelschulkollegen sind auf sich allein gestellt. Manchmal fehlt aber auch die Einsicht, dass Inklusion nur mit einer Doppelbesetzung in den Klassen möglich ist. Sonderschulpädagogen werden beispielsweise als Vertretungsreserve genutzt. Das darf natürlich nicht sein. Als größtes Problem wird die inklusive Beschulung verhaltensauffälliger Schüler angesehen. In dieser Hinsicht gibt es enorme Unsicherheiten und Ängste; viele Lehrkräfte von Regelschulen sind da ratlos und vermissen pädagogische Konzepte.

Was wünschen Sie sich vom Gesetzgeber, damit Inklusion besser gelingen kann?

Das ist natürlich in erster Linie eine Ressourcenfrage und auf längere Sicht eine Frage der Lehrerausbildung. Der Mangel an Sonderpädagogen ist ein großes Problem. Insgesamt muss der offene Umgang mit Heterogenität in den kommenden Lehrergenerationen noch weiter wachsen. Das ist die entscheidende Stellschraube.

Kontakt
Oberschule Findorff
Gothaer Straße 60
28215 Bremen
Tel. 0421/36196910
www.oberschule-findorff.de

6 Fazit

Bremen unterscheidet sich sowohl im Blick auf die Gesetzeslage als auch in Bezug auf die Kennzahlen positiv vom deutschen Gesamtbild: Im norddeutschen Stadtstaat ist der Inklusionsbegriff sehr weit gefasst, und alle Schulen haben den Auftrag zur Inklusion. Die Kennzahlen lassen erkennen, dass dieser Auftrag in den vergangenen Jahren ernst genommen wurde: Das Schulsystem war bereits im Vorfeld der UN-BRK umstrukturiert worden, sodass das Land günstige Voraussetzungen für die Umsetzung der BR-Konvention geschaffen hatte.

Bemerkenswert ist vor dem Hintergrund der bundesdeutschen Entwicklung, dass der große Anstieg des Inklusionsanteils in Bremen, im Gegensatz zu den meisten anderen Bundesländern, mit einer entsprechenden Reduktion der Exklusionsquote einhergeht. Kommt sonst der Anstieg häufig aus einem Anstieg an Diagnosen, ist die Förderquote in Bremen sogar gesunken. Es liegt nahe, dass die Anpassung der Lehrerbildung weiter dazu beitragen wird, dass sich ein inklusives Schulsystem in Bremen durchsetzen kann.

Jakob-Muth-Preisträger aus Bremen

Kinderschule Bremen: Preisträgerporträt 2015

Die Kinderschule Bremen ist eine Ganztagsschule mit durchgängiger Jahrgangsmischung und Inklusion in allen Klassen. Sie ist seit 1993 staatliche Modellschule im Grundschulbereich. Aus der Frage, wie ein Kind sein muss, damit es ihre Schule besuchen kann, hat die Kinderschule den Leitgedanken entwickelt, wie sie selbst gestaltet sein muss, damit sich »alle willkommen fühlen«. Diese »Willkommenskultur« findet sich im gesamten Schulalltag wieder. 100 Kinder mit und ohne Förderbedarf lernen gemeinsam in fünf Lerngruppen.

An der Kinderschule gibt es insgesamt fünf Lerngruppen, die alle nach Farben benannt sind: Orange, Rot, Gelb, Blau und Grün. Die

Fünfjährigen besuchen die orangefarbene Gruppe. Sie ermöglicht den Kindern ein langsames Hineinwachsen in die offenen Strukturen der Kinderschule und gibt ihnen viel Zeit für ein entwicklungsgerechtes frühes Lernen. Die jahrgangsübergreifende gelbe und rote Gruppe (Klassenstufe 1 und 2) bietet den Kindern viel Freiraum für ihre eigene Lernentwicklung. In vielen Phasen der Freiarbeit entscheiden die Kinder selbst, an welchen Aufgabenstellungen in den Bereichen Mathe und Deutsch sie arbeiten und bestimmen auch deren Reihenfolge. Neben den Phasen der Freiarbeit haben alle Kinder auch Pflichtarbeitsphasen. Die Kinder der grünen und blauen Lerngruppe (Klassenstufe 3 und 4) arbeiten in dieser Zeit in ihren Lerngruppen jeweils im wöchentlichen Wechsel in Mathe und in Deutsch.

In allen Lerngruppen gilt der Anspruch, dass alle Kinder die Möglichkeit haben, alles zu lernen. Dafür begleiten pädagogische Mitarbeiter die Kinder im Unterricht. An der Kinderschule gilt der Grundsatz, die Kinder »so viel wie nötig und so wenig wie möglich« zu unterstützen. Die Selbstständigkeit wird so gefördert und die Kinder entwickeln ein gesundes Selbstbild.

Im Mittelpunkt der Arbeit an der Kinderschule steht die Lust am eigenen Lernen, Entdecken und Gestalten. Lehrkräfte und pädagogische Mitarbeiter der Kinderschule organisieren die Inhalte aller Fächer – außer Mathe und Deutsch – in Form von Angeboten. Angebote finden täglich von 11.00 Uhr bis 12.10 Uhr oder 12.40 Uhr statt. Hier gibt es zum Beispiel den »Leseclub«, die »Zeitforscher«, die »Stadterkundung«, »Fußball«, »Theater«, »Film«, »Garten«, »Ackern und Rackern« (Gartenbau auf der schuleigenen Parzelle), »Graffiti« und vieles mehr. An jedem Wochentag gibt es andere Angebote. Jedes Kind wählt für jeden Wochentag das Angebot aus, was es am meisten interessiert. Einmal in der Woche sollte das ein Bewegungsangebot sein. Am Donnerstag bieten die jüngeren Kinder eigene Angebote an, die von den Erwachsenen begleitet werden, während in den großen Gruppen Englisch unterrichtet wird und das Schulschwimmen stattfindet. In den meisten Angeboten mischen sich alle Altersgruppen; einige werden bewusst differenziert – mal nach Alter, mal nach Geschlecht, mal nach Bedürfnissen. Die Angebote reichen jeweils vom Ferienende bis zum nächsten Ferienbeginn. In den zwei Wochen nach den Ferien können die Kinder in verschiedene Angebote hineinschnuppern. Danach entscheiden sie sich für ein Angebot und haben so bis zu den nächsten Ferien einen festen Stundenplan, der für jedes Kind etwas anders aussieht. Die Vielfalt und der häufige Wechsel bieten Kindern viele Möglichkeiten, die eigenen Interessen und Grenzen auszutesten.

Als gebundene Ganztagsschule gewährleistet die Kinderschule ein Betreuungsangebot von 8.00–16.00 Uhr. Lehrer und pädagogische Mitarbeiter begleiten und unterstützen die Kinder während des gesamten Schultags gemeinsam. Sie sind in der Kernzeit von 8.30–15.00 Uhr in der Schule, so dass eine Aufteilung zwischen Unterrichts- und Betreuungszeit wegfällt. Sichergestellt wird dieses hervorragende Konzept dadurch, dass die Kinderschule ihre pädagogischen Mitarbeiter über einen eigenen Verein anstellt.

Kooperation und Teamfähigkeit bilden die Grundpfeiler des Konzepts der Kinderschule. Ein Team aus Lehrkräften, Sonderpädagogen, Therapeuten, Lehramtsstudenten und Integrationsfachkräften unterrichtet alle Lerngruppen mit einer Doppelbesetzung. Das Prinzip ist hierbei: Alle Mitarbeiter kümmern sich um alle Schüler. Der lockere, vertrauensvolle und gleichzeitig respektvolle Umgang aller Schüler und Beteiligten miteinander kennzeichnet auch die dreimal wöchentlich stattfindende Besprechung. Hier kommt die gesamte Schule zusammen. Die Besprechung wird von Kindern geleitet. Jeder, der etwas beitragen möchte – ganz gleich ob Erwachsener oder Kind –, muss sich melden. Die Besprechung bietet allen Raum, um Wünsche, Anregungen oder auch Beschwerden zu äußern und über wichtige Fragen zu diskutieren.

Diese Konzeption überträgt die Kinderschule auch auf die Elternarbeit. Die Eltern gestalten das Schulleben aktiv mit, indem sie in verschiedenen Bereichen einen Teil der Verantwortung übernehmen. So bestehen Arbeitsgruppen zu verschiedenen Schulentwicklungsbereichen (z. B. AG Inklusion, AG Gender), um einerseits das Konzept weiterzuentwickeln und andererseits die Organisation der Kinderschule zu unterstützen (z. B. Vorstand, Homepage, Zeitung). Außerdem haben alle Eltern zweimal pro Schuljahr Kochdienst für die ganze Schule (inklusive Abwasch!). Die Schulgemeinschaft isst jeden Tag zusammen Jede der zwei Essenschichten beginnt mit einer Schweigeminute, die von Kindern geleitet wird – häufig von denjenigen, deren Eltern an diesem Tag den Kochdienst übernommen haben.

Auf besondere Weise kommt die ganze Schule einmal im Jahr in dem Stadtspiel »Heimbüttel« zusammen. Alle lernen hier für eine ganze Woche ein von den Schülern ausgewähltes Land genau kennen. Für diese Zeit verwandelt sich die Schule in einen Markt, auf dem Handel getrieben und Dienstleistungen des entsprechenden Landes angeboten werden. Besonders gerne stellen die Kinder hier ihre eigenen Herkunftsländer oder die ihrer Eltern vor. Im Sinne der Willkommenskultur der Kinderschule ist »Heimbüttel« ein weiteres Beispiel dafür, wie andere Kulturen und Religionen als Schätze begriffen werden, die alle an der Schule bereichern.

Kontakt
Schulleiter: Detlef Papke
Ansprechpartner: Philine Schubert
Auf der Hohwisch 61–63
28207 Bremen
Tel. 0421/36116887
E-Mail: philine.schubert@schule.bremen.de
www.kischu.de

Länderprofil Hamburg

1 Die Hamburger Schullandschaft

Hamburg ist mit rund 1,73 Millionen Einwohnern nach Berlin der zweitgrößte Stadtstaat Deutschlands. Nach der vierjährigen Primarstufe wechseln die Schüler hier entweder auf eine Stadtteilschule oder auf das Gymnasium. Alle anderen Formen weiterführender Schulen sind zum Schuljahr 2013/14 ausgelaufen; Hamburg ist also derzeit eines der wenigen Bundesländer mit einem konsequent ausgestalteten zweigliedrigen System.

Im Bereich der Sonderschulen unterhält Hamburg die sogenannten Regionalen Bildungs- und Beratungszentren (ReBBZ, www.hamburg.de/rebbz). Sie sind aus der Zusammenlegung von Förder- und Sprachheilschulen einerseits und den Regionalen Beratungs- und Unterstützungsstellen (REBUS) andererseits entstanden; ihre Aufgabe ist es, Schulen bei der Umsetzung von Inklusion in den jeweiligen Stadtteilen zu beraten. Zugleich sind sie ein Lernort, wo – in Absprache mit der jeweiligen Schule – Schüler mit einem sonderpädagogischen Förderbedarf in den Schwerpunkten »Sprache«, »Lernen« und »Emotionale und soziale Entwicklung« ergänzend unterstützt werden. Darüber hinaus gibt es im Stadtstaat spezielle Schulen für die Förderschwerpunkte »Geistige Entwicklung«, »Körperliche und motorische Entwicklung«, »Blindheit und Sehbehinderung« sowie »Hören und Kommunikation«.

2 Gemeinsames Lernen und Inklusion: ein Blick in die Bildungsstatistik

Als die UN-Behindertenrechtskonvention in Kraft trat, also im Schuljahr 2008/09, wurde in Hamburg bei rund 8.300 Erst- bis Zehntklässlern ein sonderpädagogischer Förderbedarf diagnostiziert; das entsprach einer Förderquote von 5,7 Prozent. 4,9 Prozent dieser Förderschüler hatten im genannten Schuljahr keinen Zugang zum Unterricht an Regelschulen (Exklusionsquote). Damit lag Hamburg im bundesdeutschen Durchschnitt: Der Anteil der Kinder und Jugendlichen mit sonderpädagogischem Förderbedarf lag bundesweit etwas höher (Förderquote: 6,0 %), es wurden aber prozentual gleich viele Förderschüler gesondert beschult. Unter dem deutschen Durchschnitt lag Hamburg damals allerdings in Bezug auf den sogenannten Inklusionsanteil: Von den rund 8.300 Förderschülern im hanseatischen Stadtstaat besuchten 1.200 den Unterricht einer Regelschule, das entspricht einem Inklusionsanteil von nur 14,5 Prozent; deutschlandweit lag die Quote bei 18,4 Prozent.

Abbildung 13: Exklusionsquoten in Hamburg

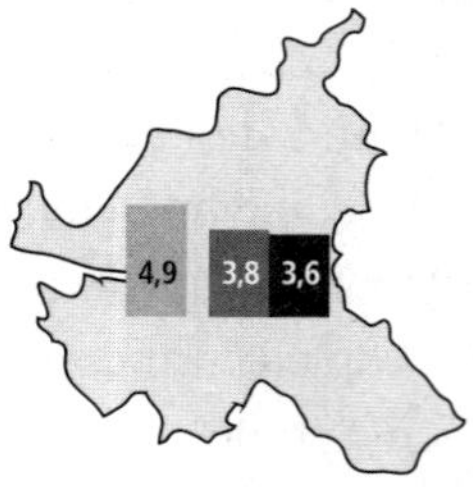

Schuljahr: 2008/09 2012/13 2013/14

Angaben in Prozent

Fünf Jahre später stellt sich die Situation in Hamburg zumindest auf Ebene der Zahlen völlig anders dar: Im Schuljahr 2013/14 haben – bei leicht rückläufigen Schülerzahlen – mit fast 13.000 Schülern der Klassenstufen 1 bis 10 deutlich mehr Kinder und Jugendliche einen diagnostizierten sonderpädagogischen Förderbedarf. Die Förderquote ist damit auf 8,8 Prozent gestiegen; bundesweit liegt der Wert bei 6,8 Prozent. Sehr positiv hat sich dagegen der Anteil der Förderschüler entwickelt, die eine Regelschule besuchen (Inklusionsanteil): 59,1 Prozent der rund 13.000 Förderschüler nehmen im Schuljahr 2013/14 am gemeinsamen Unterricht an einer Regelschule teil – dieser Anteil hat sich also in den letzten fünf Jahren mehr als vervierfacht. Damit liegt Hamburg deutlich über dem Bundesdurchschnitt (31,4 %).

Zugleich gehen immer weniger Kinder und Jugendliche auf Sonderschulen: Der entsprechende Anteil ist seit dem Schuljahr 2008/09 auf 3,6 Prozent gesunken und liegt nun deutlich unter dem Bundesdurchschnitt (4,7 %). Gut jeder vierte dieser Schüler (27,5 %) verließ die Förderschule mindestens mit einem Hauptschulabschluss. Bundesweit war es ebenfalls jeder Vierte.

Die große Mehrheit der Förderschüler in Hamburg ist dem Schwerpunkt »Lernen« zugeordnet: Sie bilden mit 41,7 Prozent im Schuljahr 2013/14 die mit Abstand größte Gruppe. Darüber hinaus entfallen 18,3 Prozent auf den Förderschwerpunkt »Sprache«. 13,3 Prozent haben einen besonderen Förderbedarf im Bereich »Emotionale und soziale Entwicklung«, 9,8 Prozent im Bereich »Geistige Entwicklung«, 8,8 Prozent im Bereich »Körperliche und motorische Entwicklung« und 3,9 Prozent ohne Zuordnung bzw. mit übergreifender Diagnose. In den Bereichen »Hören« und »Sehen« liegen die Anteile jeweils unter drei Prozent (vgl. Abb. 14).

Im Vergleich zum Schuljahr 2008/09 ist vor allem der Anteil der Schüler mit Unterstützungsbedarf im Bereich »Emotionale und soziale Entwicklung« deutlich gestiegen. Leichte Erhöhungen sind zudem im Schwerpunkt »Sprache« und bei den Kindern und Jugendlichen mit übergreifender Diagnose bzw. ohne Zuordnung zu beobachten. Die Diagnosen in den übrigen Schwerpunkten hingegen sind rückläufig.

Inklusion findet in Hamburg in der Sekundarstufe fast ausschließlich an den Stadtteilschulen statt: Mit rund 3.930 Förderschülern besuchen im Schuljahr 2013/14 nahezu alle inklusiv beschulten

Abbildung 14: Förderschwerpunkte in Hamburg (Verteilung in Prozent)

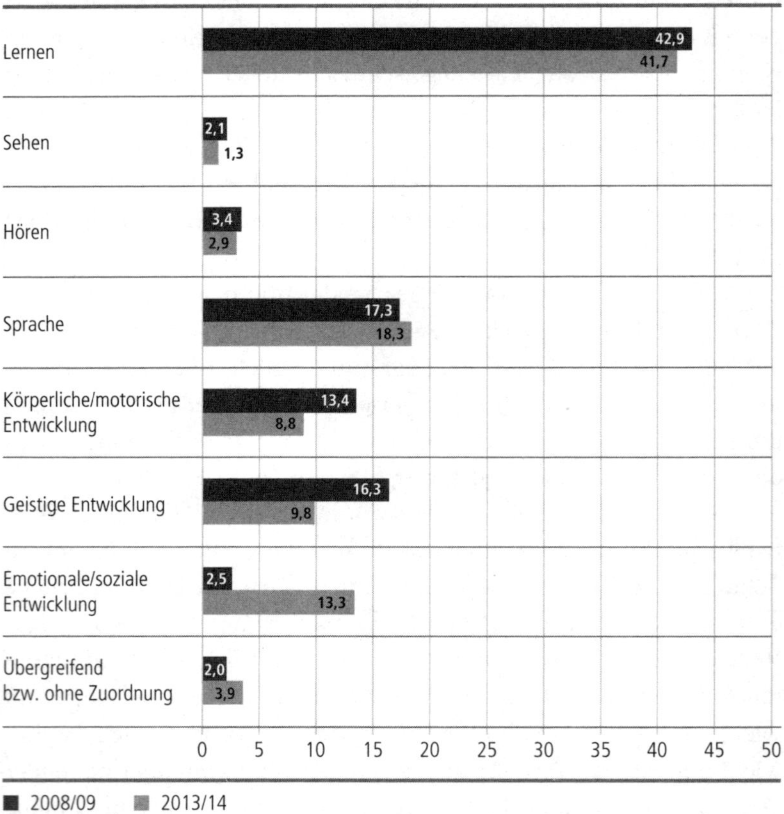

Quelle: KMK 2014a, b, c

Kinder und Jugendlichen eine solche Schule. An einem Gymnasium lernen dagegen nur rund 120 Förderschüler, mehrheitlich mit Förderbedarfen im physischen Bereich.

3 Gemeinsames Lernen und Inklusion in Hamburg: die Gesetzeslage

3.1 Gesetzesgrundlagen

Der gemeinsame Unterricht von Kindern mit und ohne sonderpädagogischen Förderbedarf ist in Hamburg hauptsächlich über zwei Texte geregelt:

- das Hamburgische Schulgesetz (HmbSG, Stand 6.6.2014) und
- die »Verordnung über die Ausbildung von Schülerinnen und Schülern mit sonderpädagogischem Förderbedarf« (AO-SF, Stand 31.10.2012).

Schülerinnen und Schüler mit sonderpädagogischem Förderbedarf haben das Recht auf Bildung an einer allgemeinen Schule; es gilt kein Ressourcenvorbehalt (§ 12 Abs. 1 HmbSG). Die gemeinsame Erziehung und das gemeinsame Lernen aller Kinder und Jugendlichen müssen nach § 3 Abs. 1 HmbSG in größtmöglichem Ausmaß verwirklicht sein. Die Lernkultur soll wesentlich durch individuelle Förderung geprägt sein. Der Unterricht ist zielgleich oder zieldifferent möglich (§ 14 Abs. 2 und 4 AO-SF).

3.2 Feststellung des sonderpädagogischen Förderbedarfs

Bei Schülern bis zur Jahrgangsstufe 7 können in Hamburg die Eltern bei der zuständigen Schule eine Überprüfung auf sonderpädagogischen Förderbedarf beantragen; danach ist dies nur noch in Ausnahmefällen möglich. Außerdem kann die Schule eine Überprüfung veranlassen, entweder wenn konkrete Hinweise auf einen sonderpädagogischen Förderbedarf vorliegen und die Überprüfung notwendig erscheint, um den weiteren Bildungsweg des Schülers zu gestalten, oder wenn die Eltern eine Aufnahme in die Sonderschule wünschen. Falls die Schule die Überprüfung veranlasst, muss sie die Eltern informieren (§ 11 AO-SF). Eine Überprüfung kann auch gegen den Elternwillen erfolgen (§ 11 Abs. 3 AO-SF; § 34 HmbSG).

Die Überprüfung erfolgt durch die zuständige Behörde. Bisher konnte diese die Aufgabe allerdings für die Förderschwerpunkte »Lernen«, »Sprache« und »Emotionale und soziale Entwicklung« (LSE) der Schule übertragen, sofern es sich um eine Grund- oder eine Stadtteilschule handelte. In diesem Fall hat die Schule die Überprüfung eigenständig durchgeführt, die individuelle Situation der Schülerin oder des Schülers bewertet, entschieden, ob ein Förderbedarf vorliegt, die notwendigen Fördermaßnahmen festgelegt und Überprüfung und Förderplan dokumentiert (§ 12 Abs. 1 und 2 und § 14 Abs. 2 AO-SF).

Dieses Vorgehen wurde mit dem Schuljahr 2014/15 abgelöst durch ein zweistufiges Verfahren nach einheitlichen Maßstäben. Dabei wird das Kind zunächst an der Regelschule selbst untersucht. Wird ein Förderbedarf bejaht, muss die Diagnose an einem der Regionalen Bildungs- und Beratungszentren (ReBBZ) bestätigt werden, das die abschließende Entscheidung trifft.[15] Das ReBBZ entscheidet, ob und in welchem Schwerpunkt der sonderpädagogische Förderbedarf vorliegt. Die allgemeinen Schulen erstellen dann auf Grundlage der diagnostischen Ergebnisse des ReBBZ einen diagnosegestützten sonderpädagogischen Förderplan.

Für die Abklärung des Förderbedarfs werden einheitliche Instrumente verwendet, die in den jeweiligen Handreichungen spezifiziert werden.[16] Damit sollen landesweit einheitliche Maßstäbe geschaffen werden. Für die anderen Förderschwerpunkte oder wenn es um die Aufnahme in eine Sonderschule, ein Gymnasium oder eine Schule in freier Trägerschaft geht, liegt es bei der zuständigen Behörde, den Förderbedarf zu prüfen und über den Förderschwerpunkt und den Lernort zu entscheiden (§ 12 Abs. 3 und § 14 Abs. 3 AO-SF).

15 Vgl. www.news4teachers.de/2014/07/foerderschueler-anstieg-in-zeiten-der-inklusion-hamburger-senat-will-dem-phaenomen-mit-neuem-diagnosesystem-begegnen (Download 22.10.2014).

16 Vgl. www.hamburg.de/inklusion-in-hamburgs-schulen-informationen-foerderschwerpunkte/4271532/sonderpaedagogische-bildung-beratung-unterstuetzung (Download 22.10.2014).

3.3 Entscheidung über den Lernort

Nach § 12 Abs. 1 des Hamburgischen Schulgesetzes haben seit 2009 alle Kinder und Jugendlichen mit sonderpädagogischem Förderbedarf das Recht, eine allgemeine Schule zu besuchen. Dieses Recht unterliegt keinem Ressourcenvorbehalt.

Bei allen Förderschwerpunkten außer LSE entscheidet die zuständige Behörde über den Lernort, wobei sie die Wünsche der Eltern berücksichtigt. Zuvor beraten die ReBBZ die Eltern ausführlich über die Lernorte, die infrage kommen, und über die notwendigen Unterstützungsangebote.

Bei der Entscheidung über den Lernort berücksichtigt die Behörde außer dem Wunsch der Eltern auch

- die baulichen Gegebenheiten an den betreffenden Schulen,
- die bisherigen Erfahrungen der Schulen mit Schülern mit sonderpädagogischem Förderbedarf,
- die Zusammensetzung der Schülerschaft (diese sollte möglichst heterogen sein; zudem sollten in einer Klasse nicht mehr als vier Schülerinnen und Schüler mit Förderbedarf sein),
- die Personalausstattung der Schule,
- die Erreichbarkeit der Schule, auch unter dem Gesichtspunkt der Schülerbeförderung (§ 15 Abs. 2 AO-SF).

Das bedeutet: Ein Kind kann zwar unter Umständen nicht die allgemeine Schule seiner Wahl besuchen, doch wegen des Rechts auf gemeinsamen Unterricht kann es nicht verpflichtet werden, eine Sonderschule zu besuchen.

3.4 Umsetzung des gemeinsamen Lernens

In Hamburg gilt grundsätzlich: »Das Schulwesen ist so zu gestalten, dass die gemeinsame Erziehung und das gemeinsame Lernen von Kindern und Jugendlichen in größtmöglichem Ausmaß verwirklicht werden können. Diesem Grundsatz entsprechend sollen Formen äußerer und innerer Differenzierung der besseren Förderung der einzelnen Schülerin oder des einzelnen Schülers dienen. Eine Lernkultur mit stärkerer und dokumentierter Individualisierung bestimmt das schulische Lernen« (§ 3 Abs. 1 HmbSG).

Wie diese Vorgaben umgesetzt werden sollen, ist derzeit in der Drucksache 20/3641 »Inklusive Bildung an Hamburgs Schulen« geregelt,[17] die unter anderem die Ressourcenzuweisung bestimmt. Danach erhalten Grundschulen eine systemische Ressource für die Schwerpunkte LSE für vier Prozent ihrer Schülerschaft; Stadtteilschulen erhalten die Ressource für acht Prozent ihrer Schülerschaft. Darüber hinaus erhalten die Schulen eine schülerbezogene Ressource für Schüler mit speziellem Förderbedarf, die jeweils auf der Basis eines sonderpädagogischen Feststellungsgutachtens festgelegt wird. Gymnasien und Schulen in freier Trägerschaft erhalten für Schüler mit Förderbedarfen in den Bereichen LSE ebenfalls schülerbezogene Ressourcen.

Auch weitere Ausstattungsmerkmale werden in der Drucksache angesprochen; so schlägt sie etwa für die sonderpädagogische Förderung einen »Professionenmix« von Sonderpädagogen und Erziehern bzw. Sozialpädagogen in einem bestimmten Verhältnis vor. Außerdem soll sich nach dem Hamburgischen Schulgesetz die Klassenstärke nach dem KESS-Faktor richten: In sozial benachteiligten Stadtteilen soll sie niedriger sein als in sozial stärkeren Gebieten (§ 87 Abs. 1 HmbSG).

4 Entwicklungen zum gemeinsamen Lernen und zur Inklusion

In Hamburg gab es schon lange vor der UN-Konvention eine Tradition der Integration, beispielsweise durch die integrativen Regelklassen (vgl. Ehlers und Döttinger 2012). Legt man einen weiten Inklusionsbegriff zugrunde, wie er im Kern im Schulgesetz formuliert wird,

17 www.hamburg.ganztaegig-lernen.de/sites/default/files/drucksache-inklusion.pdf (Download 18.6.2014).

ist auch der Schulversuch »alles>>könner«, an dem derzeit 48 Schulen teilnehmen, ein Inklusionsprojekt: Den beteiligten Schulen geht es um »ein gemeinsames Grundverständnis zum kompetenzorientierten individualisierten Unterricht, der dem Ziel verpflichtet ist, alle Schülerinnen und Schüler in ihrer individuellen Kompetenzentwicklung zu fördern«.[18]

Für Eltern und Schüler stehen in den ReBBZ umfassende Beratungsangebote zur Verfügung. Seit August 2012 unterstützt das Landesinstitut Schulen auf dem Weg zur Inklusion mit seinem Projekt BeBiS – »Beratung und Begleitung inklusiver Schulentwicklungsprozesse«.

Mit der Änderung von § 12 hat Hamburg sein Schulgesetz sehr grundlegend geändert.

Insbesondere im Bereich LSE ist die Entwicklung allerdings deutlich anders verlaufen, als es vorgesehen war: So ist die Zahl der Kinder mit einem sonderpädagogischen Förderbedarf in den Bereichen Lernen, Sprache oder emotionale Entwicklung (LSE) an den allgemeinen Schulen von 1.113 auf über 5.600 im Schuljahr 2013/14 gestiegen, während die Zahl der Förderschüler an den Sonderschulen nur um gut 1.200 auf knapp 3.000 gesunken ist.

Schuck und Rauer (2014) zeigen dazu in einem Gutachten, dass zum einen die Entwicklung als solche angesichts der hohen Anzahl von Risikokindern in Hamburg und dem Anstieg über die Schuljahre nicht ungebührlich ist; zum anderen, dass die Erfassung der Diagnostik noch überarbeitungsbedürftig und entsprechend teils fehlerbehaftet ist. Außerdem steckt das Ganze noch in den Herausforderungen eines Schulsystems, das sich mitten im Übergang von einem selektiven zu einem in weitem Sinne inklusiven System befindet.

Schuck und Rauer weisen deshalb besonders darauf hin, dass das bekannte Ressourcen-Etikettierungs-Dilemma in einer inklusiven Schule überwunden werden müsste: »Aufgabe der Schulentwicklung und -steuerung wird sein, die Schulen in die Lage zu versetzen, mit

18 www.hamburg.de/contentblob/3685620/data/publ-merkmale-text.pdf (Download 18.6.2014).

den vorhandenen individuellen Problemlagen ihrer Schülerinnen und Schüler umgehen zu können, gleich, ob nach klassischer Terminologie mutmaßlich ein sonderpädagogischer oder ein allgemeinpädagogischer Förderbedarf besteht« (Schuck und Rauer 2014: III).

Entsprechend sehen sie einen erheblichen Bedarf in der Weiterentwicklung der Ressourcenpassung vor dem Hintergrund der Weiterentwicklung der pädagogischen Konzepte für den Einsatz der Ressourcen, aus der Überzeugung heraus, dass nur dann die Weiterentwicklung eines inklusiven Schulsystems möglich ist.

5 Gemeinsames Lernen in Hamburg: Erfahrungen aus der Praxis

Stadtteilschule Grumbrechtstraße, Interviewpartner: Rainer Kühlke, Schulleiter

Bitte stellen Sie Ihre Schule kurz vor und skizzieren Sie das dort gelebte Inklusionsverständnis.

Die Schule Grumbrechtstraße liegt im ehemaligen Stadtsanierungsgebiet Heimfeld-Nord in Hamburg-Harburg. 90 Prozent der Kinder aus diesem Stadtteil gehen in unsere Schule. Da wir sehr viele Kinder mit Migrationshintergrund beschulen und viele Familien auf Leistungen des Staates angewiesen sind, gehören wir zu den benachteiligten Schulen Hamburgs (KESS-II-Gebiet). Wir sind eine Schule besonderer Prägung und bis zum Jahr 2021 Schulversuchsschule. In diesem Schulversuch bleiben die Kinder nicht vier, sondern sechs Jahre bei uns. Sie arbeiten individualisiert nach einem besonderen Unterrichtsprinzip, das die Fächer in viermonatigen Projekten zusammenfasst.

Außerdem nehmen wir am Schullabor der Robert Bosch Stiftung zum Thema »Inklusion« teil. Dafür wurden wir ausgewählt, weil wir ab 1987 ein integriertes und seit 1993 ein inklusives System aufgebaut haben. Wir haben seinerzeit die Ressourcen der Schule mit denen der Schulversuche Integration und Integrative Regelklassen zusammengefasst und damit ein System konzipiert, das aus heutiger Sicht ein inklusives System ist – natürlich wussten wir damals noch nicht, dass man das in Zukunft einmal als Inklusion bezeichnen würde.

Wir arbeiten jahrgangsübergreifend und richten unseren Unterricht stets an den Bedürfnissen der Kinder aus. An unserer Schule wird Vielfalt gelebt: Wir haben in unseren Lerngruppen die ganze Spannbreite von Schülern, von geistig behinderten Kindern bis zu Hochbegabten, wir haben Schüler mit 24 verschiedenen Muttersprachen, unterschiedlichen Kulturen und Religionen und einen recht hohen Anteil von Kindern aus benachteiligten Familien mit schwachem Bildungshintergrund. Daher müssen wir sehr individualisiert arbeiten.

Welche Auswirkungen hat die Gesetzeslage auf Ihre Schule?

Der § 12 des Hamburgischen Schulgesetzes hat dazu geführt, dass die Zahl der Schülerinnen und Schüler mit sonderpädagogischem Förderbedarf an unserer Schule in den fünften Klassen – wie auch an den Stadtteilschulen insgesamt – stark gestiegen ist. Dadurch werden in einer Klasse oft deutlich mehr Schüler mit Förderbedarf unterrichtet als die vier, die der Gesetzgeber vorsieht. Das erschwert unsere Arbeit erheblich, da die Gruppen hier ohnehin sehr heterogen zusammengesetzt sind. Der steigende Anteil von »§ 12«-Kindern und der durchweg hohe Anteil von Kindern mit Migrationshintergrund verschärfen noch die schwierige Situation in diesen Schulen. Durch diese angespannte Situation wählen immer mehr Eltern die Gymnasien.

Das alles zeigt, dass die verantwortliche Politik nicht bedacht hat, wie sich eine schlechte Inklusion auswirkt. Angesichts der schwierigen Situation müssen wir beispielsweise Eltern, deren Kinder auf Therapien angewiesen sind, inzwischen empfehlen, ihr Kind auf eine Sonderschule besonderer Prägung zu geben. Denn bei uns sind die räumlichen Verhältnisse äußerst eingeschränkt. Wir bekommen zwar einen Zubau, dort sind aber keine Therapieräume vorgesehen.

Der von der Schule beantragte Flächenmehrbedarf einer Schwerpunktschule für Inklusion (wie wir betitelt wurden) für den Neubau wurde abgelehnt. Gleichzeitig schreibt die Schulbehörde jedoch vor, dass wir solche Räume vorhalten sollen. Das ist paradox. Wie wir das machen sollen, weiß der Himmel.

Insgesamt ist festzustellen, dass trotz der fortschrittlichen Gesetzgebung in Hamburg die Situation in der Praxis immer schwieriger wird. Meiner Meinung nach hätte die Inklusion über einen langen Zeitraum sukzessive aufgebaut werden müssen. Und dieses ausgehend von den Erfahrungen und den Ressourcen der Integration. Die schnelle und überstürzte Einführung für das gesamte System war ein Fehler, der, wie sich jetzt schon zeigt, viele neue Schwierigkeiten ins gesamte System trägt. Die Phase der Integration war über 25 Jahre hervorragend ausgestattet und war sehr erfolgreich. Wir konnten bis zu 50 Prozent der Schüler mit Förderbedarf an weiterführende Schulen abgeben, in denen viele erfolgreich einen Schulabschluss machen konnten. Das lässt sich so nicht mehr halten.

Was wünschen Sie sich vom Gesetzgeber, damit Inklusion besser gelingen kann?

Um es klar zu sagen: Man muss Inklusion behutsam aufbauen und dafür mehr Ressourcen zur Verfügung stellen. Dazu brauchen wir einen Neuanfang. Wichtig ist die Entwicklung einer Wertehaltung in den Schulen, die den Anforderungen einer heterogenen Gesellschaft Rechnung trägt. Jedes Kind muss als Individuum gesehen und entsprechend unterrichtet werden. Heterogenität muss als Normalität verstanden werden, in der Kinder nicht mehr ausgesondert werden können. Darauf sollten die Lehrerausbildung und der gesamte Unterricht abgestellt werden. Im Prinzip geht es bei der Inklusion vor allem darum, die Barrieren in unseren Köpfen abzubauen.

Grundsätzlich müssen sich alle Schulen für Inklusion öffnen – auch die Gymnasien. Diese Schulform ist in dem alten Muster einer vermeintlichen Schülerhomogenität gefangen, auch weil sie eine Bildungselite beschult. Eine heterogene Beschulung würde dort eine neue Qualität begründen. Die Erkenntnisse von Zukunftsforschern wie Prof. Dr. Peter Kruse zeigen sehr deutlich: Was Menschen in 15 Jahren können müssen, ist nicht nur, Wissen parat zu haben. Sie müssen vielmehr in der Lage sein, mit anderen zusammenzuarbeiten, Probleme zu analysieren und rasch zu erkennen, was an Kompetenzen benötigt wird, um das Problem zu lösen. Zudem werden die Menschen in Zukunft einem viel größeren Druck standhalten müssen. Sie müssen verschiedenste Aufgaben parallel bewältigen können, da das Tempo und der Arbeitsdruck immer höher werden. Solche Kompetenzen lassen sich in heterogenen Gruppen viel besser entwickeln. Inklusive Bildung ist daher für alle eine große Chance.

Kontakt
Schule Grumbrechtstraße
Grumbrechtstraße 63
21075 Hamburg
Tel. 040/79188110
www.schule-grumbrechtstraße.de

6 Fazit

In Hamburg zeigt sich, dass der Vorrang des gemeinsamen Unterrichts – ohne Ressourcenvorbehalt – und die freie Elternwahl, ohne Sonderschulzwang, zu einer erheblichen Veränderung in der Schullandschaft geführt haben. Es besuchen weniger Kinder die Förderschule als noch 2008/09, allerdings wird bei deutlich mehr Kindern ein Förderbedarf diagnostiziert. In der Folge ist das Diagnoseverfahren für die Förderschwerpunkte LSE nochmals verändert und vereinheitlicht worden.

Gesetzlich ist Hamburg auf einem sehr guten Weg. In der Umsetzung des inklusiven Schulsystems scheint sich zu zeigen, dass es noch weiterer Schritte bedarf, um das Ressourcen-Etikettierungs-Dilemma und die mit Etikettierung einhergehende Kategorisierung aufzulösen und ein inklusives Schulsystem zu schaffen. Eine Herausforderung dabei bleibt, wie in vielen Bundesländern, die Rolle des Gymnasiums in der Inklusion. Trotzdem lässt sich festhalten, dass Hamburg sich auf einem guten Weg befindet.

Jakob-Muth-Preisträger aus Hamburg

Grundschule Langbargheide: Preisträgerporträt 2012/13

Die Grundschule Langbargheide befindet sich im Hamburger Stadtteil Lurup, einem Stadtteil mit besonderem Erneuerungsbedarf. Hier leben viele Menschen mit Migrationshintergrund gemeinsam mit alteingesessenen Lurupern. Rund 80 Prozent der Kinder sind nicht deutscher Herkunft. 38 Prozent der Eltern sind Hartz-IV-Empfänger, weniger als ein Prozent haben einen akademischen Abschluss. Ökonomische, soziale und psychische Belastungen prägen den Alltag und das Lernen der meisten Kinder. Die Bandbreite ist groß: Neben vielen leistungsstarken Kindern ist ein großer Teil der Schüler durch einen Mangel an Lernmotivation und Konzentrationsstörungen bis hin zu Lernblockaden beeinträchtigt. Etwa 40 Prozent der Kinder haben einen sonderpädagogischen Förderbedarf. Daher hat sich die Grundschule Langbargheide vor 18 Jahren auf den Weg zu einer inklusiven Schule gemacht.

Trotz der schwierigen Ausgangslage wird Leistung an der Grundschule Langbargheide großgeschrieben, was sich in ihrem Motto »Mit allen an die Spitze« ausdrückt. In den letzten Jahren schafften jeweils rund 40 Prozent der Viertklässler den Übergang auf ein Gymnasium. Zwar zeigen Lernstandsvergleiche einen Nachholbedarf gegenüber anderen Schulen – der Schule gelingt aber in vielen Fällen ein Ausgleich der Lernrückstände aufgrund intensiver Förderung aller Kinder, seit Neuestem auch im Englischunterricht. Besonders hervorzuheben sind die musischen und künstlerischen Leistungen: Herausragende Theateraufführungen, unter anderem 2010 ausgezeichnet im Hamburger Rathaus beim Schülerwettbewerb »Theater macht Schule«, Musikprojekte und Musicalaufführungen in Kooperation mit dem benachbarten Goethe-Gymnasium sind nur einige Beispiele.

Herausragend ist die enge Kooperation mit der Kindertagesstätte Moorwisch. Gemeinsam bilden Schule und Kita das »Bildungshaus Lurup«. Die Zusammenarbeit gewährleistet einerseits den fließenden Übergang von der Kita in die Schule, andererseits die Hortbetreuung der Grundschüler am Nachmittag. Darüber hinaus profitieren Lehrkräfte, Erzieherinnen und Erzieher sowie alle weiteren Mitarbeiter vom gegenseitigen Erfahrungsaustausch. Beide Institutionen sind sich einig: Das Kind steht im Mittelpunkt.

Bereits in der Kita wird die Entwicklung jedes Kindes genau beobachtet und dokumentiert. Spezielle Bedarfe können früh erkannt und mithilfe gezielter Förderangebote bereits vor der Einschulung ausgeglichen werden. Für jedes Kind gibt es einen individuellen Entwicklungsplan. Halbjährlich wird dieser Plan gemeinsam mit den Eltern besprochen, und es werden neue Lernziele festgelegt.

In allen Klassen arbeiten außer den Klassenlehrkräften auch Sonderpädagogen und in einigen Klassen zusätzlich Erzieher. Die Planung, Vorbereitung und Durchführung des Unterrichts erfolgt im Team. In den letzten Jahren haben das gesamte Kollegium sowie einige der Erzieherinnen und Erzieher ihre verpflichtenden 30 Fortbildungstage pro Jahr für gemeinsame Weiterbildungen genutzt.

Individualisiertes und kooperatives Lernen prägt den Schulalltag. Beim jahrgangsübergreifenden Lernen und beim Werkstattunterricht helfen die leistungsstärkeren Kinder den schwächeren und lernen so selbst oft am meisten. Patenkinder stehen Kindern mit stärkeren Behinderungen helfend zur Seite. Neu ist die Ausbildung zu Streitschlichtern für die Kinder der Klassenstufen 3 und 4, die diese mit großer Ernsthaftigkeit wahrnehmen. Ein Klassenrat und Kinderkonferenzen gewährleisten die Mitsprache der Schüler an ihrer Schule. Ein Fokus der Schule liegt auf der Elternarbeit – vielfältige Angebote wie Sprachkurse stehen allen Eltern offen.

Die Grundschule Langbargheide ist fest im Quartier vernetzt und kooperiert mit vielen Einrichtungen und Akteuren vor Ort wie dem »Luruper Forum« und dem »Runden Tisch Gesundheit«. Beim Stadtteilfest beteiligen sich die Schüler mit verschiedenen Aufführungen wie Theaterstücken oder Tänzen. Regelmäßig finden Projekte zur Gesundheitsförderung statt, an der sich viele Institutionen des Quartiers beteiligen. Zurzeit wird ein inklusives Kochkonzept entwickelt und umgesetzt, bei dem Schüler gemeinsam mit behinderten Erwachsenen für ältere Menschen im Stadtteil kochen.

Kontakt
Schulleiterin Annette Berg
Grundschule Langbargheide
Langbargheide 40
22547 Hamburg
www.schule-langbargheide.hamburg.de

Erich-Kästner-Schule: Preisträgerporträt 2013/14

Die Erich-Kästner-Schule ist eine gebundene Ganztagsschule in Hamburg (Farmsen-Berne), an der alle willkommen sind. Die Schülerinnen und Schüler können hier von der 1. bis zur 13. Klasse gemeinsam lernen. Die Stadtteilschule und die angegliederte Grundschule befinden sich an zwei nahe beieinander gelegenen Standorten: An der Berner Au die Jahrgänge 1 bis 6, im Hermelinweg die Jahrgänge 7 bis 13. Insgesamt lernen hier fast 1.400 Schülerinnen und Schüler, davon über zwölf Prozent mit besonderem sonderpädagogischen Förderbedarf.

Inklusion ist bereits in 39 von 50 Klassen umgesetzt; die übrigen Klassen sollen im Laufe der nächsten Jahre folgen. Das Ziel ist schulweite Inklusion. »Und schon heute gilt«, so Schulleiter Pit Katzer, »dass die Inklusionsklassen die Regelklassen sind.« Auch im Schülerrat bzw. -parlament sind Kinder und Jugendliche mit sonderpädagogischem Förderbedarf selbstverständlich vertreten.

Denn die Grundlage für erfolgreiches individualisiertes Lernen ist nach dem Verständnis der Erich-Kästner-Schule eine möglichst große Vielfalt – bezogen auf alle Facetten, nicht nur auf den Förderbedarf.

Deshalb wird bei der Zusammensetzung der Klassen auf größtmögliche Heterogenität geachtet – mit Blick auf Musik. Alle Kinder der Grundschule lernen mit JeKI (»Jedem Kind ein Instrument«) ein Instrument kennen. Wer besonders begabt und interessiert ist, kann in der Sekundarstufe I weiter musizieren. Diese Kinder gehen dann jedoch nicht in eine spezielle Musikklasse, sondern werden bewusst auf alle Klassen verteilt, um die Vielfalt in den Lerngruppen zu erhalten.

Ein Leitgedanke der Erich-Kästner-Schule lautet: »So viel gemeinsames Lernen wie möglich – so viel Einzel- und Kleingruppenförderung wie notwendig«. Lernen am Modell spielt dabei eine große Rolle. Bei der Umsetzung dieses Anspruchs hilft ein eigenes schulweites Lernkonzept, das auf Individualisierung und Kompetenzorientierung setzt. Zu den Bausteinen dieses Konzeptes zählen individuelle Lernzeiten in den Fächern Deutsch, Mathe und Englisch, kooperatives Lernen im Projektunterricht und, in den fünften und sechsten Klassen, das Fach »Soziales Lernen«. Der Lehrplan für dieses Fach wurde eigens an der Schule entwickelt und behandelt auch Themen wie Inklusion.

In der Lernzeit entscheiden die Kinder selbst, an welchen Fächern und Aufgabenstellungen sie arbeiten, und sie bestimmen auch die Reihenfolge selbst. Wer dabei Unterstützung und Anleitung benötigt, bekommt sie – niemand wird sich selbst überlassen. Entscheidend ist immer die Lernausgangslage des Kindes und nicht ein festgestellter Förderbedarf. Das gilt auch für die Arbeit in Kleingruppen, die immer denjenigen Schülerinnen und Schülern angeboten wird, für die ein bestimmter Entwicklungsschritt angebahnt wird.

Ihre Lernziele und Lernfortschritte halten die Schüler in ihrem »Logbuch« fest. Das Logbuch gibt es in verschiedenen Ausführungen, um den individuellen Bedürfnissen gerecht zu werden. Alle zwei bis drei Wochen besprechen die Schüler in »Logbuchgesprächen« ihre Fortschritte und Schwierigkeiten mit den Lehrkräften. Zweimal im Jahr finden außerdem ausführlichere Lernentwicklungsgespräche zwischen Schülern, Eltern und Lehrkräften statt, in denen Vereinbarungen über die nächsten Lernziele getroffen werden. Notenzeugnisse gibt es an der Erich-Kästner-Schule erst ab der 9. Klasse.

Inklusion lebt von Teamarbeit. An der Erich-Kästner-Schule gilt das sowohl für die Klassenleitung als auch für die Vorbereitung der notwendigen differenzierten Materialien. So werden alle Inklusionsklassen von einem Team aus Regelschullehrkräften, Sonderpädagogen und Sozialpädagogen bzw. Erzieherinnen geleitet. Der Unterricht wird – durch Rückgriff auf verschiedene Ressourcen – immer von mindestens zwei Mitgliedern des Teams durchgeführt. Zur Vorbereitung und Koordination stehen feste Funktions- und Teamzeiten zur Verfügung. Alle arbeiten auf Augenhöhe zusammen. Auch das Schulleitungsteam setzt sich aus Regel- und sonderpädagogischen Lehrkräften zusammen.

Die Lehr- und Lernräume gehen weit über die Klassenzimmer und Gruppenräume hinaus. Regelmäßig werden Tanzaufführungen auf die Beine gestellt, an denen jeweils ein ganzer Jahrgang mitwirkt. Auf dem Schulhof der unteren Jahrgänge kann man über Baumstämme balancieren und auf Felsen klettern. In den Schulzoos lernen die Kinder, dass Tiere vor allem Achtsamkeit und Verantwortungsgefühl brauchen. In den Präventionsraum kann sich zurückziehen, wem der Trubel zu viel wird. Vom Kickerraum gelangt man über das Schülercafé und die Bibliothek in den Ruheraum mit großen Polstern und viel Platz zum Entspannen.

Und im »Prisma«, einem besonderen Lernort, finden all diejenigen Herausforderungen und Anregungen, denen das in ihren eigenen Klassenräumen schwererfällt – die Neugierigen, Ablenkbaren und Wütenden genauso wie die Stillen und Suchenden.

Der Erfolg gibt der Erich-Kästner-Schule recht in ihrer Arbeit: So erreichen über 70 Prozent der Schüler mit Förderschwerpunkt »Lernen« den Hauptschulabschluss. An Hamburger Förderschulen liegt die Quote bei durchschnittlich 18 Prozent. Und genauso wichtig: Sieben Prozent beginnen die Klasse 5 mit einer Gymnasialempfehlung – über 40 Prozent schaffen dann die Versetzung in die gymnasiale Oberstufe. Vielfalt, davon ist die Erich-Kästner-Schule überzeugt, ist eben gut für alle.

Kontakt
Schulleiter Pit Katzer
Erich-Kästner-Schule
Stadtteilschule mit angegliederter Grundschule
Hermelinweg 10
22159 Hamburg
Tel. 040/428855123
www.erich-kaestner-schule-hamburg.de

Länderprofil Hessen

1 Die Schullandschaft in Hessen

Das Flächenland Hessen hat rund sechs Millionen Einwohner. Es gliedert sich in 21 Landkreise und fünf kreisfreie Städte. Das Schulsystem in Hessen ist im innerdeutschen Vergleich relativ stark gegliedert: Im Anschluss an die vierjährige Primarstufe gibt es fünf Arten weiterführender Schulen, nämlich Haupt- und Realschule – die zum Teil miteinander verbunden sind –, Gymnasium, Integrierte oder Kooperative Gesamtschule und Mittelstufenschule. Die letztgenannte Schulform vermittelt in der Sekundarstufe I neben allgemeinbildenden Inhalten auch berufsbildende Kompetenzen. Im breit gefächerten Berufsbildungssystem können ebenfalls allgemeine Abschlüsse erworben werden.

Darüber hinaus unterhält Hessen ein hochdifferenziertes System von Schulen für die unterschiedlichen Förderbedarfe, beispielsweise Schulen für Sprachheilförderung, für die Schwerpunkte »Emotionale und soziale Entwicklung«, »Körperliche und motorische Entwicklung«, »Sehen«, »Hören«, »Lernen« und »Geistige Entwicklung« oder Schulen für kranke Schüler. Je nach sonderpädagogischem Förderhintergrund und individuellem Kompetenzstand können die Schüler an diesen Schulen verschiedene Abschlüsse des Regelschulwesens erlangen.

2 Gemeinsames Lernen und Inklusion: ein Blick in die Bildungsstatistik

Im Schuljahr 2008/09, als die UN-Behindertenrechtskonvention in Kraft trat, wurde in Hessen bei fast 30.000 Erst- bis Zehntklässlern ein sonderpädagogischer Förderbedarf festgestellt. Damit lag die Förderquote bei 4,8 Prozent – deutlich unter dem damaligen Bundesdurchschnitt von 6,0 Prozent. Mit rund 26.000 Schülern hatten 4,3 Prozent der insgesamt 601.000 Schüler dieser Altersgruppe im genannten Schuljahr keinen Zugang zum Unterricht an Regelschulen (Exklusionsquote) – auch in diesem Punkt stand der Flächenstaat vergleichsweise gut da, denn der bundesdeutsche Mittelwert lag seinerzeit bei 4,9 Prozent. Deutlich unter dem deutschen Durchschnitt lag Hessen allerdings in Bezug auf den sogenannten Inklusionsanteil: Mit rund 3.200 der 30.000 Förderschüler besuchten im betreffenden Schuljahr nur 11,0 Prozent den Unterricht einer Regelschule. Deutschlandweit waren es 18,4 Prozent.

Abbildung 15: Exklusionsquoten in Hessen

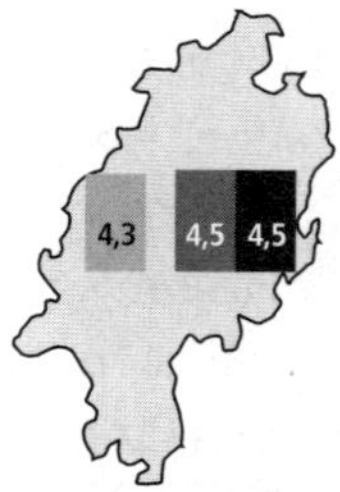

Schuljahr: 2008/09 2012/13 2013/14

Angaben in Prozent

Fünf Jahre später hat sich die Situation in Hessen eher verschlechtert: Im Schuljahr 2013/14 haben – bei rückläufigen Schülerzahlen – rund 31.100 Schüler der Klassenstufen 1 bis 10 einen diagnostizierten sonderpädagogischen Förderbedarf, also deutlich mehr als fünf Jahre zuvor. Die Förderquote ist damit auf 5,7 Prozent angestiegen; sie liegt aber immer noch unter dem entsprechenden bundesweiten Wert von 6,8 Prozent. Auch der Anteil der Kinder und Jugendlichen, die in gesonderten Förderschulen unterrichtet werden, ist gestiegen: Er liegt inzwischen bei 4,5 Prozent, ist aber noch etwas besser als der bundesdeutsche Durchschnittswert von 4,7 Prozent, obwohl sich der Inklusionsanteil fast verdoppelt hat: Im Schuljahr 2013/14 besuchen 21,5 Prozent aller Förderschüler eine Regelschule. Dennoch liegt Hessen hier nach wie vor deutlich unter dem bundesdeutschen Durchschnitt von 31,4 Prozent, und die Exklusionsquote ist zwar unter dem Bundesschnitt, hat sich aber verschlechtert. Gleichzeitig haben Schüler, die aus dem Regelschulsystem ausgesondert werden, schlechte Chancen, einen Schulabschluss zu erlangen: Nur 25,4 Prozent von ihnen beendete im vergangenen Schuljahr seine Zeit an der Förderschule mit mindestens einem Hauptschulabschluss – bundesweit schaffte das ebenfalls gut jeder vierte exklusiv beschulte Jugendliche mit sonderpädagogischem Förderbedarf.

Die meisten Förderschüler sind in Hessen dem Schwerpunkt »Lernen« zugeordnet: Mit 42,6 Prozent bilden sie im Schuljahr 2013/14 die mit Abstand größte Gruppe. Die übrigen verteilen sich wie folgt auf die anderen Förderschwerpunkte: Rund 17 Prozent haben einen besonderen Bedarf im Bereich »Geistige Entwicklung«, bei 12,4 Prozent wurde ein emotional-sozialer und bei etwa elf Prozent ein sprachlicher Förderbedarf diagnostiziert. Weniger als zehn Prozent entfallen jeweils auf die Schwerpunkte »Kranke« (7,1 %), »Körperliche und motorische Entwicklung« (5,4 %), »Hören« (3,0 %) und »Sehen« (1,2 %) (vgl. Abb. 16). Im Vergleich zum Schuljahr 2008/09 haben sich die Diagnosen in den einzelnen Förderschwerpunkten nur wenig verändert. Es zeigen sich leichte Zuwächse in den Förderbereichen »Sprache« und »Emotionale und soziale Entwicklung«, gleichzeitig sind die Anteile in den Bereichen »Lernen« und »Kranke« gesunken.

In Hessen findet Inklusion in der Sekundarstufe vorwiegend an Gesamtschulen oder Mittelstufenschulen statt: Diese beiden Schulformen besuchen im Schuljahr 2013/14 rund 48 Prozent aller inklusiv unterrichteten Schülerinnen und Schüler. Weitere 23 Prozent gehen

Abbildung 16: Förderschwerpunkte in Hessen (Verteilung in Prozent)

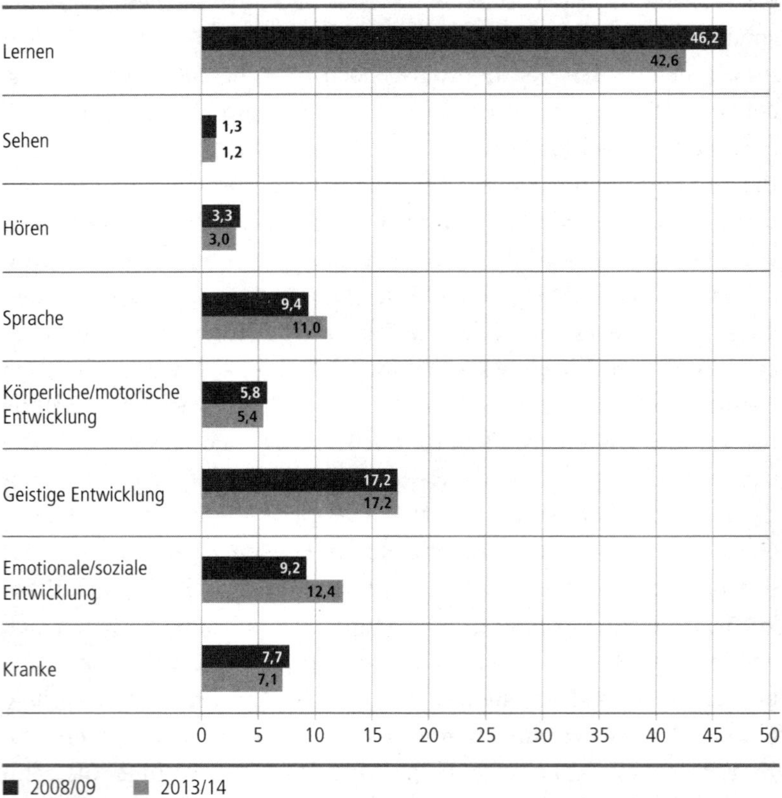

Quelle: KMK 2014a, b, c

auf eine Hauptschule, jeder elfte Schüler nimmt am Unterricht einer Realschule teil und rund sechs Prozent gehen zum Gymnasium. In einer schulformunabhängigen Orientierungsstufe lernen weitere elf Prozent, und drei Prozent schließlich besuchen den gemeinsamen Unterricht einer Schule mit mehreren Bildungsgängen.

Die Schüler mit sonderpädagogischem Förderbedarf, die am gemeinsamen Unterricht der Sekundarstufe I teilnehmen, verteilen sich nach ihren Förderschwerpunkten sehr unterschiedlich auf die Schulformen: Mit 47 Prozent hat die größte Gruppe der insgesamt gut 1.400 integrierten Förderschüler an einer hessischen Gesamtschule oder Mittelschule einen diagnostizierten Förderbedarf im Schwerpunkt »Lernen«, weitere rund 27 Prozent dieser Schüler bedürfen einer besonderen Unterstützung im Bereich »Emotionale und soziale Entwicklung«. Bei jeweils gut acht Prozent liegt ein Förderbedarf in Bezug auf die geistige, die sprachliche oder die körperlich-motorische Entwicklung vor.

Etwa 700 Förderschüler besuchen den Unterricht der hessischen Hauptschulen; unter diesen finden sich zum Großteil Kinder mit Lernschwierigkeiten oder einem Förderbedarf im emotional-sozialen Bereich. Knapp 300 Kinder und Jugendliche gehen zur Realschule, die meisten ebenfalls mit Förderbedarfen im emotional-sozialen Bereich. Hessische Gymnasien nehmen im betreffenden Schuljahr knapp 200 Förderschüler auf. Von diesen hat rund ein Drittel einen emotionalen und sozialen Förderbedarf. Etwa jeder Fünfte braucht Unterstützung im körperlich-motorischen Bereich oder ist langfristig erkrankt. Dazu kommt ein kleiner Anteil an Schülern mit Schwierigkeiten im Bereich »Hören«.

3 Gemeinsames Lernen und Inklusion in Hessen: die Gesetzeslage

3.1 Gesetzesgrundlagen

Der gemeinsame Unterricht in Hessen ist durch zwei Gesetzestexte geregelt:

- das Hessische Schulgesetz (HSchG, Stand 22.5.2014) und
- die Verordnung über Unterricht, Erziehung und sonderpädagogische Förderung von Schülerinnen und Schülern mit Beeinträchtigungen oder Behinderungen (VOSB, Stand 19.3.2013).

In § 51 HSchG ist festgelegt, dass der gemeinsame Unterricht von Kindern mit und ohne Förderbedarf die Regelform darstellt; § 12 Abs. 1 VOSB schreibt fest, dass sich die – ausdrücklich so benannte – inklusive Beschulung »an der gemeinsamen Erziehung und dem gemeinsamen Lernen aller Schülerinnen und Schüler orientiert«. Ohne diese Begriffe zu benutzen, führen die Regelungen zudem aus, dass zielgleicher Unterricht (nach § 12 Abs. 2 VOSB) und zieldifferenter Unterricht (nach § 12 Abs. 3 VOSB) in allen Schulstufen möglich sind.

3.2 Feststellung eines sonderpädagogischen Förderbedarfs

Grundsätzlich werden alle schulpflichtigen Kinder in der allgemeinen Schule angemeldet. Besteht jedoch bei einem Kind ein bereits festgestellter Förderbedarf, kann es auf Wunsch der Eltern auch an einer Förderschule angemeldet werden (§ 54 Abs. 1 HSchG).

Wenn ein Kind bereits eine allgemeine Schule besucht und deutlich wird, dass allgemeine Präventions- oder Fördermaßnahmen seinem Bedarf nicht gerecht werden, entscheidet die Schulleitung der allgemeinen Schule nach Anhörung der Eltern und in Verständigung mit der Schulaufsichtsbehörde über Art, Umfang und Organisation der sonderpädagogischen Förderung. Die Grundlage dafür bildet die Empfehlung des Förderausschusses (§ 54 Abs. 2 HSchG).

Ein solcher Förderausschuss wird an allgemeinen Schulen eingerichtet, einerseits, um einen bisher nicht bekannten sonderpädagogischen Förderbedarf festzustellen, und andererseits, um einen Förderplan zu erstellen (§ 54 Abs. 3 HSchG). Diesem Ausschuss gehören die Schulleitung, die Eltern des betreffenden Kindes, eine Lehrkraft, die das Kind unterrichtet, eine Lehrkraft des sonderpädagogischen Beratungs- und Förderzentrums bzw. der Förderschule und ggf. ein Vertreter des Schulträgers an; nach Bedarf können weitere Personen in beratender Funktion hinzugezogen werden. Kann der Förderausschuss sich nicht auf eine Empfehlung einigen, entscheidet die Schulaufsichtsbehörde.

3.3 Entscheidung über den Lernort

Wenn das Kind aufgrund der (räumlichen, personellen, sächlichen etc.) Ausstattung nicht an der zuständigen allgemeinen Schule beschult werden kann, entscheidet die Schulbehörde nach Anhörung der Eltern anhand der Empfehlung des Förderausschusses darüber, welche andere allgemeine Schule oder welche Förderschule es stattdessen besuchen soll (§ 54 Abs. 4 HSchG).

3.4 Umsetzung des gemeinsamen Unterrichts

Der gemeinsame Unterricht (»inklusive Beschulung«) wird in § 12 VOSB beschrieben. Dabei wird insbesondere zwischen »umfassender Teilnahme am Unterricht der allgemeinen Schule« (§ 12 Abs. 2 VOSB) und »teilweiser Teilnahme am Unterricht der allgemeinen Schule« unterschieden (§ 12 Abs. 3 VOSB). Mit »umfassender Teilnahme« ist offenbar zielgleicher Unterricht gemeint, der »auf den Erwerb der für den Bildungsgang formulierten Kompetenzen« zielt. »[T]eilweise Teilhabe« bezeichnet dagegen wohl den zieldifferenten Unterricht, insbesondere den »Erwerb von Kompetenzen, die eine größere Teilhabe an der Gemeinschaft sichern, verstärken oder ermöglichen«.

Insgesamt gilt der Grundsatz: »Bei der Gestaltung des inklusiven Unterrichts ist darauf zu achten, dass er den Begabungen und den Bedürfnissen aller Schülerinnen und Schüler der allgemeinen Schule in gleicher Weise gerecht wird und ihre aktive Teilhabe fördert« (§ 12 Abs. 1 VOSB). Damit wird explizit formuliert, dass inklusive Beschulung der Maßstab für alle Kinder und Jugendlichen ist und sich nicht nur auf die Bedürfnisse der Schüler mit sonderpädagogischem Förderbedarf beschränkt.

Das Gesetz benennt für den gemeinsamen Unterricht besonders geeignete Unterrichtsformen wie Projektlernen, Binnendifferenzierung, die Tages- und Wochenplanarbeit und die freie Arbeit (§ 12 Abs. 5 VOSB) und betont die Notwendigkeit, dass im gemeinsamen

Unterricht alle Professionen eng zusammenarbeiten (§ 12 Abs. 6 VOSB), um die heterogenen Lernausgangslagen zu berücksichtigen und das soziale Miteinander zu fördern.

In §§ 13 und 14 der VOSB sind etliche Aspekte der personellen (§ 13), räumlichen und sachlichen (§ 14) Voraussetzungen für inklusive Beschulung explizit geregelt. So kann beispielsweise mit Bezug auf diese Regelungen über den Lernort entschieden werden.

Gemeinsamer Unterricht ist in allen Schulformen möglich.

4 Entwicklungen zum gemeinsamen Lernen und zur Inklusion in Hessen

Schulversuch »Begabungsgerechte Schule«

Im Zeitraum von 2009 bis 2013 führte der Kreis Offenbach in enger Kooperation mit dem Land Hessen den Schulversuch »Begabungsgerechte Schule« durch. Der Schulversuch fand in den Kommunen Mühlheim und Obertshausen statt, in denen die Anteile von Familien mit Sozialhilfebezügen, Arbeitslosen und nicht deutscher Bevölkerung sehr hoch sind. An dem Versuch beteiligten sich vier Grundschulen: in Mühlheim die Goetheschule und die Brüder-Grimm-Schule, in Obertshausen die Waldschule und die Sonnentauschule.

Das Hessische Kultusministerium hat den Schulversuch zu Beginn des Jahres 2009 genehmigt. In einer »begabungsgerechten Schule« soll jedes Kind entsprechend seinem jeweiligen aktuellen Lern- und Leistungsstand und seinen Begabungen unterrichtet werden, um den größten individuell möglichen Wissens- und Kompetenzzuwachs erreichen zu können. Dabei wird darauf verzichtet, in einem Feststellungsverfahren zu überprüfen, ob ein sonderpädagogischer Förderbedarf im Bereich »Lernen« vorliegt. Gleichzeitig sollten Gelingensbedingungen für ein inklusives Schulsystem ermittelt werden.

Die an dem Schulversuch teilnehmenden Grundschulen vergeben bis zur 4. Klasse keine Ziffernzeugnisse. Die Bewertungen basieren auf Kompetenzrastern, die sich an den Bildungsstandards orientieren. Für jedes Kind werden zweimal pro Jahr individuelle Förderpläne erstellt und Lernentwicklungsgespräche mit den Kindern und ihren Eltern geführt.

Die Lehrkräfte der Grundschulen arbeiten eng mit abgeordneten Sonderpädagogen der Förderschule mit dem Schwerpunkt »Lernen« zusammen, außerdem mit Schulsozialarbeitern. Zusätzlich bietet der Landkreis Offenbach im Rahmen des Schulversuchs Fortbildungen für die Lehrkräfte der Grundschulen an.

Weitere Kernelemente des Schulversuchs sind eine offene Unterrichtsgestaltung, eine veränderte Leistungskultur, unter anderem mit Portfolioarbeit, Kompetenzraster und Lernplänen, aber auch ein anderer Umgang mit Heterogenität sowie eine neue Beratungskultur. Die »Begabungsgerechte Schule« wurde wissenschaftlich begleitet. Die pädagogische Beratung und Unterstützung der beteiligten Lehrkräfte und die Dokumentation der Lern- und Leistungsfortschritte der Schülerinnen und Schüler lagen bei Professor Dr. Kornmann von der Pädagogischen Hochschule Heidelberg. Professor Dr. Katzenbach von der Goethe-Universität Frankfurt übernahm die externe Evaluation.

5 Gemeinsames Lernen in Hessen: Erfahrungen aus der Praxis

Montessori-Zentrum Hofheim, Interviewpartner: Diana Dimitrow, Mitglied der Schulleitung

Bitte stellen Sie Ihre Schule kurz vor und skizzieren Sie das dort gelebte Inklusionsverständnis.

Die staatlich anerkannte private Montessori-Schule Hofheim wurde 1996 von einer Elterninitiative gegründet. Zwei Drittel der 280 Schülerinnen und Schüler kommen aus dem Main-Taunus-Kreis, die anderen aus den angrenzenden Kreisen im Großraum Frankfurt. Nach der 9. beziehungsweise 10. Klasse können unsere Schüler alle üblichen staatlichen Abschlüsse erwerben und danach eine Berufsausbildung beginnen, eine Berufsfachschule oder eine gymnasiale Oberstufe besuchen. Als erste Montessori-Schule in Hessen bieten wir das Abitur an. Zum Schuljahr 2008/09 ist unsere gymnasiale Oberstufe gestartet, 2011 hatten wir also den ersten erfolgreichen Abiturientenjahrgang.

Die Montessori-Schule versteht sich als eine Schule für alle Kinder. Daher wird bei der Neuaufnahme von Schülerinnen und Schülern darauf geachtet, dass Kinder und Jugendliche mit unterschiedlicher Leistungsfähigkeit in einem ausgewogenen Verhältnis aufgenommen werden. Jahrgangsgemischte Gruppen von rund 22 Kindern und Jugendlichen arbeiten in einer festen Mentorengruppe entsprechend ihrem jeweiligen Niveau. In diesem gemeinsamen Unterricht können wir ebenso lern- und körperbehinderte Kinder integrieren wie Hochbegabte fördern.

Einer meiner Kollegen hat die Formel geprägt: Montessori-Pädagogik ist Inklusionspädagogik. Das stimmt, denn der Montessori-Ansatz basiert auf der Entwicklungspsychologie und kommt aus einer anthropologischen Richtung. Ihm liegt also keine schulorganisatorische Idee zugrunde. Das heißt mit anderen Worten: Die Umgebung muss sich den Kindern so anpassen, dass diese sich optimal entwickeln können. Das ist Inklusion.

Welche Auswirkungen hat die Gesetzeslage auf Ihre Schule?

Ich glaube, ich habe da einen ganz guten Überblick, weil wir als Schule sehr gut vernetzt sind, auch mit Integrierten Gesamtschulen. Hessen hat das Thema »Inklusion« 2011 im Schulgesetz verankert, zwei Jahre nachdem die Behindertenrechtskonvention in Kraft getreten ist. Für Schulen in freier Trägerschaft gilt diese Regelung allerdings nicht. Darum müssen beispielsweise bauliche oder räumliche Veränderungen von der Solidargemeinschaft, also über die Elternbeiträge, finanziert werden. Wenn wir Kinder mit besonderem Förderbedarf aufnehmen, bekommen wir wie die staatlichen Schulen eine pauschale Vergütung. Vor der Aufnahme solcher Kinder wird jeweils ein besonders aufwendiges Überprüfungsverfahren durchgeführt. Das empfinde ich als diskreditierend, und es ist mit der Montessori-Philosophie eigentlich nicht vereinbar. Denn damit wird den Kindern ein Etikett aufgeklebt.

Als grundsätzliches Problem sehe ich den Ressourcenvorbehalt, der im Gesetz festgeschrieben ist. Er führt dazu, dass viele Schulen in Hessen Kinder mit Förderbedarf ablehnen. Da bin ich im Moment schon sehr resigniert und frustriert. Ich unterstelle aber niemandem bösen Willen. In der Umsetzung sind einfach gravierende Fehler gemacht worden.

Gerade im Grundschulbereich gab es viele Schulen, die gemeinsamen Unterricht durchgeführt haben und denen in den letzten zwei Jahren wieder Ressourcen weggenommen wurden. Förderlehrer, die gut in die Kollegien integriert waren und funktionierende Strukturen aufgebaut hatten, wurden teilweise wieder abgezogen, weil man durch die Gesetzesnovellierung plötzlich alle Grundschulen mit Ressourcen ausstatten musste. Das hat viele überfordert und konnte nicht gutgehen. Inzwischen gibt es wieder mehr Anmeldungen bei den Förderschulen – eigentlich wollten wir ja den umgekehrten Weg gehen. Dem öffentlichen Ansehen von schulischer Inklusion schadet das sehr.

Was wünschen Sie sich vom Gesetzgeber, damit Inklusion besser gelingen kann?

Zunächst sollte man einen guten Projektplan für die Umsetzung aufstellen und vorher alle Beteiligten an einen Tisch holen. Dabei sollte man denen gut zuhören, die Inklusion erfolgreich praktizieren. Dann müssen vor allem die Lehrkräfte besser ausgebildet und vorbereitet werden. Man kann sie nicht einfach so in Klassen schicken, in denen es Kinder mit besonderen Bedürfnissen gibt, und für vier Stunden in der Woche kommt ein Förderlehrer dazu. Das kann nicht funktionieren. Im Augenblick habe ich den Eindruck, dass die Umsetzung der

Inklusion gar nicht mehr das 1-a-Thema ist. Bei der neuen Landesregierung scheint es nur noch Priorität C zu haben.

Kontakt
Montessori-Zentrum Hofheim
Schloßstraße 119
65719 Hofheim-Marxheim
Tel. 06192/309210
www.montessori-hofheim.de

6 Fazit

In Hessen treffen eine schon relativ fortgeschrittene Gesetzeslage und ein stark gegliedertes Schulsystem aufeinander. Die Gesetzgebung benennt Inklusion explizit und formuliert den Anspruch, dass der gemeinsame Unterricht allen Schülern gerecht werden soll – umfasst also ein sehr weites Inklusionsverständnis. Gleichzeitig gilt immer noch ein Ressourcenvorbehalt, und es liegt nahe, dass es eine Herausforderung ist, Inklusion in einem System mit sieben Regelschultypen im Bereich Sekundarstufe I und einem hochdifferenzierten Sonderschulsystem umzusetzen. Entsprechend verwundert es nicht, dass sich Hessen nach den dokumentierten Kennzahlen in den letzten fünf Jahren sogar eher verschlechtert hat.

Das Land diagnostiziert mehr Schüler mit sonderpädagogischem Förderbedarf, ein größerer Anteil dieser Schüler besucht eine gesonderte Förderschule, und trotz einer positiven Entwicklung nehmen nach wie vor deutlich weniger Förderschüler am gemeinsamen Unterricht der allgemeinen Schulen teil als im bundesdeutschen Durchschnitt. Auch der hohe Anteil der Schüler mit Förderbedarf die Schule ohne Abschluss verlassen, verweist auf weiteren Handlungsbedarf.

Dazu passt aus der Praxis die Rückmeldung, dass Inklusion derzeit nicht mit hoher Priorität behandelt wird. Die Landesregierung sollte den Erfahrungen und Erkenntnissen aus der Praxis folgen:

Schulen, die schon lange inklusiv arbeiten, sollten ernst genommen und Inklusion aus diesen Erfahrungen heraus planvoll, durchdacht und mit entsprechender Ressourcenausstattung umgesetzt werden.

Jakob-Muth-Preisträger aus Hessen

Sophie-Scholl-Schule in Gießen: Preisträgerporträt 2009

Als Fortführung einer integrativen Kindertagesstätte wurde 1998 die Sophie-Scholl-Schule in Gießen von Eltern gegründet. Der gemeinnützige Verein »Lebenshilfe Gießen« ist Träger dieser Grundschule, an der Behinderung als eine »Spielart des Verschieden-Seins« betrachtet wird – keine Behinderung wird ausgeschlossen. Insgesamt 270 Schülerinnen und Schüler lernen an der Schule, jede Lerngruppe besteht aus bis zu 22 Kindern und umfasst fünf Kinder mit sonderpädagogischem Förderbedarf. Alle Kinder werden zieldifferenziert von einem multiprofessionellen Lehrerteam unterrichtet: Grundschul- und Förderschullehrkraft oder zwei Lehrkräfte verschiedener Fachrichtungen arbeiten gemeinsam. Zusätzlich unterstützen junge Menschen im Sozialen Jahr oder im Zivildienst die Betreuung der Schülerinnen und Schüler.

Die Schule ist eine Ganztagsschule, in der sich Lernzeiten über den ganzen Schultag spannen. Die Kinder erarbeiten gemeinsam ihre Hausaufgaben, haben die Auswahl aus über 30 Kursen, die gemeinsam mit dem Förderverein organisiert und durchgeführt werden, und können Therapieangebote in Abstimmung mit dem Unterricht wahrnehmen. Grundlage der pädagogischen Arbeit ist der Rahmenplan für die Grundschule, aber die Sophie-Scholl-Schule bietet über die klassischen vier Schuljahre hinaus noch eine zweijährige Förderstufe an. Kinder mit festgestelltem Förderbedarf und Kinder, deren Lernentwicklung dies erforderlich macht, erhalten individuelle Förderpläne. Für alle gelten die gleichen Arbeitsformen, die gleichen Regeln und Rituale. Der persönliche Lernfortschritt wird in Beziehung zum individuellen Leistungsvermögen gesetzt. Kinder und Eltern erhalten dazu regelmäßig Rückmeldungen der Lehrkräfte. Ausführliche Lernentwicklungsberichte dokumentieren die Leistungsentwicklung jedes Kindes und ersetzen ein »Notenzeugnis«.

Das neue, barrierefreie Schulgebäude mit einem großen Außengelände bietet viel Raum für differenziertes Arbeiten und gemeinsame Bewegung. Die Schule kooperiert mit einer benachbarten therapeutischen Praxis, sodass therapeutische Maßnahmen im Einklang mit dem Schulleben möglich sind. Das Einzugsgebiet der Schule reicht über den Landkreis hinaus. Die Schule ist bei Eltern äußerst beliebt und hat mittlerweile dreimal so viele Anmeldungen wie Plätze.

Die meisten Kinder möchten auch nach Abschluss der Grundschule an der Sophie-Scholl-Schule bleiben – und so beginnt nun die Erweiterung zu einer Integrierten Gesamtschule, in der alle Kinder gemeinsam bis zum 10. Schuljahr lernen können.

Die weiterführenden Schulen attestieren den Schülerinnen und Schülern besondere Selbstständigkeit im Lernprozess und eine herausragende soziale Kompetenz. Kollegen aus anderen Schulen lassen sich in der Sophie-Scholl-Schule erläutern, wie inklusives Lernen funktionieren kann. Die Schule ist sehr gut vernetzt im gesellschaftlichen Umfeld. Die Trommelgruppen und Schulbands treten beispielsweise in der Universitätsklinik auf. Außerdem beteiligt sich die Schule regelmäßig an Straßenfesten und am Gießener »Kulturspektakel«.

Kontakt
Schulleiter Primarstufe: Invield Helmer-Leemhuis
Schulleiter Sekundarstufe: Michael Plappert
Sophie-Scholl-Schulen
35394 Gießen
www.sophie-scholl-schulen.de

Offene Schule Kassel-Waldau: Preisträgerporträt 2012/13

Die Offene Schule Waldau in Kassel ist eine Integrierte Gesamtschule mit den Jahrgängen 5 bis 10. Ihren inklusiven Anspruch untermauert die Schule bereits mit ihrem Aufnahmeverfahren. Aus dem Stadtteil Waldau werden ausnahmslos alle Bewerbungen angenommen. Mittlerweile verzeichnet die Schule Anmeldungen aus dem gesamten Stadtgebiet Kassel. Derzeit lernen an der Schule knapp 900 Schülerinnen und Schüler mit 24 verschiedenen Nationalitäten. Jeder vierte Schüler hat einen besonderen Förderbedarf. Die erfolgreiche Arbeit der Schule basiert auf den drei Grundsäulen ihres pädagogischen Konzepts: dem Lernen in Jahrgangsteams, dem Ganztag und dem selbstständigen Arbeiten.

Das Lernen in Jahrgangsteams macht das Schulleben an dieser großen Schule überschaubar. Die einzelnen Teams haben abgetrennte Klassenräume, die sie selbst gestalten können. Die Jahrgangsteams verbleiben jeweils für zwei Jahre in ihren Räumlichkeiten, wo sie außerhalb der Lernzimmer immer auch Platz für Gespräche, Austausch und weitere Aktivitäten finden. Für jeden Jahrgang ist über dessen gesamte Schulzeit hinweg ein festes Team aus Förderlehrern und anderen Lehrkräften zuständig. Den Lehrerteams steht innerhalb der Räumlichkeiten eines Jahrgangs ein Lehrerzimmer zur Verfügung, in dem sie sich regelmäßig beraten und interdisziplinär austauschen.

Pro Jahrgang wurden ein bis zwei Integrationsklassen eingerichtet, in denen Kinder mit und ohne Förderbedarf gemeinsam unterrichtet werden. Dadurch sind Förderschullehrer nicht nur stundenweise in der Klasse, sondern können als Klassenlehrer kontinuierlich mit der gesamten Lerngruppe arbeiten. Das gemeinsame Lernen von Schülern mit und ohne Behinderung ist an der Offenen Schule Waldau Normalität geworden. Die Schüler sind es gewohnt, selbstständig am selben Thema auf unterschiedlichen Niveaustufen zu arbeiten.

Der gebundene Ganztag gewährleistet eine ganzheitliche Betreuung, Förderung und Versorgung der Schüler. Der Schultag beginnt flexibel ab 7:30 Uhr. Nach einem zweistündigen Unterrichtsblock können sich die Schüler kostenfrei mit Obst und Milchgetränken stärken. Zu Mittag essen alle in der Mensa oder der Cafeteria. Gemeinsames Unterrichtsende ist um 14:35 Uhr, im Anschluss gibt es täglich zahlreiche AG-Angebote.

Unter dem Motto »Wissen reduzieren, Qualifikationen stärken« wurde in der Schule das freie Lernen eingeführt. Ziel ist, das selbstständige Arbeiten zu fördern und verschiedene Lerntechniken zu üben. In den Jahrgängen 5 bis 8 stehen wöchentlich zwei bis sechs, in den Jahrgängen 9 und 10 wöchentlich drei Stunden für das freie Lernen zur Verfügung. In dieser Zeit arbeiten die Schüler weitgehend eigenständig an selbst gewählten Themen.

Auch der sonstige Unterricht versucht, der Heterogenität der Schüler gerecht zu werden. Während die Klassen 5 bis 7 durchgehend im Klassenverbund unterrichtet werden, gibt es ab Klasse 8 in Deutsch, Englisch und Mathematik niveaudifferenzierten Unterricht. Ab Klasse 9 gilt dies auch für Naturwissenschaften und die zweite bzw. dritte Fremdsprache. Ein Wechsel zwischen den Kursen ist nach Absprache mit der jeweiligen Lehrkraft immer möglich.

Um die Kinder bestmöglich zu fördern, setzt die Offene Schule Waldau auf eine intensive Zusammenarbeit mit den Eltern. Bereits bei der Anmeldung vereinbaren Schule und Eltern in einem Elternvertrag eine enge Kooperation. Basis dafür ist der regelmäßige Austausch zwischen Eltern, Schülern und Lehrkräften. Die Klassenlehrer besuchen alle ihre Schülerinnen und Schüler während des 5. Schuljahres einmal zu Hause. Schüler, Eltern und Lehrkräfte sprechen einmal pro Halbjahr über die Lernentwicklung. Für jeden Schüler werden die Lernziele individuell festgelegt. Einige Schüler erhalten sogenannte pädagogische Noten, um ihren individuellen Fortschritt zu beschreiben.

Die Schule testet alle Fünftklässler auf ihre motorische Kompetenz und ihre Lesekompetenz. Auf Grundlage dieser Ergebnisse werden individuelle Fördermaßnahmen bestimmt. Die Arbeit der Schulsozialarbeiter konzentriert sich auf die fünften Klassen und ermöglicht es, schon früh die persönliche Entwicklung der Schüler und ihre Rolle im Klassenverband in den Blick zu nehmen.

Die Arbeit der Schule ist erfolgreich. So haben beispielsweise 74 Prozent der Schüler an der Offenen Schule Waldau im Schuljahr 2011/12 nach der 10. Klasse den Übergang zur gymnasialen Oberstufe, zum beruflichen Gymnasium oder zur Fachoberschule geschafft. Kaum ein Schüler verlässt die Schule ohne Abschluss.

Kontakt
Schulleiter Gerhard Vater
Offene Schule Waldau
Stegerwaldstraße 45
34123 Kassel
Tel. 0561/950810
E-Mail: Gerhard.Vater@schulen.stadt-kassel.de
www.osw-online.de

Länderprofil Mecklenburg-Vorpommern

1 Die Schullandschaft in Mecklenburg-Vorpommern

Mecklenburg-Vorpommern ist bezogen auf die Fläche das sechstgrößte Bundesland der Bundesrepublik Deutschland; gleichzeitig leben in den sechs Landkreisen und zwei kreisfreien Städten nur rund 1,6 Millionen Einwohner. Nach der Grundschule (Klasse 1 bis 4) folgt die zweijährige schulartunabhängige Orientierungsstufe, die in der Regel an Regionalschulen und Gesamtschulen angesiedelt ist. An der regionalen Schule (Jg. 5–10) können die Schüler die Berufsreife oder die mittlere Reife ablegen, an Gymnasien (Jg. 7–12) das Abitur (5. und 6. Klassen sind in Ausnahmefällen möglich), an Gesamtschulen (Jg. 5–12) alle drei Abschlüsse. Die Schularten sind durchlässig.

Kinder und Jugendliche mit sonderpädagogischem Förderbedarf können im gemeinsamen Unterricht, an der Förderschule, in kooperativen Lernformen und an sonderpädagogischen Förderzentren beschult werden. Der ostdeutsche Flächenstaat unterhält zu diesem Zweck unter anderem Förderschulen mit einem jeweiligen Schwerpunkt in den Bereichen »Lernen«, »Sprache«, »Emotionale und soziale Entwicklung«, »Sehen«, »Hören«, »Geistige Entwicklung« und »Körperliche und motorische Entwicklung« sowie Schulen bzw. Unterricht für kranke Schüler.

2 Gemeinsames Lernen und Inklusion: ein Blick in die Bildungsstatistik

Im Schuljahr 2008/09, als die UN-Behindertenrechtskonvention in Kraft trat, wurde in Mecklenburg-Vorpommern bei 11,7 Prozent aller Schüler der Jahrgangsstufen 1 bis 10 ein besonderer Förderbedarf diagnostiziert; das waren 13.300 Kinder und Jugendliche. Mit dieser Förderquote war der Anteil der Förderschüler im Flächenstaat fast doppelt so hoch wie der damalige Bundesdurchschnitt von 6,0 Prozent. Mit 9,2 Prozent hatten zudem rund 10.400 der insgesamt 114.000 Schüler dieser Altersgruppe im genannten Schuljahr keinen Zugang zum Unterricht an Regelschulen (Exklusionsquote). Auch hier stand Mecklenburg-Vorpommern vergleichsweise schlecht da: Der bundesdeutsche Mittelwert lag seinerzeit mit 4,9 Prozent nur gut halb so hoch.

Allerdings lag der sogenannte Inklusionsanteil, also der Anteil der Förderschüler, die eine allgemeine Schule besuchen, schon damals über dem deutschen Durchschnitt: Mit insgesamt rund 2.900 Schülern nahm im betreffenden Schuljahr immerhin mehr als jeder fünfte Schüler mit sonderpädagogischem Förderbedarf (21,7 %) am gemeinsamen Unterricht einer Regelschule teil. Deutschlandweit waren es seinerzeit 18,4 Prozent.

Abbildung 17: Exklusionsquoten in Mecklenburg-Vorpommern

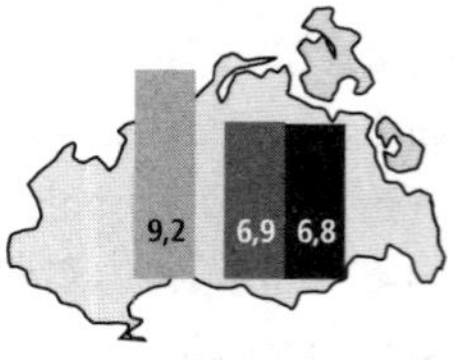

Schuljahr: ■ 2008/09 ■ 2012/13 ■ 2013/14

Angaben in Prozent

Fünf Jahre später zeigt sich Mecklenburg-Vorpommern auf einem guten Kurs in Richtung Inklusion. So wurde im Schuljahr 2013/14 –

bei steigenden Schülerzahlen – bei knapp 13.200 Erst- bis Zehntklässlern ein sonderpädagogischer Förderbedarf festgestellt; das entspricht einer Förderquote von 10,8 Prozent. Diese ist also gesunken, wenngleich der entsprechende Wert bundesweit mit 6,8 Prozent immer noch deutlich niedriger ist.

Positiv entwickelt hat sich in Brandenburg vor allem der Anteil von Förderschülern an den allgemeinen Schulen: Im Schuljahr 2013/14 nimmt fast jeder dritte Schüler mit sonderpädagogischem Förderbedarf (37,2 %) am gemeinsamen Unterricht einer Regelschule teil. Der Inklusionsanteil ist damit in den vergangenen Jahren erheblich gestiegen, was einen Fortschritt beim gemeinsamen Unterricht belegt. Bundesweit liegt Mecklenburg-Vorpommern über dem Durchschnitt (31,4 %). Zugleich gehen immer weniger Schüler auf Sonderschulen: Seit der Unterzeichnung der UN-Konvention für den Ausbau des gemeinsamen Unterrichts ist der Anteil der exklusiv beschulten Kinder und Jugendlichen stark gesunken, von 9,2 auf 6,8 Prozent; er liegt allerdings nach wie vor über dem bundesdeutschen Schnitt (4,7 %). Zudem haben diese Schüler in Mecklenburg-Vorpommern schlechte Chancen auf einen anschlussfähigen Schulabschluss: Nicht einmal jeder fünfte von ihnen (18,8 %) verlässt die Schule mit mindestens einem Hauptschulabschluss; bundesweit ist es gut jeder vierte (28,7 %).

Der großen Mehrheit der Förderschüler in Mecklenburg-Vorpommern wird ein Förderbedarf im Schwerpunkt »Lernen« attestiert: Mit knapp 40 Prozent findet sich hier im Schuljahr 2013/14 die mit Abstand größte Gruppe. Knapp 24 Prozent der Schüler benötigen sonderpädagogische Unterstützung in ihrer emotionalen und sozialen Entwicklung, weitere rund 16 Prozent im Bereich »Geistige Entwicklung«. Von den übrigen rund 20 Prozent entfallen auf den Bereich »Sprache« 8,9 Prozent, auf den Bereich »Körperliche und motorische Entwicklung« 5,1 Prozent, auf »Hören« 3,9 Prozent, auf »Kranke« 0,8 Prozent und auf »Sehen« 1,0 Prozent (vgl. Abb. 18).

Auffällig im Vergleich zum Schuljahr 2008/09 ist vor allem der Rückgang der Diagnosen im Bereich »Lernen« (um fast 9 Prozentpunkte), ebenfalls rückläufig ist der Anteil der sonderpädagogischen

Förderbedarfe im Schwerpunkt »Sprache« (um fast 2 Prozentpunkte). Diesem Rückgang stehen allerdings mehr diagnostizierte Förderbedarfe im emotional-sozialen Bereich gegenüber (Zunahme um fast 9 Prozentpunkte).

Abbildung 18: Förderschwerpunkte in Mecklenburg-Vorpommern (Verteilung in Prozent)

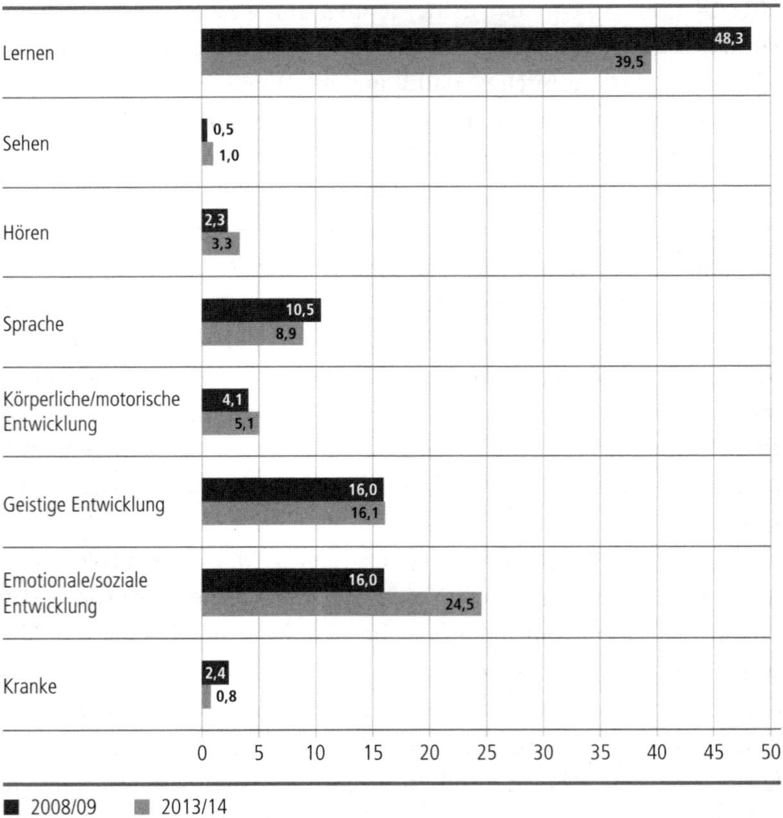

Quelle: KMK 2014a, b, c

Gemeinsames Lernen findet in Mecklenburg-Vorpommern im Schuljahr 2013/14 vor allem an Regionalschulen statt: 84,4 Prozent aller inklusiv unterrichteten Schüler mit besonderem Förderbedarf besuchen diese Schulform. Weitere rund elf Prozent nehmen am Unterricht einer Gesamtschule teil, 4,6 Prozent gehen zum Gymnasium. Von den rund 2.400 Förderschülern an einer Regionalschule haben knapp zwei Drittel einen diagnostizierten Förderbedarf im Bereich »Emotionale und soziale Entwicklung«. Rund 16 Prozent benötigen sonderpädagogische Unterstützung im Bereich »Lernen«. Die übrigen 16 Prozent der Förderschüler an Regionalschulen verteilen sich vor allem auf die Förderschwerpunkte »Sprache«, »Hören« und »Körperliche und motorische Entwicklung«; auf weitere Förderschwerpunkte entfallen jeweils Anteile von weniger als einem Prozent.

Am Unterricht einer Gesamtschule nehmen im betreffenden Schuljahr gut 300 Förderschüler teil. Darunter finden sich vor allem solche mit besonderen Bedarfen in der emotionalen und sozialen Entwicklung (67,3 %). Je unter zehn Prozent der Förderschüler haben Schwierigkeiten mit dem Sprechen, dem Hören oder in körperlich-motorischer Hinsicht.

Ein Gymnasium besuchen in Mecklenburg-Vorpommern im Schuljahr 2013/14 nur rund 130 Förderschüler. Von diesen weisen 60 Prozent einen Förderbedarf im Schwerpunkt »Emotionale und soziale Entwicklung« auf, weitere 22 Prozent werden aufgrund von Schwierigkeiten beim Hören sonderpädagogisch unterstützt.

3 Gemeinsames Lernen und Inklusion in Mecklenburg-Vorpommern: die Gesetzeslage

3.1 Gesetzesgrundlagen

Die Grundlagen für den gemeinsamen Unterricht werden in Mecklenburg-Vorpommern im Wesentlichen durch zwei Texte geregelt:

- das Schulgesetz für das Land Mecklenburg-Vorpommern (SchulG M-V, Stand 10.9.2010) und
- die Verordnung zur Ausgestaltung der sonderpädagogischen Förderung (Förderverordnung Sonderpädagogik – FöSoVO, Stand 2.6.2014).

Nach diesen Gesetzestexten ist Förderung das Grundprinzip pädagogischen Handelns und findet in allen Schulbereichen und Schularten statt, vorrangig in der allgemeinen Schule (§ 6 Abs. 2 FöSoVO). Dabei kann nach § 9 Abs. 2 zielgleich oder zieldifferent unterrichtet werden.

3.2 Feststellung eines sonderpädagogischen Förderbedarfs

Die Feststellung eines sonderpädagogischen Förderbedarfs können in Mecklenburg-Vorpommern die Eltern oder die Schule beantragen (§ 5 Abs. 1 FöSoVO). Die Eltern können dazu einen formlosen Antrag stellen. Bei einer medizinischen Indikation, die schon vor Schulbeginn bekannt ist, kann die Antragstellung gleichzeitig mit der Schulanmeldung erfolgen. Wird erst in der Schule festgestellt, dass ein Schüler dem Unterricht ohne zusätzliche Hilfe nicht mehr folgen kann und alle pädagogischen Fördermaßnahmen ausgeschöpft sind, kann ein Antrag frühestens sechs Monate nach der Festlegung und Umsetzung der Maßnahmen erfolgen.

Dem Antrag fügt die Schule einen Schulbericht bei, in dem sie die bisherigen Fördermaßnahmen darlegt (§ 5 Abs. 2 FöSoVO). Die zuständige Schulbehörde veranlasst dann, dass der Zentrale Fachbereich für Diagnostik und Schulpsychologie (ZFDS, früher: Zentraler Diagnostischer Dienst) das Feststellungsverfahren prozessbegleitend in der allgemeinen Schule durchführt. Der ZFDS erfasst, prüft und bearbeitet die Feststellungsanträge und übernimmt im Prozess der sonderpädagogischen Diagnostik eine beratende Funktion. Im Rahmen des Feststellungsverfahrens wird ein Gutachten erstellt, das beschreibt, welche individuellen Fördermaßnahmen notwendig sind und wie sie im Unterricht umgesetzt werden sollen (§ 5 Abs. 6 FöSoVO). Dieses interdisziplinär erstellte Gutachten und die Empfehlung des ZFDS bilden die Grundlage, auf der die zuständige Schulbehörde abschließend eine Förderempfehlung ausspricht (§ 5 Abs. 3 und 4 FöSoVO).

Im Feststellungsprozess haben die Eltern Anspruch auf umfassende Beratung; diese übernimmt meist der Diagnostiker, der beauftragt ist, das Gutachten zu erstellen (§ 5 Abs. 5 FöSoVO).

3.3 Entscheidung über den Lernort

Die Entscheidung über den Lernort liegt nach § 5 Abs. 8 FöSoVO und § 34 Abs. 4 SchulG M-V bei den Eltern. Allerdings schreiben dieselben Paragraphen auch vor, dass die Schulbehörde der Entscheidung widersprechen und den Eltern zu einer Alternative raten muss, wenn sie meint, dass das Kind an der gewählten allgemeinen Schule aus sachlichen, personellen oder pädagogischen Gründen nicht angemessen gefördert werden kann. Halten die Eltern trotzdem an ihrer Entscheidung fest, entscheidet abschließend die zuständige Schulbehörde.

3.4 Umsetzung des gemeinsamen Lernens

Der gemeinsame Unterricht kann in allen Schulbereichen und Schulformen umgesetzt werden (§ 9 Abs. 1 FöSoVo). Das soll insbesondere Kindern mit Förderbedarf ermöglichen, eine Schule in der Nähe ihres Wohnorts zu besuchen. Dazu müssen allgemeine Schulen und Förderschulen eng zusammenarbeiten (§ 8 Abs. 1 FöSoVo). In welchem Umfang gemeinsamer Unterricht stattfindet und wie er konkret durchgeführt wird, hängt wesentlich von den Lernvoraussetzungen des einzelnen Schülers und von den schulischen Bedingungen ab (§ 9 Abs. 1 FöSoVo).

Der gemeinsame Unterricht kann sowohl zielgleich als auch zieldifferent erfolgen, Letzteres besonders bei Förderbedarf in den Bereichen »Lernen« und »Geistige Entwicklung«. Bei zielgleichem Unterricht ist besonders wichtig, dass er so aufbereitet wird, dass alle Schüler die jeweiligen Lernziele und den angestrebten Abschluss erreichen können (§ 9 Abs. 2 FöSoVo).

Beim zieldifferenten Unterricht stehen gemeinsame Lernerfahrungen am gleichen Unterrichtsgegenstand im Vordergrund (§ 9 Abs. 3 FöSoVO). Zieldifferenter Unterricht kann sowohl durch Binnen- als auch durch äußere Differenzierung umgesetzt werden (§ 9 Abs. 4 FöSoVO), wobei der gemeinsame Unterricht nach § 9 Abs. 6

FöSoVO Vorrang vor (zeitlich begrenzten) Maßnahmen der äußeren Differenzierung hat. § 9 Abs. 5 FöSoVO benennt verschiedene Unterrichtsformen, die für gemeinsamen Unterricht besonders geeignet sind, und verweist explizit darauf, dass für die Umsetzung der jeweiligen Lernziele im Unterricht eine zusätzliche Lehrkraft eingesetzt werden kann, die alle Schüler der gesamten Lerngruppe unterstützt.

Neben dem gemeinsamen Unterricht gibt es in Mecklenburg-Vorpommern als Sonderform noch die Diagnoseförderklassen (§ 14 SchulG M-V). Hier werden Kinder aufgenommen, die schulpflichtig, aber in ihrer Entwicklung stark verzögert sind. Diese Klassen sind organisatorisch den Grundschulen zugeordnet; sie können auf Beschluss der Schulkonferenz eingerichtet werden. »In Diagnoseförderklassen wird in besonderem Maße dem individuellen körperlichen, geistigen und seelischen Entwicklungsstand der Kinder durch die Verbindung von sonderpädagogischen und sozialpädagogischen Lern- und Arbeitsformen, eine kontinuierliche Entwicklungsdiagnostik und individuelle Förderung Rechnung getragen« (§ 14 SchulG M-V).

In der Diagnoseförderklasse werden die betreffenden Kinder über drei Jahre beschult; dieser Unterricht ersetzt die ersten beiden Jahrgänge der allgemeinen Grundschule. In dieser Zeit sollen die Entwicklungsrückstände aufgearbeitet werden, damit die betreffenden Kinder anschließend in die dritte Jahrgangsstufe der Grundschule eingeschult werden können (§ 2 DFKVO M-V).[19]

In eine Diagnoseförderklasse werden Kinder nach Beratung der Eltern durch die Schule aufgenommen. Wird bei einem Kind ein sonderpädagogischer Förderbedarf vermutet, kann wie oben beschrieben ein Feststellungsverfahren eingeleitet werden. Ein Wechsel von der Diagnoseförderklasse in die allgemeine Grundschule oder die Förderschule ist grundsätzlich erst nach einem Schuljahr möglich, nur in Ausnahmefällen kann er auch früher erfolgen. Die Diagnoseförderklassen wurden in einem Projekt eng begleitet und geprüft.

19 Vgl. www.landesrecht-mv.de/jportal/portal/page/bsmvprod.psml?nid=0&showdoccase=1&doc.id=jlr-DF %C3 %B6KlVMVrahmen&st=lr (Download 22.10.2014).

4 Entwicklungen zum gemeinsamen Lernen und zur Inklusion

In der Lehrerausbildung in Mecklenburg-Vorpommern gilt Inklusion grundsätzlich als Leitbild für die Ausgestaltung aller Lehrämter. Sonderpädagogik gehört in den Studiengängen für alle Lehrämter zu den verpflichtenden Bestandteilen (§ 5 Abs. 6 LehBildG M-V).[20]

Außerdem führt das Bundesland seit 2010/11 ein Projekt zur inklusiven Schule durch: das »Rügener Inklusionsmodell«, das von der Universität Rostock auf der Insel Rügen implementiert und wissenschaftlich evaluiert wird.[21] Seit dem Schuljahr 2010/11 lernen hier alle Kinder der Klassen 1 und 2 jahrgangsübergreifend in einer Klasse; es beteiligen sich alle Grund- und Förderschulen auf Rügen. Diejenigen mit sonderpädagogischem Förderbedarf in den Bereichen »Lernen«, »Sprache« oder »Emotionale und soziale Entwicklung« werden präventiv gefördert und in Regelschulen inklusiv beschult. Das Konzept der inklusiven Schule, mit dem das Modell arbeitet, ist an den US-amerikanischen Ansatz »Response to Intervention« angelehnt.

Die Universität Rostock will untersuchen, »ob die Implementation des Konzeptes in Rügener Grundschulen gelingt und wie sich die Kinder unter den veränderten Lernbedingungen entwickeln« (Mahlau et al. 2011: 464). Dazu werden die Lernerfolge der inklusiv beschulten Schülerinnen und Schüler auf der Insel Rügen mit denen von exklusiv beschulten Kindern der Stadt Stralsund verglichen. Es soll ermittelt werden, ob die Beschulung nach dem inklusiven Konzept es allen Kindern ermöglicht, erfolgreich zu lernen.

20 Vgl. www.landesrecht-mv.de/jportal/portal/page/bsmvprod.psml?nid=0&showdoccase=1&doc.id=jlr-LehrBiGMVrahmen&st=lr (Download 22.10.2014).

21 www.rim.uni-rostock.de (Download 22.10.2014).

5 Gemeinsames Lernen in Mecklenburg-Vorpommern: Erfahrungen aus der Praxis

Montessori-Schule Schwerin, Interviewpartner: Fred Vorfahr, Schulleiter

Bitte stellen Sie Ihre Schule kurz vor und skizzieren Sie das dort gelebte Inklusionsverständnis.

Die staatlich anerkannte Montessori-Schule gliedert sich in zwei Schultypen: die Grundschule und die Orientierungsstufe. In der Grundschule, also in den Klassen 1 bis 3, wird im Sinne der Montessori-Pädagogik vorwiegend in jahrgangsgemischten Gruppen unterrichtet. In einer solchen jahrgangsgemischten Klasse lernen maximal 24 Schülerinnen und Schüler. Pro Klasse können bis zu drei Kinder mit sonderpädagogischem Förderbedarf integriert werden. Sie nehmen im Rahmen ihrer Möglichkeiten am Unterricht teil und werden zusätzlich durch sonderpädagogisches Personal betreut. Das christliche Glaubens- und Lebensverständnis soll den Kindern Regeln für den täglichen Umgang miteinander vermitteln und ihnen als Rahmen die notwendige Sicherheit geben. Der Hort unterstützt die emotionale, soziale und geistige Erziehung im Sinne der Montessori-Pädagogik. Zum Hortkonzept gehören Ferien- und Projektarbeit, Arbeitsgemeinschaften und die Teilnahme am Leben im Stadtteil.

Die Orientierungsstufe umfasst die Klassen 4 bis 6. Die Unterrichtsbedingungen hier entsprechen ebenso wie die Klassenstärke und der Integrationsschlüssel denen der Grundschule. Träger unserer Schule ist das Diakoniewerk Neues Ufer. Diese soziale Einrichtung hat sich auf die Fahnen geschrieben, Menschen mit Behinderungen von der Geburt bis zum Tod zu unterstützen. Unsere Schule ist Teil dieser Philosophie.

Welche Auswirkungen hat die Gesetzeslage auf Ihre Schule?

Bei der Schulgesetzgebung in Mecklenburg-Vorpommern spielt die UN-Behindertenrechtskonvention durchaus eine Rolle. Aktuell sieht es so aus, dass der Bildungsminister in unserem Bundesland den Inklusionsgedanken im Rahmen einer Kampagne sehr stark in die Schulen trägt und dort verankert haben möchte. Es fanden schon mehrere landesweite Inklusionstage statt, bei denen das Thema intensiv diskutiert wurde. Das finde ich gut, weil diese Reform in den Köpfen beginnen muss. Grundlage für die Diskussionen und die weitere Entwicklung ist der Bericht einer Expertenkommission, die vom Bildungsministerium eingesetzt wurde. Insgesamt haben wir hier im Team aber den Eindruck, dass es trotz der Kampagne noch eine längere Zeit brauchen wird.

Allgemein herrscht große Skepsis in Bezug darauf, wie inklusive Beschulung umgesetzt werden soll. Dafür fehlen einfach die Voraussetzungen; das fängt schon bei der Lehreraus- und -fortbildung an. Außerdem benötigen wir zusätzliches Personal. Von den Verhältnissen hier, wo in jeder Klasse zwei Pädagogen unterrichten, sind andere Schulen im Land noch weit entfernt. Zu unserem Kollegium gehören vier, im kommenden Jahr drei Sonderpädagogen, die den anderen Kolleginnen und Kollegen mit fachlichem Rat zur Seite stehen.

Ein Problem an den staatlichen Grundschulen scheint mir das System der Diagnoseförderklassen zu sein. Das folgt nicht dem integrativen oder inklusiven Gedanken, also dem des gemeinsamen Lernens, auch wenn in diesen Schulen Kinder mit und ohne Förderbedarf unter einem Dach lernen und sich begegnen. Da verfolgen wir einen anderen Ansatz.

Was wünschen Sie sich vom Gesetzgeber, damit Inklusion besser gelingen kann?

Insgesamt ist der politische Wille zur Inklusion durchaus erkennbar. Aber ich würde mir wünschen, dass man stärker auf die Schulen in freier Trägerschaft schaut, die Integration und Inklusion schon seit vielen Jahren praktizieren. Da kann man viel lernen – man muss das Rad ja nicht immer wieder neu erfinden. Und natürlich sind größere finanzielle Spielräume und mehr Flexibilität nötig. Wir Schulen in freier Trägerschaft haben durchaus die Sorge, dass wir künftig nicht mehr die gleichen Ressourcen zur Verfügung haben wie heute.

Dennoch sehe ich die Situation in unserem Bundesland mit verhaltenem Optimismus. Wir stehen zwar noch am Anfang, aber es ist eine breite Diskussion in Gang gekommen. Zwar wird durchaus kontrovers debattiert, aber die Skeptiker haben den Keim noch nicht erstickt. Wichtig ist jetzt, alle Schulen mitzunehmen und ihnen Inklusion nicht einfach überzustülpen. Das braucht Zeit. Aber ich habe den Eindruck, dass man sich diese Zeit auch nehmen will. Die Empfehlungen des Expertenkreises sollen bis zum Jahr 2020 umgesetzt werden.

Kontakt
Montessori-Schule
Evangelische Integrative Schule Schwerin
Platz der Jugend 25
19053 Schwerin
Tel. 0385/5557250
www.neues-ufer.de/schulen-ausbildung/montessori-schule

6 Fazit

Nach den dokumentierten Kennzahlen hat Mecklenburg-Vorpommern sich im gemeinsamen Unterricht von Kindern mit und ohne Behinderung in den vergangenen fünf Jahren weiterentwickelt. Das Land diagnostiziert bei weniger Schülern einen sonderpädagogischen Förderbedarf, es gehen weniger Schüler auf gesonderte Förderschulen; gleichzeitig ist der Anteil der an Regelschulen unterrichteten Förderschüler gestiegen. Das bedeutet, dass eine langsame Zusammenführung des Regel- und Sonderschulsystems in Gang gekommen ist. Allerdings liegen die Kennzahlen nach wie vor jenseits des bundesdeutschen Durchschnitts, sodass hier noch deutlicher Handlungsbedarf zu erkennen ist. Das ergibt sich auch aus den geringen Chancen von Förderschülern auf einen Hauptschulabschluss.

Gesetzlich ist der gemeinsame Unterricht besonders in der FöSoVO schon relativ gut verankert. Auffällig und beim Prozess zu einem inklusiven Schulsystem wahrscheinlich nur beschränkt hilfreich sind allerdings noch der Ressourcenvorbehalt, die Regelung, dass der Elternwille nur eingeschränkt gilt und die letztendliche Entscheidung auch gegen den Elternwillen bei der Schulbehörde liegt, sowie die Einrichtung der Diagnoseförderklassen, die noch einer genaueren Betrachtung bedürften, um sie zu beurteilen. Es bleibt, so auch die Einschätzung der Schulpraxis, abzuwarten, ob es Mecklenburg-Vorpommern gelingt, den Weg zu einem inklusiven Schulsystem konsequent weiterzugehen.

Länderprofil Niedersachsen

1 Die Schullandschaft in Niedersachsen

Das nordwestdeutsche Niedersachsen ist flächenmäßig das zweitgrößte Bundesland Deutschlands. Über 7,79 Millionen Menschen leben dort in 38 Landkreisen, acht kreisfreien Städten und dem Kommunalverband Region Hannover. Das Schulsystem gliedert sich nach der vierjährigen Grundschule in die weiterführenden Schulformen Hauptschule, Realschule, Gymnasium und Gesamtschulen (integriert oder kooperativ); als weitere integrierte Schulart wurde zum Schuljahr 2011/12 die Oberschule eingeführt.

Seit dem Schuljahr 2013/14 sind in Niedersachsen nach dem Gesetz alle öffentlichen Schulen aller Schularten inklusiv; dies wird im Rahmen einer Übergangszeit bis 2018 umgesetzt. Parallel zu dieser Umstellung bleiben zunächst alle Förderschulen bestehen und fungieren zugleich als Sonderpädagogische Förderzentren, von denen aus die sonderpädagogische Förderung organisiert wird. Damit gibt es in Niedersachsen derzeit noch (übergangsweise) ein differenziertes Sonderschulwesen mit Förderschulen/Förderzentren für die Schwerpunkte »Emotionale und soziale Entwicklung«, »Geistige Entwicklung«, »Hören«, »Körperliche und motorische Entwicklung«, »Lernen« (nur für die Sekundarstufe I), »Sehen« und »Sprache«.

2 Gemeinsames Lernen und Inklusion: ein Blick in die Bildungsstatistik

Als am 26.3.2009 die UN-Behindertenrechtskonvention in Kraft trat, im Schuljahr 2008/09, lag die Förderquote in Niedersachsen bei nur 4,7 Prozent – rund 39.500 Erst- bis Zehntklässler hatten seinerzeit einen diagnostizierten sonderpädagogischen Förderbedarf. 4,4 Prozent aller Erst- bis Zehntklässler besuchten zu diesem Zeitpunkt eine separate Förderschule (Exklusionsquote). Mit beiden Kennzahlen lag Niedersachsen deutlich unter dem jeweiligen deutschen Durchschnittswert: Bundesweit wurde bei 6,0 Prozent aller Schüler ein sonderpädagogischer Förderbedarf festgestellt, insgesamt 4,9 Prozent dieser Schüler waren vom Unterricht der allgemeinen Schulen ausgeschlossen. Gleichzeitig lag der Inklusionsanteil im nordwestdeutschen Flächenland mit nur 6,6 Prozent im Vergleich ausgesprochen niedrig – bundesweit betrug er im betreffenden Schuljahr 18,4 Prozent.

Abbildung 19: Exklusionsquoten in Niedersachsen

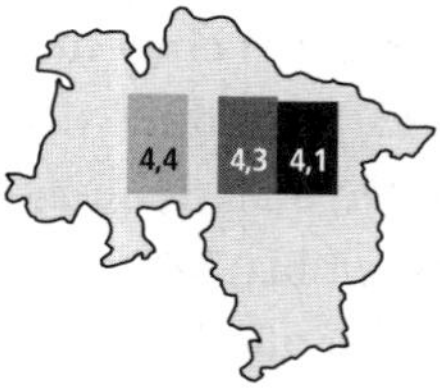

Schuljahr: 2008/09 | 2012/13 | 2013/14

Angaben in Prozent

Bis zum Schuljahr 2013/14 hat sich in Niedersachsen zumindest quantitativ relativ wenig getan. So ist die Förderquote auch angesichts stark sinkender Gesamtschülerzahlen leicht gestiegen und liegt aktuell bei 5,3 Prozent; bei fast 41.000 Schülern der Klassenstufen 1 bis 10 wurde im betreffenden Schuljahr ein sonderpädagogischer Förderbedarf festgestellt. Inzwischen besucht gut jeder fünfte Förderschüler eine Regelschule. Der Inklusionsanteil liegt damit bei 23,3 Prozent, er hat sich also bei einer geringfügigen Veränderung der Förderbedarfe mehr als verdreifacht. Trotzdem liegt Niedersachsen in dieser Hinsicht im bundesweiten Vergleich deutlich zurück: In ganz Deutschland besuchen bereits 31,4 Prozent aller Förderschüler eine allgemeine Schule, in einigen der – bezogen auf den Inklusionsanteil – besten Ländern liegt der entsprechende Anteil sogar bei über 50 Prozent.

Gesunken ist indes der Anteil der Schüler mit sonderpädagogischem Förderbedarf an Förderschulen: Die Exklusionsquote in Niedersachsen liegt im Schuljahr 2013/14 bei 4,1 Prozent. Damit steht das Land gemessen am bundesdeutschen Durchschnitt (4,7 %) gut da. Auch die Chancen der niedersächsischen Förderschüler auf einen Schulabschluss sind relativ gut: Trotz der vergleichsweise geringen Förderquote erlangte rund jeder Dritte von ihnen mindestens einen Hauptschulabschluss – bundesweit schaffte das gut jeder vierte Jugendliche mit sonderpädagogischem Förderbedarf.

Der mit Abstand größte Anteil der diagnostizierten Förderbedarfe entfällt in Niedersachsen auf den Schwerpunkt »Lernen«: Er lag im Schuljahr 2013/14 bei 43,5 Prozent. Knapp 20 Prozent der Diagnosen beziehen sich auf den Bereich »Geistige Entwicklung« (19,8 %); weitere gut 13 Prozent dieser Schüler benötigen besondere Unterstützung im Bereich »Emotionale und soziale Entwicklung«, knapp elf Prozent im Bereich »Sprache«. Jeweils (teils deutlich) unter zehn Prozent der Diagnosen entfallen auf die Förderschwerpunkte »Körperliche und motorische Entwicklung« (7,4 %), »Hören« (4,2 %) und »Sehen« (1,2 %) (vgl. Abb. 20).

Veränderungen gegenüber dem Schuljahr 2008/09 zeichnen sich vor allem im Förderschwerpunkt »Lernen« ab: Hier ist der Anteil an allen Förderbedarfen um mehr als acht Prozentpunkte gesunken. Relativ konstant geblieben ist der Anteil der Schüler, der besondere Unterstützung im Bereich »Sehen« benötigt. In allen anderen Schwerpunkten sind sie gestiegen, beispielsweise im Bereich »Emotionale und soziale Entwicklung« um 4,1 Prozentpunkte und im Bereich »Geistige Entwicklung« um zwei Prozentpunkte.

In welchen Schulformen der Sekundarstufe I und II im Schuljahr 2013/14 in welchem Maße gemeinsamer Unterricht stattfindet, kann

Abbildung 20: Förderschwerpunkte in Niedersachsen (Verteilung in Prozent)

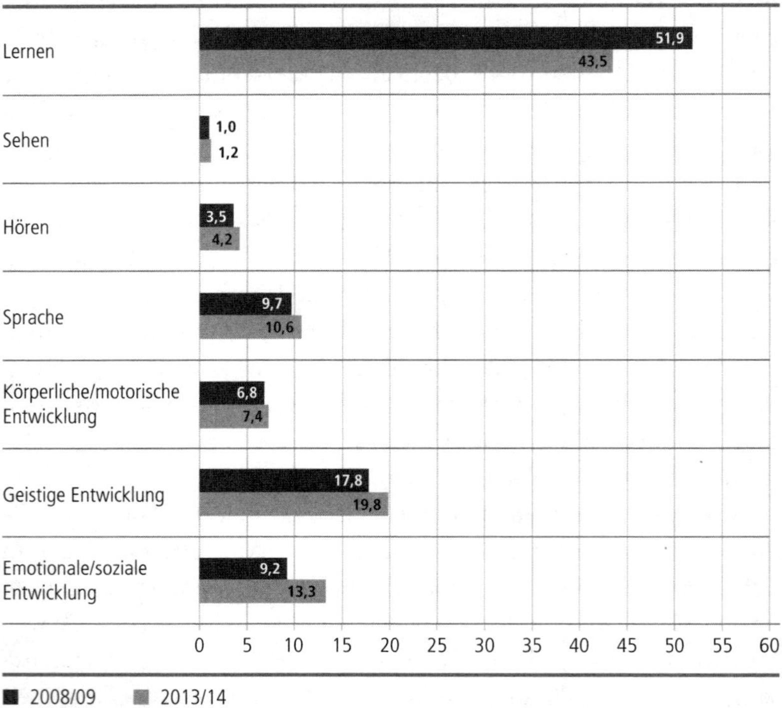

Quelle: KMK 2014a, b, c

für Niedersachsen nicht differenziert dargestellt werden, da das Land seine Inklusionsanteile nicht schulartspezifisch ausweist.

3 Gemeinsames Lernen und Inklusion in Niedersachsen: die Gesetzeslage

3.1 Gesetzesgrundlagen

Der gemeinsame Unterricht von Kindern mit und ohne sonderpädagogischen Förderbedarf ist in Niedersachsen vor allem im Schulgesetz geregelt, die Feststellung eines Förderbedarfs in der entsprechenden Rechtsverordnung. Die einschlägigen Gesetzestexte dazu sind also

- das Niedersächsische Schulgesetz (NSchG, Stand 23.3.2012) und
- die Verordnung zur Feststellung eines Bedarfs an sonderpädagogischer Unterstützung (SoPädFV ND, Stand 22.1.2013).

Mit der Schulgesetzänderung von 2012 ist Inklusion zu einer Aufgabe aller öffentlichen Schulen geworden. Gemeinsamer Unterricht kann zielgleich und zieldifferent erfolgen (§ 4 Abs. 1 und 2 NSchG).

3.2 Feststellung des sonderpädagogischen Förderbedarfs[22]

Wird ein sonderpädagogischer Förderbedarf bei einem Kind vermutet, das eine allgemeine Schule besucht, so veranlasst die Schulleitung dieser Schule, dass eine Lehrkraft der Schule und eine Förderschullehrkraft, die an einer öffentlichen Schule tätig ist, gemeinsam ein Fördergutachten erstellen (§ 2 SoPädFV ND). Dieses Gutachten dient als Grundlage für die Arbeit einer Förderkommission (§ 3 Abs. 3 SoPädFV ND).

Die Schulleitung der besuchten Schule entscheidet, ob eine solche Kommission eingesetzt wird, und setzt damit ein Verfahren zur Feststellung eines sonderpädagogischen Förderbedarfs in Gang (§ 2 SoPädFV ND). Die Förderkommission setzt sich aus der Schulleitung selbst bzw. einer von ihr beauftragten Lehrkraft, der Lehrkraft, die mit der Erstellung des Fördergutachtens beauftragt wurde, und den Erziehungsberechtigten des betreffenden Kindes zusammen. Die Kommission kann weitere Personen hinzuziehen, etwa Schulpsychologen oder sonderpädagogische Fachberater (§ 3 SoPädFV ND). Auf der Grundlage des Gutachtens und der Empfehlung der Förderkommission befindet die Landesschulbehörde darüber, ob ein Förderbedarf vorliegt (§ 4 SoPädFV ND).

22 Niedersachsen hat den Begriff »sonderpädagogischer Förderbedarf« durch die Formulierung »Bedarf an sonderpädagogischer Unterstützung« ersetzt. Zugunsten der Vergleichbarkeit wird hier weiterhin von »sonderpädagogischem Förderbedarf« gesprochen.

Für Kinder mit einem festgestellten sonderpädagogischen Förderbedarf kann jederzeit ein neues Gutachten erstellt werden, um festzustellen, ob weiterhin ein entsprechender Förderbedarf vorliegt (§ 2 Abs. 2 SoPädFV ND).

3.3 Entscheidung über den Lernort

Die Entscheidung über den Lernort liegt für alle Schülerinnen und Schüler bei den jeweiligen Erziehungsberechtigten (§ 4 Abs. 1 NSchG). Allerdings kann nach § 59 Abs. 4 NSchG die Schulbehörde einen Schüler auf Vorschlag der Schule an eine andere, für ihn geeignete Schulform überweisen, wenn der Schüler »auch unter Beachtung der Anforderungen an eine inklusive Schule (§ 4) nur an der anderen Schule hinreichend gefördert werden kann« und das Kindeswohl den Schulwechsel erfordert.

3.4 Umsetzung des gemeinsamen Unterrichts

Grundsätzlich sind ab dem Schuljahr 2013/14 alle öffentlichen Schulen inklusive Schulen. Dabei wird den Schulträgern eine Übergangsfrist bis zum Jahr 2018 gewährt, um die Schulen in Bezug auf die räumliche und materielle Ausstattung den Erfordernissen einer inklusiven Schule anzupassen. In diesem Zeitraum können für die Förderschwerpunkte »Sehen«, »Hören«, »Körperliche und motorische Entwicklung« und »Geistige Entwicklung« Schwerpunktschulen ausgewiesen werden, an denen Kinder mit einem Förderbedarf in den betreffenden Bereichen eingeschult werden. In den Schwerpunkten »Lernen«, »Emotionale und soziale Entwicklung« und »Sprache« ist dies nicht möglich; für diese Bereiche sind alle Grundschulen in Niedersachsen inklusiv. Die Förderschule für den Bereich »Lernen« in Niedersachsen nimmt entsprechend im Primarbereich seit dem Schuljahr 2013/14 keine Schüler mehr auf; die Klassen 1 bis 4 laufen in den nächsten Jahren aufsteigend aus.

Der § 183c Abs. 2 NSchG fordert allerdings nur, dass bis 2018 für jeden Schüler eine inklusive Schule »unter zumutbaren Bedingungen« erreichbar sein muss. Insofern sind nicht alle Schulen tatsächlich verpflichtet, den Anforderungen an eine inklusive Schule in Bezug auf Einrichtung und Unterhaltung voll zu genügen. Das gilt entsprechend für die Sekundarschulen (§ 183c Abs. 3 NSchG).

Nach § 4 Abs. 2 NSchG ist für alle Schüler in allen Schulstufen grundsätzlich auch zieldifferenter Unterricht möglich. Die Umsetzung des gemeinsamen Lernens wird in den genannten Gesetzestexten nicht genauer beschrieben; es wird lediglich festgehalten, dass Schüler mit sonderpädagogischem Förderbedarf »durch wirksame individuell angepasste Maßnahmen« unterstützt werden.

4 Entwicklung zum gemeinsamen Lernen und zur Inklusion

Lehrerausbildung

Den Anforderungen, die die inklusive Schule an die Lehrkräfte im Vorbereitungsdienst aller Lehrämter stellt, trägt die Novellierung der Verordnung über die Ausbildung und Prüfung von Lehrkräften im Vorbereitungsdienst (APVO-Lehr) vom Juli 2013 Rechnung. In den jeweiligen fachdidaktischen und pädagogischen Seminaren der Studienseminare wird der inklusive Grundgedanke verankert. Eine entsprechende Qualifizierung der Ausbilderinnen und Ausbilder beginnt Ende 2014.

Im Zuge der Novellierung der Verordnung über Masterabschlüsse für Lehrämter in Niedersachsen (Nds. MasterVO-Lehr), die für Oktober 2014 geplant ist, erhalten im Studium der Erwerb pädagogischer und didaktischer Basisqualifikationen in den Bereichen »Umgang mit Heterogenität« und »Inklusion« sowie der Erwerb von Grundlagen der Förderdiagnostik besonderes Gewicht.

Fort- und Weiterbildung

Um die Lehrkräfte bei der Einführung der inklusiven Schule zu unterstützen, hat das Niedersächsische Kultusministerium eine Qualifizierungsoffensive für Lehrkräfte sowie für Schulleitungen gestartet.

Die Qualifizierung für Lehrkräfte im Primarbereich hat 2011 begonnen. Sie umfasst derzeit vier zweitägige Module. Der Zeitrahmen soll den Teilnehmenden Gelegenheit geben, sich gegenseitig geeignete Methoden für Unterricht und Diagnostik zu präsentieren und diese zu reflektieren. Das Curriculum wurde um den Themenschwerpunkt »Inklusive Unterrichtsdidaktik (Kooperation, Kompetenzorientierung)« erweitert. Die Fortbildung im Sekundarbereich begann im Frühjahr 2012.

Die Qualifizierung der Schulleitungen besteht aus drei Modulen. Sie richtet sich an Schulleiterinnen und -leiter aller Schulformen und -stufen im Regel- und Förderschulsystem. In zwei eintägigen Modulen stehen inklusive Schulentwicklungsarbeit sowie Aufbau und Pflege kooperativer Strukturen im Mittelpunkt. Ein zweitägiges Modul legt den Schwerpunkt darauf, die eigene Haltung zu klären und in der jeweiligen Region Netzwerke zu bilden.

Inklusive Schulentwicklung in Niedersachsen

Auf Basis des Konzepts »Lernen unter einem Dach« von 1998 haben sich in Niedersachsen die sonderpädagogische Grundversorgung und die Regionalen Integrationskonzepte entwickelt. Es sind insgesamt über 50 Regionale Integrationskonzepte entstanden, in denen die sonderpädagogische Unterstützung in den inklusiven Schulen einer Region mit Beratung und Unterstützung des zuständigen Förderzentrums organisiert wird.

Mit Einführung der inklusiven Schule erhalten alle Grundschulen des Landes eine systembezogene Ressourcenzuweisung von zwei Förderschullehrerstunden pro Klasse zur Unterstützung in den Schwerpunkten »Lernen«, »Sprache« und »Emotionale und soziale Entwicklung«. Damit soll zumindest für die genannten Förderschwerpunkte perspektivisch das sogenannte »Ressourcen-Etikettierungs-Dilemma« in den Jahrgängen 1 bis 4 aufgelöst werden.

Der inklusive Gedanke wird außerdem dadurch unterstützt, dass für alle Schülerinnen und Schüler des Primar- und des Sekundarbereichs I eine verpflichtende Lernentwicklungsdokumentation eingeführt wurde und für die inklusive Beschulung von Schülern mit besonderen Unterstützungsbedarfen Kooperationsverbünde »Förderung besonderer Begabungen« gebildet wurden.

5 Gemeinsames Lernen in Niedersachsen: Erfahrungen aus der Praxis

Integrierte Gesamtschule Schaumburg, Interviewpartner: Astrid Budwach, Schulleiterin

Bitte stellen Sie Ihre Schule kurz vor und skizzieren Sie das dort gelebte Inklusionsverständnis.

Die IGS Schaumburg ist eine vierzügige Integrierte Gesamtschule in Stadthagen. Sie führt die Jahrgänge 5 bis 10 in der Sekundarstufe I und eine gymnasiale Oberstufe mit den Jahrgängen 11 bis 13. Unsere IGS besuchen über 1.000 Schülerinnen und Schüler, die von rund 100 Lehrkräften und Mitarbeitern unterrichtet werden. Ganz selbstverständlich war von Anfang an, dass die IGS Schaumburg eine Ganztagsschule mit rhythmisiertem Tagesablauf ist und dass sie die Integrationsklassen mit behinderten Schülern aus der Grundschule fortsetzt. In den 23 Jahren ihres Bestehens hat die IGS ihr pädagogisches Konzept ständig weiterentwickelt.

Mit der neuen Gesetzeslage haben wir ab dem laufenden Schuljahr 2013/14 das Prinzip einer Integrationsklasse pro Jahrgang modifiziert: Im Rahmen eines »Inselversuchs« verteilen wir im Jahrgang 5 die Kinder mit besonderem Förderbedarf nun auf alle Klassen. Nach 20 Jahren Integration haben wir jetzt also mit Inklusion begonnen, und bisher machen wir damit sehr gute Erfahrungen. Vor Beginn des laufenden Schuljahrs haben wir mit den neuen Klassenlehrern des Jahrgangs 5, den drei Förderschullehrern, der didaktischen

Leiterin und der Schulleitung eine zweitägige Klausurtagung durchgeführt, auf der wir das neue Konzept intensiv diskutiert und dann einstimmig verabschiedet haben.

Seither werden die zwölf Kinder mit Förderbedarf im Jahrgang 5 inklusiv beschult. Das macht zunächst mehr Arbeit. Während sich bei den Integrationsklassen die Lehrer noch freiwillig für den gemeinsamen Unterricht melden konnten, müssen nun alle mitmachen. Das hat aber zu einer unglaublichen Dynamik in dem Jahrgang geführt und die Qualität des Unterrichts weiter verbessert. Die Förderschullehrer sind jetzt mit jeweils etwa zehn Wochenstunden in allen Klassen stärker präsent. Dabei sind sie nicht mehr nur auf die Kinder mit Unterstützungsbedarf fixiert, sondern sind im Team mit den beiden Klassenlehrern für alle da. Davon profitieren die Schüler, ob mit oder ohne Förderbedarf, ganz enorm.

Welche Auswirkungen hat die Gesetzeslage auf Ihre Schule?

Der Landkreis Schaumburg hat das neue Schulgesetz im vergangenen Jahr umgesetzt und zunächst Schwerpunktschulen gebildet. Da wir bereits über 20 Jahre Erfahrungen mit Integration gesammelt haben, hat uns der Landkreis für den Bereich der Integrierten Gesamtschulen als Schwerpunktschule mit allen Förderschwerpunkten benannt. Aus meiner Sicht ist der Weg mit den Schwerpunktschulen ein kluger Weg. Denn man muss darauf achten, die Schulen vor Ort nicht zu überfordern. Das ist dann der Fall, wenn man Kinder mit besonderem Unterstützungsbedarf einzeln in einer Klasse mit anderen Schülern unterrichtet. Mit dreieinhalb, vier oder maximal fünf Wochenstunden lässt sich eine Einzelintegration nicht vernünftig unterstützen.

Mit dem Prinzip der Schwerpunktschulen kann der Landkreis seine Ressourcen gezielt einsetzen und den Prozess besser steuern. Die Eltern können dann die Schulform frei wählen, wenn auch nicht die jeweilige Einzelschule. Die vom Landkreis benannten Schwerpunktschulen müssten aber meiner Meinung nach vom Land Niedersachsen noch stärker unterstützt werden. Zum Beispiel müssten Förderschullehrer mit den erforderlichen Stundenkontingenten an diese Schulen versetzt werden. In Niedersachsen wird die Inklusion ganz wesentlich von den Grundschulen und im weiterführenden Bereich von den Integrierten Gesamtschulen geschultert. In diese Schulformen sollten auch zusätzliche Ressourcen fließen.

Was wünschen Sie sich vom Gesetzgeber, damit Inklusion besser gelingen kann?

Neben der Ressourcenfrage müssten auch die Zuständigkeiten geklärt werden. Beispielsweise gibt es an unserer Schule Förderschullehrer, die seit über zehn Jahren keine Möglichkeit haben, sich weiterzuentwickeln. Sie sind nur abgeordnet und können daher an der Regelschule nicht befördert werden. Ich habe gerade zum wiederholten Mal beim Kultusministerium beantragt, den zentralen Förderschullehrer an unsere Schule zu versetzen; das wird wahrscheinlich wieder abgelehnt. So ist Personalentwicklung kaum möglich. Daher müssten die gesetzlichen Grundlagen so geändert werden, dass die Förderschullehrer als vollwertige Kollegen an weiterführende Schulen versetzt werden können. Auch die Einzelfallhelfer, die von der Familie beim Jugendamt oder beim Sozialamt beantragt werden, um die Kinder zu unterstützen, sollten dauerhaft an den Schulen verankert werden. Nur dann können wir den Einsatz dieser Kolleginnen und Kollegen systematisch planen und sie in Fortbildungen einbinden. Ich würde mir wünschen, dass die bisherigen Verwaltungsstrukturen entsprechend überdacht und geändert werden.

Kontakt
Dr. Astrid Budwach
Schachtstraße 53
31655 Stadthagen
Tel. 05721/972801
www.igsschaumburg.de

6 Fazit

Die Gesetzeslage hat sich in Niedersachsen in den letzten Jahren erheblich verändert – alle Schulen haben jetzt den Auftrag, inklusiv zu werden. Wie auch das Beispiel aus der Praxis zeigt, führt das zu erheblichen Veränderungen im Schulalltag. Die Kennzahlen allerdings spiegeln diese Veränderungen bislang geringfügig wider, so ist die Exklusionsquote eher niedrig und seit 2008/09 leicht rückläufig. Gleichzeitig ist der Anteil an Schülern, bei denen ein Förderbedarf diagnostiziert wird, gestiegen – vor dem Hintergrund, dass die Gesamtschülerzahl deutlich gesunken ist, ist das eher problematisch zu sehen. Im Vergleich zum Bundesdurchschnitt besuchen immer noch eher wenige Schüler allgemeine Schulen, wobei hier berücksichtigt werden sollte, dass im Primarbereich nur sehr wenig diagnostiziert wird.

Im Schulgesetz wurden grundlegende Weichen gestellt; es bleibt abzuwarten, ob daraus auch positive Entwicklungen der Kennzahlen erwachsen. Problematisch bleibt allerdings im Schulgesetz, dass § 59 Abs. 4 darauf hindeutet, dass es – wie in anderen Bundesländern auch – »inkludierbare« und »nicht inkludierbare« Kinder gibt. Das widerspricht dem Gedanken von Inklusion im Kern. Hier zeigt sich, wie auch in anderen Schulgesetzen, wie tief Separation noch im deutschen Schulgesetz verankert ist.

Jakob-Muth-Preisträger aus Niedersachsen

IGS Hannover-Linden: Preisträgerporträt 2009

Die öffentliche Gesamtschule besuchen insgesamt rund 1.400 Schülerinnen und Schüler, davon 45 Prozent mit Migrationshintergrund und knapp sieben Prozent mit »sonderpädagogischem Förderbedarf«. Seit 1996 gibt es an der Schule Integrationsklassen, in denen alle Kinder gemeinsam unterrichtet werden. Zurzeit sind es zwölf Integrationsklassen, womit die Schule die größte Integrationsmaßnahme in Niedersachsen realisiert.

Um alle Kinder in heterogenen Klassen optimal zu fördern, arbeitet die Schule nach kompetenzorientierten Curricula und legt besonderen Wert darauf, die Fähigkeiten jedes Kindes zu kennen. Zu Beginn des 5. Schuljahres werden die Kinder in Neigungsklassen aufgenommen, wo ihre Kompetenzen in den Fächern Deutsch und Mathematik mit standardisierten Verfahren überprüft werden. Auf dieser Grundlage werden individuelle Förderpläne erstellt, die fortlaufend geführt werden. Ab Klasse 7 werden einzelne Fächer in A- und B-Kurse differenziert, und die Schüler können aus einem großen Angebot die Wahlpflichtkurse und AGs wählen. Dies ermöglicht es, die Eigenverantwortung und die individuellen Stärken der Kinder und Jugendlichen zu fördern.

Die Selbstständigkeit der Schülerinnen und Schüler ist ein Ziel, das die Schule konsequent verfolgt. Dabei spielen die »Klassenräte« eine wichtige Rolle, in denen die Kinder und Jugendlichen Verantwortung übernehmen. Mit dem 8. Schuljahr beginnt eine intensive Berufsvorbereitung. Den Einstieg bildet eine Betriebssimulation, es folgen Betriebspraktika, Veranstaltungen im Berufsinformationszentrum und Termine mit Berufsberatern sowie kontinuierliche Begleitung für Schüler mit besonderem Förderbedarf. Hierzu arbeitet die Schule intensiv mit der Agentur für Arbeit zusammen. Regelmäßige Kooperationen mit außerschulischen Partnern finden auch im Kontext der zahlreichen Arbeitsgemeinschaften und Projektwochen statt.

Die außergewöhnlichen Leistungen der Schule dokumentieren mehrere Auszeichnungen. So gilt die Schule seit 2003 als »Berufswahl- und ausbildungsfreundliche Schule in der Region«. Zudem erhält sie seit 2001 die Gütesiegel »Umweltschule in Europa« und »Schule ohne Rassismus – Schule mit Courage«. Die Schule ist mit ihrem konsequenten Ansatz individueller Förderung auch bei den Eltern leistungsstärkerer Schülerinnen und Schüler sehr beliebt: Viele melden ihre Kinder mit Realschul- oder Gymnasialempfehlungen bewusst für die Integrationsklassen der Gesamtschule an.

Die Zusammenarbeit mit den Eltern ist in der IGS zentral. Eltern beteiligen sich aktiv am Schulleben, sie bieten eigene Arbeitsgemeinschaften an, sind als Fachleute zu bestimmten Themen im Unterricht oder bei Projektwochen gefragt oder sorgen mit für die Verpflegung der Schülerinnen und Schüler, etwa in der »Naturkostbar«. Für Eltern mit Migrationshintergrund werden die Elternabende nach Möglichkeit in ihrer Muttersprache angeboten. Die Schule setzt herausragende künstlerische und musische Akzente. Es gibt beispielsweise in Zusammenarbeit mit dem Zirkuspädagogischen Zentrum einen Schulzirkus, der gerade für lernschwache Kinder und Jugendliche ein wichtiges Element in der Berufs- und Lebensorientierung sein kann. Große mediale Resonanz fand die Aufführung der Rap-Oper »Culture Clash« im Schuljahr 2007/08, an der eine Integrationsklasse der Schule gemeinsam mit dem Opernhaus sowie anderen Schulen und Jugendzentren beteiligt war.

Kontakt
Schulleiter Peter Schütz
Integrierte Gesamtschule Linden
30449 Hannover
www.igs-linden.de

Regionales Integrationskonzept Bad Bevensen: Preisträgerporträt 2010/11

Das seit neun Jahren bestehende Regionale Integrationskonzept ist das Ergebnis einer engen Kooperation der Dohrmann-Schule, der Förderschule mit dem Schwerpunkt Lernen in Bad Bevensen, mit den Grundschulen im Einzugsbereich und einer weiterführenden Schule. Beteiligt sind an dem Schulverbund mit der Dohrmann-Schule die Grundschule Altenmedingen, die Waldschule Bad Bevensen, die Grundschule Bienenbüttel, die Grundschule Himbergen sowie die Fritz-Reuter-Schule, die kooperative Gesamtschule in Bad Bevensen.

Schwierigen rechtlichen und räumlichen Rahmenbedingungen zum Trotz ist das Integrationskonzept ein voller Erfolg. Alle Grundschüler mit sonderpädagogischem Förderbedarf lernen mittlerweile gemeinsam mit ihren Altersgenossen vor Ort und werden nicht mehr separat beschult. Auch in der Sekundarstufe geht der Weg in Richtung Inklusion. Im Hauptschulzweig der ortsansässigen Gesamtschule sind Integrationsklassen eingerichtet worden, die Kinder mit verschiedenen Förderschwerpunkten aufnehmen. Zum Ende des Schuljahres 2010/11 haben die ersten beiden Schüler mit sonderpädagogischem Förderbedarf im Bereich »Lernen« die 9. Klasse verlassen – und zwar erfolgreich: Beide haben den Hauptschulabschluss erworben.

Die Förderschullehrer der Dohrmann-Schule unterstützen ihre Kolleginnen und Kollegen an den am Konzept beteiligten Schulen im regulären Unterricht oder indem sie gezielt einzelne Kinder mit sonderpädagogischem Förderbedarf begleiten. Sie beraten Lehrkräfte zum Umgang mit Integrationsklassen und arbeiten präventiv, um in Einzelfällen der Entstehung eines Förderbedarfs entgegenzuwirken. Mobile Dienste für Kinder mit besonderen Einschränkungen ergänzen das Konzept. So wird allen Kindern, mit welchen Förderbedarfen auch immer, der Besuch einer Regelschule ermöglicht. Seit der Einführung des Integrationskonzepts nehmen alle Schulen auch Kinder mit anderen Förderschwerpunkten als Lernen auf. Davor mussten diese Kinder an noch weiter entfernt liegende Förderschulen verwiesen werden.

»Meine Vision ist: Ich möchte gern Leiter einer Förderschule sein ohne Schüler. Damit würde ich gern in Pension gehen«, sagt Hubert Kallien von der Dohrmann-Schule. Im Grundschulbereich ist dieser Wandel schon vollzogen: Alle Kinder mit sonderpädagogischem Förderbedarf besuchen eine der Grundschulen im Einzugsgebiet. Der ehemals 25 Kinder zählende Grundschulbereich der Förderschule ist vollständig aufgelöst worden. Auch im Sekundarbereich ist die Schülerzahl sehr stark gesunken, auf ein Fünftel der ursprünglichen Zahl.

Zum Teil spielt dabei sicher der demographische Wandel eine Rolle, der im Einzugsgebiet deutlich zu spüren ist. Im Vergleich zu 2001 sind die Schülerzahlen um über 20 Prozent zurückgegangen. Hinzu kommt jedoch, dass sich die Zahl der Kinder mit sonderpädagogischem Förderbedarf verringert hat. Möglicherweise trägt die präventive Arbeit in den Integrationsklassen auch dazu bei, dass ein Förderbedarf gar nicht erst entsteht. Und schließlich zahlt sich die Zusammenarbeit mit der ortsansässigen Gesamtschule aus: 18 Jugendliche mit sonderpädagogischem Förderbedarf besuchen dort den Hauptschulzweig.

Lehrkräfte und Mitarbeiter bereiten sich mithilfe vielfältiger Fortbildungen immer besser auf die Herausforderungen der Integration vor. Diese Fortbildungen werden von Grund- und Förderschullehrern gemeinsam besucht. Der gegenseitige Erfahrungsaustausch und die Zusammenarbeit im Verbund bereichern die Arbeit aller Schulen. Jede Schule setzt sich jährlich aufs Neue für die präventive Arbeit und den gemeinsamen Unterricht ein. Damit sichern sie langfristig das Fortbestehen des Konzepts: Für jedes Grundschulkind, ob mit oder ohne sonderpädagogischen Förderbedarf, soll es als ganz normal angesehen werden, vor Ort gemeinsam mit anderen an einer Regelschule zu lernen.

Kontakt
Ehemaliger Schulleiter (Förderschule Dohrmann-Schule)
Hubert Kallien
Dohrmann-Schule
Lönsweg 12
29549 Bad Bevensen
www.dohrmann-schule.de

Länderprofil Nordrhein-Westfalen

1 Die Schullandschaft in Nordrhein-Westfalen

Nordrhein-Westfalen (NRW) ist mit rund 17,84 Millionen Bürgern das einwohnerstärkste deutsche Bundesland. Es besteht aus 31 Landkreisen und 22 kreisfreien Städten. Das nordrhein-westfälische Schulsystem beginnt mit der vierjährigen Grundschule und gliedert sich dann auf in die weiterführenden Schulformen Hauptschule, Realschule, Gesamtschule, Sekundarschule und achtjähriges Gymnasium. Dazu kommen einige wenige Gemeinschaftsschulen sowie einzelne Primus-Schulen. Der Schulversuch Gemeinschaftsschule endet mit dem Ablauf des Schuljahres 2019/20. Die Schulen werden dann als Sekundarschulen weitergeführt, wenn sie die Jahrgänge 5 bis 10 umfassen; als Gesamtschulen, wenn sie auch über eine Sekundarstufe II verfügen.

Parallel dazu unterhält das westdeutsche Bundesland ein hochdifferenziertes Förderschulwesen mit den Schwerpunkten »Lernen«, »Sprache«, »Emotionale und soziale Entwicklung«, »Hören und Kommunikation«, »Sehen«, »Geistige Entwicklung« sowie »Körperliche und motorische Entwicklung«. Die Förderschulen werden teilweise übergreifend als Schulen im organisatorischen und personellen Verbund geführt. Der Schulversuch »Kompetenzzentren für sonderpädagogische Förderung« läuft mit Beginn des Schuljahres 2014/15 aus.

2 Gemeinsames Lernen und Inklusion: ein Blick in die Bildungsstatistik

Am 26.3.2009 trat die UN-Behindertenrechtskonvention in Kraft. Im entsprechenden Schuljahr 2008/09 hatten in Nordrhein-Westfalen rund 116.200 Schüler der Jahrgangsstufen 1 bis 10 einen diagnostizierten sonderpädagogischen Förderbedarf[23]; damit lag die Förderquote bei 6,0 Prozent. 5,2 Prozent aller Schüler dieses Alters besuchten eine Schule des Förderschulwesens (Exklusionsquote). Zum Vergleich: Bundesweit betrug die Förderquote ebenfalls 6,0 Prozent, mit 4,9 Prozent Exklusionsquote wurden allerdings weniger Kinder und Jugendliche mit besonderem Förderbedarf außerhalb des Regelschulsystems unterrichtet. Der Anteil der Kinder und Jugendlichen mit einem Förderbedarf, die eine Regelschule besuchten (Inklusionsanteil), lag im betreffenden Schuljahr in Nordrhein-Westfalen bei nur 12,4 Prozent und damit deutlich unter dem bundesdeutschen Durchschnitt von 18,4 Prozent.

Abbildung 21: Exklusionsquoten in Nordrhein-Westfalen

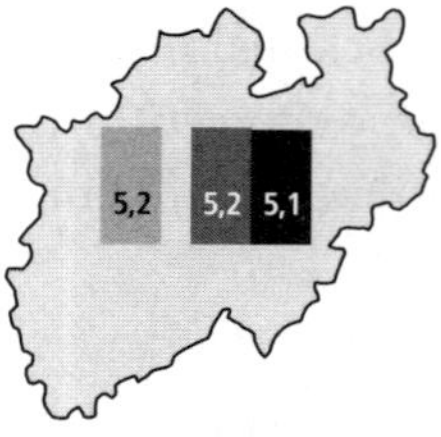

Schuljahr: ■ 2008/09 ■ 2012/13 ■ 2013/14

Angaben in Prozent

23 In Nordrhein-Westfalen wird seit der Gesetzesänderung von »Bedarf an sonderpädagogischer Unterstützung« gesprochen, nicht mehr von »sonderpädagogischem Förderbedarf«. Aus Gründen der Konsistenz über den Band hinweg bleiben wir bei der Formulierung »sonderpädagogischer Förderbedarf«.

Fünf Jahre später hat sich die Situation in Nordrhein-Westfalen leicht verändert: Im Schuljahr 2013/14 betrug die Förderquote 7,1 Prozent und ist damit – bei rückläufiger Gesamtschülerzahl – deutlich gestiegen. Aber auch der Inklusionsanteil ist in fünf Jahren um mehr als 16 Prozentpunkte gestiegen: Mit 28,9 Prozent besucht nun gut jeder vierte dieser diagnostizierten Förderschüler eine allgemeinbildende Schule. Gleichzeitig gehen genauso viele Schüler auf seperate Förderschulen: Die Exklusionsquote ist mit 5,1 Prozent leicht rückläufig. Sie liegt damit in Nordrhein-Westfalen immer noch über dem bundesdeutschen Durchschnittswert von 4,7 Prozent.

Die Chancen dieser separat unterrichteten Förderschüler auf einen regulären Schulabschluss fallen allerdings etwas besser aus als im Durchschnitt aller Bundesländer: Im westdeutschen Flächenland erhielten mit 34,1 Prozent mehr als ein Drittel von ihnen mindestens einen Hauptschulabschluss. Bundesweit schafft das nur jeder vierte Jugendliche mit sonderpädagogischem Förderbedarf an separaten Förderschulen.

Die größte Gruppe der diagnostizierten Förderschüler in Nordrhein-Westfalen hat im Schuljahr 2013/14 einen Förderbedarf im Schwerpunkt »Lernen«; sie umfasst gut ein Drittel (33,7 %) aller Förderschüler. Weitere 21,3 Prozent sind dem Bereich »Emotionale und soziale Entwicklung« zugeordnet, 16,1 Prozent dem Bereich »Geistige Entwicklung«. Einen sonderpädagogischen Förderbedarf in Bezug auf die sprachliche Entwicklung haben 14,5 Prozent. Bei rund jedem achten Förderschüler in Nordrhein-Westfalen liegt ein besonderer Bedarf in physischer Hinsicht vor (»Körperliche und motorische Entwicklung«, »Hören« oder »Sehen«), 2,1 Prozent schließlich besuchen zeitweise eine Schule für Kranke. Gegenüber dem Schuljahr 2008/09 ist damit ein Anstieg von sonderpädagogischen Förderbedarfen in den Bereichen »Emotionale und soziale Entwicklung« (um 6,1 Prozentpunkte) und »Sprache« (um 2,0 Prozentpunkte) zu beobachten. In fast allen anderen Förderschwerpunkten haben sich die Diagnoseanteile leicht erhöht, nur beim Schwerpunkt »Kranke« ist der Anteil gleich geblieben. Deutlich zurückgegangen ist der Anteil der Schüler im Schwerpunkt »Lernen«: um 8,3 Prozentpunkte (vgl. Abb. 22). Einen

Abbildung 22: Förderschwerpunkte in Nordrhein-Westfalen (Verteilung in Prozent)

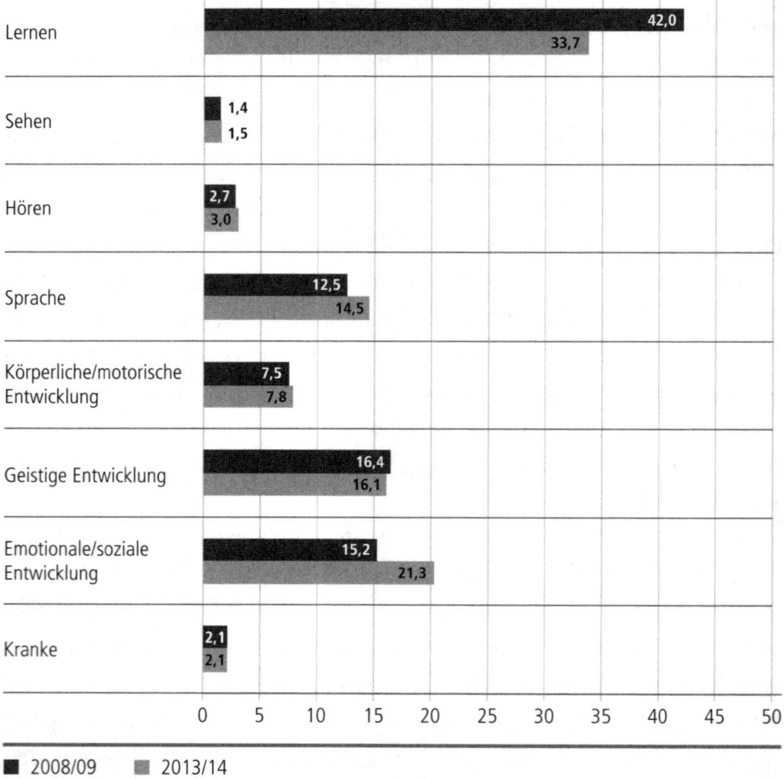

Quelle: KMK 2014a, b, c

leichten Rückgang gibt es auch im Bereich »Geistige Entwicklung« (0,3 Prozentpunkte).

Im Schuljahr 2013/14 besuchen mit rund 48 Prozent fast die Hälfte aller inklusiv beschulten Kinder mit besonderem Förderbedarf der Sekundarstufen I und II die Hauptschule. Weitere rund 29 Prozent lernen an Gesamtschulen, zwölf Prozent an Realschulen, 7,4 Prozent an Schulen mit mehreren Bildungsgängen; nur gut vier Prozent nehmen am Unterricht eines Gymnasiums teil. Gut 60 Prozent der rund 8.000 Förderschüler an Hauptschulen sind dem Schwerpunkt »Lernen« zugeordnet, gut jeder Vierte benötigt besondere Unterstützung in seiner emotionalen und sozialen Entwicklung, weitere neun Prozent brauchen Unterstützung im sprachlichen Bereich.

Knapp 4.850 Schüler mit sonderpädagogischem Förderbedarf nehmen am inklusiven Unterricht der Gesamtschulen teil; auch von diesen ist die Mehrheit (rund 38 %) dem Förderschwerpunkt »Lernen« zugeordnet, gut jeder Vierte dem Bereich »Emotionale und soziale Entwicklung«, 11,6 Prozent dem Bereich »Körperliche und motorische Entwicklung« und weitere 12,5 Prozent dem Schwerpunkt »Sprache«. Auffällig ist, dass sich an Gesamtschulen auch ein verhältnismäßig großer Anteil von Förderschülern (3,8 %) mit dem Schwerpunkt »Geistige Entwicklung« findet.

An Realschulen lernen im betreffenden Schuljahr rund 2.020 Förderschüler. Von diesen hat jeweils ein gutes Drittel einen Förderbedarf im emotional-sozialen Bereich und im Bereich »Lernen«, und etwa jeder Sechste benötigt Unterstützung in einem körperlichen Bereich (körperlich-motorisch, Hören oder Sehen). Die rund 1.240 Förderschüler an den Schulen mit mehreren Bildungsgängen finden sich fast zur Hälfte im Schwerpunkt »Lernen«, fast ein Drittel benötigt Unterstützung im emotional-sozialen Bereich und knapp ein Fünftel im sprachlichen Bereich. Am gemeinsamen Unterricht eines Gymnasiums nehmen ebenfalls rund 720 Förderschüler teil. Von diesen benötigen rund ein Drittel Förderung im physischen Bereich, etwa 28 Prozent in der emotional-sozialen Entwicklung und gut jeder Dritte im Bereich »Lernen«.

3 Gemeinsames Lernen und Inklusion in NRW: die Gesetzeslage

3.1 Gesetzesgrundlagen

Der gemeinsame Unterricht von Kindern mit und ohne sonderpädagogischen Förderbedarf ist in Nordrhein-Westfalen hauptsächlich durch zwei Rechtsgrundlagen geregelt:

- das Schulgesetz für das Land Nordrhein-Westfalen (Schulgesetz NRW – SchulG, Fassung vom 17.6.2014) und
- die Verordnung über die sonderpädagogische Förderung, den Hausunterricht und die Schule für Kranke (Ausbildungsordnung sonderpädagogische Förderung – AO-SF, Fassung vom 11.10.2014).

Das 9. Schulrechtsänderungsgesetz, das am 16.10.2013 verabschiedet wurde, ist seit dem 1.8.2014 in Kraft; Artikel 2 dieses Gesetzes gewährleistet, dass die Anmeldeverfahren für Grundschulen und Schulen der Sekundarstufe I bereits im Vorfeld des Schuljahres 2014/15 angewandt werden. In § 2 Abs. 5 und § 20 Abs. 2 SchulG ist festgelegt, dass der gemeinsame Unterricht[24] (»inklusive Bildung«) der Regelfall sein soll. Gemeinsamer Unterricht umfasst dabei ausdrücklich zielgleiches und zieldifferentes Lernen (§ 12 Abs. 4 und § 19 Abs. 3 und 4 SchulG). Die AO-SF wurde unter den Vorgaben des 9. Schulrechtsänderungsgesetzes überarbeitet und ist seit dem 11.10.2014 in Kraft.

3.2 Feststellung des sonderpädagogischen Förderbedarfs

Ein Verfahren zur Feststellung eines sonderpädagogischen Förderbedarfs können zum einen die Eltern beantragen (§ 11 Abs. 1 AO-SF und § 19 Abs. 5 SchulG), zum anderen in begründeten Fällen auch die allgemeine Schule, die das Kind besucht (§ 11 Abs. 1 AO-SF). Der Antrag wird jeweils bei der zuständigen Schulaufsichtsbehörde gestellt (§ 10 Abs. 2 und § 11 Abs. 3 AO-SF).

Die Schulaufsichtsbehörde holt ein sonderpädagogisches Gutachten ein und entscheidet, ob ein Förderbedarf vorliegt (§ 19 Abs. 5 SchulG); die Eltern werden in den Prozess einbezogen (ebd. und § 12 Abs. 1 und § 13 Abs. 2 AO-SF).

24 In Nordrhein-Westfalen wird der gemeinsame Unterricht von Kindern mit und ohne Förderbedarf als »Gemeinsames Lernen« bezeichnet.

3.3 Entscheidung über den Lernort

Nach § 20 Abs. 2 SchulG ist der Förderort die allgemeine Schule; die Eltern können abweichend hiervon auch eine Förderschule wählen. Auf der Grundlage des sonderpädagogischen Gutachtens schlägt die Schulaufsichtsbehörde den Eltern mindestens eine allgemeine Schule vor, an der gemeinsamer Unterricht bereits eingerichtet ist (§ 19 Abs. 5 SchulG) oder mit Zustimmung des Schulträgers eingerichtet werden kann (§ 20 Abs. 5 SchulG). Bei zielgleicher Förderung wird eine Schule derjenigen Schulform vorgeschlagen, die die Eltern ausgewählt haben (§ 16 Abs. 1 AO-SF). Wenn die personellen und sächlichen Voraussetzungen am gewünschten Förderort nicht erfüllt sind und nicht mit »vertretbarem Aufwand« erfüllt werden können, kann die Schulaufsichtsbehörde von der Wahl der Eltern abweichen und eine allgemeine Schule anstelle einer Förderschule oder umgekehrt als Förderort bestimmen (§ 20 Abs. 4 SchulG). Die Gründe für die Entscheidung werden den Eltern dargelegt, und es wird ihnen Gelegenheit gegeben, sich dazu zu äußern und weitere Beratung in Anspruch zu nehmen. Solche Entscheidungen sollen allerdings »besondere Ausnahmefälle« bleiben.

3.4 Umsetzung des gemeinsamen Lernens

Gemeinsamer Unterricht kann zielgleich oder zieldifferent erfolgen. Beide Formen der Förderung können grundsätzlich an jeder Schulform der Primarstufe und der Sekundarstufe I stattfinden. Er kann in einer Vielzahl von Formen stattfinden, im Klassenverband oder in der Lerngruppe, mit äußerer oder innerer Differenzierung (§ 20 Abs. 3 SchulG). Integrative Lerngruppen, die in der Sekundarstufe bisher möglich waren (§ 20 Abs. 8 im alten SchulG), werden in Zukunft nicht mehr neu eingerichtet, sondern nur auslaufend fortgeführt. Das Schulgesetz geht nicht näher darauf ein, wie gemeinsamer Unterricht konkret umzusetzen ist und wie er bei äußerer Differenzierung gewährleistet wird.

Zielgleich unterrichtete Schülerinnen und Schüler sollen mit der erforderlichen Unterstützung zu den Abschlüssen geführt werden, die im Rahmen der Schulform vorgesehen sind (§ 19 Abs. 3 SchulG). Schüler mit den Förderschwerpunkten »Geistige Entwicklung« und »Lernen« werden zu eigenen Abschlüssen geführt. Allerdings ist im Förderschwerpunkt »Lernen« der Erwerb »eines dem Hauptschulabschluss gleichwertigen Abschlusses möglich« (§ 19 Abs. 4 SchulG).

4 Entwicklung zum gemeinsamen Lernen und zur Inklusion

Bis 2013/14 wurde in Nordrhein-Westfalen der Schulversuch »Kompetenzzentren sonderpädagogischer Förderung« durchgeführt. Dabei konnten Förderschulen in Kompetenzzentren für sonderpädagogische Förderung umgewandelt werden. Der Schulversuch wurde im Jahr 2011 evaluiert (Werning 2012).

Das Gutachten kommt zu dem Schluss, »dass von dem Konzept der Kompetenzzentren für sonderpädagogische Förderung im Bereich der Lern- und Entwicklungsstörungen in Nordrhein-Westfalen nur begrenzte Impulse für die Entwicklung eines inklusiven Bildungssystems ausgehen. Das Konzept ermöglicht vielmehr eine flexiblere sonderpädagogische Unterstützung in den allgemeinen Schulen. Es reicht jedoch nicht aus, um hier nachhaltige inklusive Schulentwicklungsprozesse – in den bestehenden widersprüchlichen Strukturen – in Gang zu setzen. Es wäre auch eine deutliche Überforderung der dort tätigen Sonderpädagoginnen und Sonderpädagogen, solche Ansprüche unter den gegebenen Rahmenbedingungen zu formulieren. Inklusion kann nur über die Entwicklung inklusiver Regelschulen realisiert werden« (ebd.: 17).

Entsprechend ist der Schulversuch 2013/14 ausgelaufen; die teilnehmenden Zentren werden nun als Förderschulen weitergeführt. Erkenntnisse aus diesem Schulversuch sind bei der Erstellung des neuen Schulgesetzes berücksichtigt worden. So wurde die unmittelbare Abhängigkeit der zur Verfügung stehenden Ressourcen von der Anzahl der etikettierten Schülerinnen und Schüler für die sonderpädagogischen Förderschwerpunkte der Lern- und Entwicklungsstörungen (Lernen, Emotionale und soziale Entwicklung und Sprache) aufgehoben. Für die Förderung der Schülerinnen und Schüler dieser Gruppe erhält jede Schule, die Ort des gemeinsamen Lernens ist, nun ein Stellenbudget. Dieses Stellenbudget steht künftig unabhängig von der tatsächlichen Zahl oder dem Wegfall förmlicher AO-SF-Verfahren im Bereich der Lern- und Entwicklungsstörungen zur Verfügung. Mit der Einrichtung des Stellenbudgets werden – analog zur Primarstufe – auch in der Sekundarstufe I künftig Lehrkräfte mit sonderpädagogischem Lehramt Teil der Kollegien der allgemeinen Schulen. Die entsprechenden Versetzungsprozesse laufen bereits.

Für die sonderpädagogischen Förderschwerpunkte Geistige Entwicklung, Körperliche und motorische Entwicklung, Hören und Kommunikation sowie Sehen erfolgt eine zusätzliche Stellenzuweisung. Diese orientierte sich an der jeweiligen Schüler/Lehrer-Relation des Förderschwerpunkts. Diese Bedarfe werden weiterhin in der Regel durch Abordnungen abgedeckt.

In der Lehrerbildung in NRW sind für die Studiengänge aller Schulformen (die Lehrkräfte werden nach Schularten ausgebildet) Elemente mit dem Titel »Diagnose und Förderung« vorgegeben; im Lehramt für die Grundschule sowie für Haupt-, Real- und Gesamtschule finden sich auch sonderpädagogische Anteile.[25] Eine gemeinsame Lehrerausbildung und einen Schwerpunkt zum Umgang mit Heterogenität gibt es bisher nicht.

In der Fort- und Weiterbildung wird das Thema »Inklusion« insbesondere mit der Moderatorenschulung »Auf dem Weg zur inklusiven Schule« bedient. Hier wurden bisher 300 Moderatoren und Moderatorinnen in zwei Ausbildungsgängen in den fachübergreifenden Bereichen »Emotionale und soziale Entwicklung«, »Sprache« und »Lernen« fortgebildet, ihnen wurden Moderationsstrategien und -kompetenzen vermittelt. Die erworbenen Kompetenzen sollen lang-

25 Vgl. www.schulministerium.nrw.de/docs/LehrkraftNRW/Lehramtsstudium/Reform-der-Lehrerausbildung/index.html (Download 22.10.2014).

fristig in das Bildungssystem übertragen werden und damit dem Land nachhaltig zur Verfügung stehen.

5 Gemeinsames Lernen in NRW: Erfahrungen aus der Praxis

Hans-Alfred-Keller-Schule in Siegburg, Interviewpartner: Conny Huhn, Schulleiterin

Bitte stellen Sie Ihre Schule kurz vor und skizzieren Sie das dort gelebte Inklusionsverständnis.

In der Hans-Alfred-Keller-Schule sind alle Kinder willkommen. Das Lehrerteam unserer Schule möchte die Kinder in ihrer gesamten Persönlichkeit individuell unterstützen und fördern, um ihre Fähigkeiten, Fertigkeiten und Kenntnisse zu vertiefen und zu erweitern. Unser Inklusionsverständnis ist schon recht alt, weil unsere Schule im sozialen Brennpunkt liegt. Daher haben wir Inklusion vom ersten Tag an selbstverständlich gelebt. Eine neue Analyse zeigt, dass unsere Kinder in ihrem häuslichen Umfeld 32 verschiedenen Sprachen begegnen. Wir sind also eine Multikulti-Schule, die auch Kinder aus anderen Stadtbezirken besuchen.

Seit einigen Jahren gehört zu unserem Schulprogramm der gemeinsame Unterricht von Kindern mit und ohne sonderpädagogischen Förderbedarf. Auch das ist uns nicht im Zuge der jüngeren Inklusionsdebatte verordnet worden, sondern aus unserem Selbstverständnis erwachsen. Denn wir haben schon immer Kinder aufgenommen, die Schwierigkeiten mit dem Lernen hatten oder Sprachbarrieren überwinden mussten. Die Besonderheit unserer Schule ist also, dass man Inklusion nicht von außen implementieren musste, sondern dass sie aus dem Kern hervorgegangen ist. Dieser besteht aus Individualisierung und Differenzierung. Ohne diese beiden zentralen Voraussetzungen kann Inklusion nicht gelingen.

Zurzeit haben wir an unserer Schule Kinder mit den Förderschwerpunkten »Sprache«, »Lernen«, »Geistige Entwicklung« und »Sehen«.

Kinder mit dem Förderschwerpunkt »Körperliche und motorische Entwicklung« können wir bisher nur bedingt aufnehmen. Im Zuge der neuen Baumaßnahme soll aber ein Aufzug eingebaut werden.

Inklusiver Unterricht wird bei uns zielgleich und zieldifferent durchgeführt. Zielgleich werden Schülerinnen und Schüler mit den Förderschwerpunkten »Sprache«, »Emotionale und soziale Entwicklung«, »Sehen« und »Körperliche und motorische Entwicklung« unterrichtet; das bedeutet, dass sie nach den allgemeinen Richtlinien und Lehrplänen der Grundschule unterrichtet werden. Kinder mit den Förderschwerpunkten »Lernen« und »Geistige Entwicklung« werden zieldifferent unterrichtet. Sie erhalten individuelle Fördermaterialien, mit denen sie in angepassten Schritten und in einem für sie angemessenen Tempo lernen können. Dabei werden sie regelmäßig von Sonderpädagogen individuell unterstützt. Die Grundlage für zieldifferenten Unterricht bilden die Richtlinien und Lehrpläne der entsprechenden Förderschule.

Welche Auswirkungen hat die Gesetzeslage auf Ihre Schule?

Die neue Gesetzeslage hat für unsere Schule kaum Auswirkungen. Inklusion ist wie schon beschrieben ein fester Bestandteil unseres Denkens und Handelns. Das neue Schulgesetz ist vor allem für die weiterführenden Schulen eine große Herausforderung. In den Köpfen der Kolleginnen und Kollegen dort kommt häufig für Inklusion immer noch hauptsächlich die Hauptschule beziehungsweise die Gesamtschule infrage. Sehr schwer tun sich die Gymnasien, weil dort Differenzierung und Individualisierung eine nicht so bedeutende Rolle spielen und immer noch ein Elitedenken vorherrscht. Uns wird oft das Herz schwer, wenn ein Kind in einer integrativen Kindertagesstätte und anschließend bei uns im gemeinsamen Unterricht war und wir dann bei den weiterführenden Schulen Überzeugungsarbeit leisten müssen. Hier kommt ein Bruch. Deshalb haben wir immer wieder darüber nachgedacht, die Kinder bis zum 10. Schuljahr weiter bei uns zu unterrichten – und sei es in einem privaten Zweig.

Grundsätzlich sehe ich aber auch im Primarbereich Probleme, denn Inklusion beginnt im Kopf. Grundschulen, die nicht im Brennpunkt liegen, wo alles glattgeht und die Eltern hoch engagiert sind, werden durch den Rechtsanspruch auf gemeinsamen Unterricht sicher unter Druck gesetzt. Dort wird man lernen müssen, Ängste zu überwinden und eine Willkommenskultur aufzubauen. Ich befürchte, dass die Kinder die Leidtragenden sind. In unserem Land denken wir zu oft darüber nach, was wir für die Umsetzung der Inklusion alles bekommen müssen. Der Gedanke, was uns das gibt – sowohl der Schule als auch der Gesellschaft –, kommt zu kurz. Wir können hier nur sagen: Diese Kinder machen uns um ein Vielfaches reicher, beispielsweise wenn ich sehe, welche Lernfortschritte Kinder mit Downsyndrom machen und wie glücklich sie bei uns sind. Leider kann man das anderen, die nicht die Chance hatten, Inklusion wachsen zu sehen, nur sehr schwer vermitteln. Es ist ein großes Problem, wenn man etwas von außen übergestülpt bekommt.

Was wünschen Sie sich vom Gesetzgeber, damit Inklusion besser gelingen kann?

Meiner Meinung nach müssten in Nordrhein-Westfalen zunächst einmal richtig gute Schwerpunktschulen ausgebildet werden, die über alle notwendigen Ressourcen verfügen. Diese Schulen sollten dann den Auftrag haben, gelingende Inklusion ins Land zu tragen. Eine solche Leuchtturmfunktion fände ich sehr wichtig. So käme man auch den Kommunen entgegen, die ja nicht alle Schulen entsprechend ausstatten können.

Kontakt
Hans-Alfred-Keller-Schule
Chemie-Faser-Allee 5
53721 Siegburg
Tel. 02241/1026570
www.hansalfredkellerschule.de

6 Fazit

Die Kennzahlen geben nur den Stand vor der Verabschiedung des 9. Schulrechtsänderungsgesetzes wieder – und hier hat sich seit 2008/09 faktisch sehr wenig verändert: Zwar ist der Inklusionsanteil gestiegen, doch das ist im Wesentlichen darauf zurückzuführen, dass erheblich mehr Kinder diagnostiziert werden. Der Anteil von Kindern, die exkludiert werden, erreicht nach zwischenzeitlichem Anstieg wieder den Stand, den Nordrhein-Westfalen bereits im Schuljahr 2008/09 hatte. Diese Kombination aus hohem Inklusionsanteil und gleich bleibender Exklusionsquote – die sich auch in anderen Ländern findet – ist besonders bedenklich, weil die Entwicklung am Kern von Inklusion vorbeizuführen und Kategorisierungen zu zementieren droht.

Das 9. Schulrechtsänderungsgesetz allerdings hat die Schulgesetzgebung in NRW im Hinblick auf Inklusion weitreichend verändert. Insbesondere ist zu erwähnen, dass der gemeinsame Unterricht der Regelfall sein soll und dass die Begriffe »inklusive Bildung«, »Zielgleichheit« und »Zieldifferenz« alle explizit erwähnt werden. Es bleibt zu hoffen, dass damit der Grundstein für den Wandel zu einem inklusiven Schulsystem gelegt ist.

Das Gesetz geht allerdings noch nicht so weit, wie es könnte. So gilt beispielsweise weiterhin ein Ressourcenvorbehalt. Die Absicht dahinter ist zu gewährleisten, dass die sächlichen und personellen Ressourcen, die für gelingenden gemeinsamen Unterricht benötigt werden, auch tatsächlich vorhanden sind. Der Gesetzestext verwendet hier jedoch die vage Größe des »vertretbaren Aufwands«. Damit besteht durchaus eine Gefahr, dass Schulen, die gemeinsamen Unterricht vermeiden wollen, das tun, indem sie den Aufwand als »nicht vertretbar« definieren.

Unklar bleibt auch, warum es Schülern mit den Förderschwerpunkten »Lernen« und »Geistige Entwicklung« nicht möglich ist, einen Hauptschulabschluss zu machen, und Schüler mit dem Förderschwerpunkt »Lernen« nur einen »dem Hauptschulabschluss gleichwertigen« Abschluss erwerben können (§ 19 Abs. 4 SchulG). Damit wird eine Vorentscheidung getroffen, die mit dem Gedanken der Teilhabe, der den Kern von Inklusion bildet, nur schwer vereinbar ist.

Jakob-Muth-Preisträger aus Nordrhein-Westfalen

Montessori-Gesamtschule in Borken: Preisträgerporträt 2010

Die Montessori-Gesamtschule in privater Trägerschaft des Vereins Montessori Borken e.V. besuchen 167 Kinder und Jugendliche. Über 20 Prozent davon haben sonderpädagogischen Förderbedarf. Die Schule arbeitet seit ihrer Gründung 1989 inklusiv, hier wurden von Anfang an behinderte und nicht behinderte Schülerinnen und Schüler in allen Klassen aufgenommen. Mehrfach ist die Schule bei den Leistungserhebungen in Nordrhein-Westfalen ausgezeichnet worden; sie gehörte zu den besten zwei Prozent vergleichbarer Gesamtschulen.

Im Unterricht sind die individuelle Förderung und das selbstständige Lernen fest verankert. In der Wochenplanarbeit kann jeder Schüler sein Lerntempo bestimmen. Alle lernen zwar am gleichen Gegenstand, aber nicht alle können und müssen das Gleiche in derselben Zeit lernen. Jeder ist gefragt, Verantwortung für das eigene Lernen zu übernehmen und die eigene Arbeit zu organisieren. In heterogenen Lerngruppen erhalten die Schülerinnen und Schüler außerdem die Möglichkeit, ihre sozialen Kompetenzen auszubauen. Eine Besonderheit des Unterrichts in den Klassen 9 und 10 ist der Epochenunterricht in den naturwissenschaftlichen Fächern und in Arbeits- und Gesellschaftslehre: Über einen Zeitraum von zwei Wochen findet der Unterricht dann konzentriert mit acht Wochenstunden in nur einem der jeweiligen Fächer statt.

Über der Lernkultur in der Schule steht das Motto »Lernen mit Kopf, Herz und Hand«. Praktisches Lernen ermöglicht der Schulbauernhof, auf dem die Kinder und Jugendlichen sehr handlungsorientiert den richtigen Umgang mit Pflanzen und Tieren lernen. Am Nachmittag bietet die Schule Hausaufgabenbetreuung und frei wählbare Angebote. Einmal in der Woche findet ein »Projekttag« für die Klassen 6 bis 8 statt.

Ein Merkmal der Schule ist der gegenseitige Respekt im Umgang miteinander, der ein gutes Lernklima schafft. Die wertschätzende Umgebung wirkt sich positiv auf die Leistungsbereitschaft der Schülerinnen und Schüler aus. Es werden Lernzielvereinbarungen getroffen, der Lernfortschritt wöchentlich besprochen und die Leistungen gegenüber den Eltern transparent gemacht. Bis zum Ende der 8. Klasse gibt es keine Ziffernoten, sondern mehrseitige ausführliche Lernberichte zu jedem Fach.

Die Lehrkräfte an der Schule haben ein professionelles Rollenverständnis als Lernbegleiter. Teamarbeit wird im Kollegium großgeschrieben. Jede Klasse wird von einem Klassenteam aus Lehrkraft und Sonderpädagogin geleitet, die auch Unterricht gemeinsam planen. Wöchentlich treffen sich alle Lehrerinnen und Lehrer im Großteam. Die Zufriedenheit innerhalb des Kollegiums ist hoch. Die Schule evaluiert ihre Arbeit regelmäßig selbst.

Die Kinder und Jugendlichen werden in die Gestaltung des Schullebens aktiv einbezogen. Im Klassenrat ist die Schülerschaft gefragt, Konflikte zu lösen. Hier werden Absprachen getroffen, Feste geplant und organisiert. Ausgeprägt ist auch die Beteiligung der Eltern: Sie engagieren sich im Trägerverein auf der Ebene des Schulträgers und der Fördergemeinschaft und arbeiten aktiv in Projekten der Schule mit. Kunstausstellungen von Eltern im Foyer der Schule sind ein Beispiel für die Zusammenarbeit der Schule mit den Müttern und Vätern.

Ein weiterer Fokus der Schule liegt auf dem Übergang von der Schule in den Beruf. Die individuelle Berufsvorbereitung beginnt in der 8. Klasse mit dem »sozialen Halbjahr«, in der 9. und 10. Klasse sind berufsorientierende Praktika für alle Schülerinnen und Schüler verpflichtend. Die Praktikumsberichte werden teilweise in einer erlernten Fremdsprache verfasst. Auf der »Praktikumsmesse«, die die Schule seit 16 Jahren organisiert, werden abschließend gesammelte Erfahrungen und Erkenntnisse umfangreich und authentisch präsentiert. Die Praktikumsdauer kann bedarfsorientiert individuell ausgeweitet werden. Ein besonderes Lernfeld für die Berufsvorbereitung ist die Mittagessensverpflegung an der Schule. Diese wird insbesondere von Schülerinnen und Schülern mit sonderpädagogischem Förderbedarf unter Anleitung einer Hauswirtschaftsmeisterin organisiert.

Die Schule versteht sich als wichtiger Bestandteil der örtlichen Gemeinschaft und ist gut in der Stadt vernetzt. Überregional engagiert sich die Schule in Netzwerken wie etwa »Eine Schule für alle«.

Kontakt
Schulleiter Hartmuth Schlüter-Müller
Montessori-Gesamtschule
Röwekamp 14
46325 Borken
www.gesamtschule.montessori-borken.de

Gemeinschaftsgrundschule in Eitorf: Preisträgerporträt 2011/12

Die Gemeinschaftsgrundschule Eitorf in der Gemeinde Eitorf im nordrhein-westfälischen Rhein-Sieg-Kreis ist eine offene Ganztagsschule, an der Kinder von 6:45 bis 17:30 Uhr ein vielfältiges Unterrichts- und Betreuungsangebot wahrnehmen können. Bereits 2003 hat die Schule den gemeinsamen Unterricht von Kindern mit und ohne sonderpädagogischen Förderbedarf eingeführt. Seit etwa zwei Jahren lernen nun alle 330 Kinder, darunter 31 mit diagnostiziertem Förderbedarf, gemeinsam. Eine Trennung in Regel- und Integrationsklassen gibt es nicht mehr.

Eitorf hat aufgrund vieler Fabrik- und Firmenschließungen in den letzten Jahren mit einer hohen Arbeitslosenquote zu kämpfen. Viele Kinder der großen türkischsprachigen Gemeinde Eitorfs sprechen zu Hause kein Deutsch. Das stellt besondere Herausforderungen an die Grundschule: Ein großer Teil der Kinder kommt aus sozial schwachen Familien, viele haben Sprachschwierigkeiten. Trotzdem fallen die Ergebnisse der Vergleichsarbeiten an der Schule nicht hinter dem landesweiten Durchschnitt zurück. Die Schüler erbringen beeindruckende Leistungen, insbesondere auch im kreativen, künstlerischen, musischen und sozialen Bereich. Die Schule hat für ihr herausragendes Konzept in den letzten Jahren diverse landes- und bundesweite Auszeichnungen erhalten (z. B. beim Deutschen Präventionspreis für ganzheitliche Förderung). Immer mehr Eltern wählen die Schule bewusst wegen ihrer überzeugenden Arbeit und des mit dem Vormittag verzahnten Ganztagskonzepts für ihre Kinder aus.

Die Unterrichtsgestaltung ist außergewöhnlich: Gelernt wird mit einer aufwendigen Materialsammlung, die die Lehrkräfte hinsichtlich der Kompetenzanforderungen der Richtlinien und Lehrpläne selbst zusammengestellt haben. Die Kinder können je nach Neigungen und Fähigkeiten unterschiedliche Wege und Hilfsmittel zur Bewältigung des Lernstoffs wählen. Alle Lehrkräfte verstehen sich als Lernbegleiter der Kinder: Sie möchten einerseits Spielraum für selbstständiges Handeln und Lernen eröffnen, andererseits das notwendige Maß an Verlässlichkeit und Verbindlichkeit bieten. Kein Kind darf unter- oder überfordert werden. Der inklusive Gedanke ist im Unterricht immer spürbar: Jedes Kind wird mit seinen besonderen Interessen und Fähigkeiten, aber auch den individuellen Problemlagen ernst genommen und gefördert.

Ein besonderes Highlight des vergangenen Schuljahres war das EU-Projekt »Lerner des 21. Jahrhunderts – Europe4you«. An diesem Projekt haben neben der Gemeinschaftsgrundschule Eitorf eine weitere Schule aus Deutschland sowie Schulen aus England, Finnland und Österreich teilgenommen. Lehrkräfte aus allen beteiligten Schulen arbeiteten zusammen an Fragen zur Unterrichtsentwicklung. Es fanden vielfältige gemeinsame Aktivitäten der Kinder aus den verschiedenen Ländern statt. Ganz zentral war der Englandaustausch der Drittklässler. Obwohl die Förderung ausgelaufen ist, wird der Austausch auch in den kommenden Jahren angeboten. Auf dieses große Erlebnis bereiten sich die Kinder in einer Englisch-AG gezielt vor. Der Austausch steht allen Kindern offen. Bei finanziellen Schwierigkeiten unterstützt der Förderverein der Schule.

Auch die Raum- und Pausenhofgestaltung zeigt: Die Schule ist ein ganz besonderer Lernort für alle Kinder. Die Schulräume sind so gestaltet, dass die Kinder sich frei bewegen, an verschieden gestalteten Arbeitsplätzen wie Computer-, Lese- und Mathematikecke lernen, sich zusammensetzen und auch zurückziehen können. Themenräume wie Kunst-, Musik-, Englisch-, Computer-, Experimentier- und Bewegungsraum ergänzen die Möglichkeiten im Schulgebäude. Auf dem Pausenhof findet man unter anderem einen Schulgarten und ein grünes Klassenzimmer. Hier kann im Freien gelernt und geforscht werden.

Selbstständigkeit und Verantwortungsgefühl zu vermitteln, ist ein wichtiges Anliegen der Schule. Klassenweise übernehmen ältere Kinder Patenschaften für Erstklässler. Im wöchentlichen Kinderparlament diskutieren die gewählten Klassenvertreter aktuelle Themen und fällen demokratische Entscheidungen. So wurden beispielsweise die Schulregeln vom Kinderparlament selbst erstellt. Bei der Planung und Gestaltung des Außenbereichs haben die Kinder aktiv mitgewirkt. Sie organisieren auch die Ausleihe von Büchern und Spielgeräten selbst. Die Schule hat eine Partnerschule in Indien, die durch viele Aktionen der Schüler unterstützt wird. Für die Eltern gibt es ein monatliches Elterncafé und verschiedene themenbezogene Elternabende. Sie sind ausdrücklich eingeladen, in den Klassen mitzuarbeiten, etwa beim Forschen und Lesen.

Die Schule ist mit vielen Kooperationspartnern innerhalb der Gemeinde vernetzt. Einmal pro Woche lesen Schüler den Bewohnern des sozial-psychiatrischen Zentrums vor Ort Geschichten vor. Ausgehend von der Grundschule und der benachbarten Schule wurde der Arbeitsprozess zur Entwicklung von Eitorf als Inklusionsgemeinde angestoßen.

Kontakt
Schulleiter Boris Kocéa
Gemeinschaftsgrundschule Eitorf
Brückenstraße 18
53783 Eitorf
www.ggs-eitorf.de

Ketteler-Grundschule in Bonn-Dransdorf: Preisträgerporträt 2012/13

Die Ketteler-Grundschule ist eine Ganztagsschule mit durchgängiger Jahrgangsmischung und Inklusion in allen Klassen. Jedes Kind aus Bonn-Dransdorf, einem Stadtteil mit extrem gemischter sozialer Struktur, wird aufgenommen. 200 Kinder besuchen die Schule; jedes fünfte Kind hat sonderpädagogischen Förderbedarf.

Je 25 Kinder aus allen vier Klassenstufen bilden gemeinsam eine »Lernfamilie«; zwei Lernfamilien bilden eine enge Partnerschaft. Wie die Lernfamilien zusammengesetzt sind, entscheidet sich jedes Jahr nach den Anmeldungen: Bei jedem Kind, das angemeldet wird, nehmen sich die Lehrkräfte Zeit für eine ausführliche Eingangsdiagnostik.

Seit 1993 gibt es gemeinsamen Unterricht an der Ketteler-Grundschule; seit 2006 wird die Inklusion intensiv vorangetrieben und umfasst heute alle Klassen. Eine Inklusionsgruppe aus Eltern, Lehrkräften, Schülerinnen und Schülern begleitet den Schulentwicklungsprozess bis heute.

Durch die Inklusion und die Jahrgangsmischung wird der Blick auf das einzelne Kind und seine Möglichkeiten geschärft: Jedes Kind hat ein anderes Lernziel, nämlich seinen nächsten Entwicklungsschritt. Entsprechend ist auch der Unterricht organisiert. Es gibt keinen Schulgong, sondern einen rhythmisierten Tagesablauf. Eine Vielzahl an Lehr- und Lernmethoden sowie vorbereitete Lernumgebungen mit gut organisiertem Material ermöglichen es den Kindern, selbsttätig und handlungsorientiert so zu arbeiten, wie es ihrer Entwicklung und ihrem Lerntyp gerade am zuträglichsten ist.

So kann eine altersgemischte Gruppe von Jungen einen Vortrag über Pokémons halten, für den sie ein Lernplakat erarbeitet hat, während zwei Mädchen in der Forscherzeit dem Thema »Strom« nachgehen und ein Kind alleine das kleine Einmaleins mit Fußbodenzahlen übt. Häufig können die Kinder auch wählen, wo sie gerade arbeiten wollen: Jeder der acht Lernfamilien stehen ein Klassenraum, ein Flur und ein Aufenthaltsraum zur Verfügung, die räumlich miteinander verbunden sind und jederzeit genutzt werden können; die meisten Lernfamilien verfügen über Forscherecken. Zeiten in der Lernfamilie als Ganzes und in jahrgangsreinen Gruppen wechseln sich ab. Regelmäßige Lerngespräche zwischen Schülern und Lehrkräften, in denen die Kinder ihren Stand einschätzen, helfen dabei, Lernfortschritte zu sichern.

Jede Lernfamilie hat dabei ein festes Team aus Förder- und Grundschullehrern und einer Erzieherin; beide Lehrkräfte sind gleichwertige Ansprechpartner für alle Kinder. Außerdem gehören Sozialpädagogen, Schulbegleiter und FSJler (Absolventen des Freiwilligen Sozialen Jahrs) zur Schulgemeinschaft; der Stundenplan enthält die Zeiten für alle Mitarbeiterinnen und Mitarbeiter der Schule.

Die Teilnahme am Ganztag ist für alle Kinder verpflichtend. Für das leibliche Wohl der Kinder ist mit einem Frühstücksangebot und dem gemeinsamen Mittagessen gesorgt – dazu gehört auch das Zähneputzen im Anschluss. Gegessen wird in der Lernfamilie, sodass die Kinder den ganzen Tag in ihrer vertrauten Gruppe bleiben, was besonders für Kinder mit emotional-sozialem Förderbedarf wichtig ist. Der Pausenhof ist nach dem Konzept der Bewegten Pause gestaltet, mit verschiedenen räumlichen Ebenen, Ruhezone, Wiese etc. In den Pausen ist Fini, die Schulhündin, eine begehrte Partnerin für Spaziergänge und Spiele. Fini ist in zwei Lernfamilien regelmäßig »tätig«. Die Schule kooperiert mit Ergo- und Sprachheiltherapeuten, die in den Ganztag eingebunden sind.

Die Zusammenarbeit mit den Eltern ist eng: So melden sich die Lehrkräfte auch (und besonders gern) bei den Eltern, wenn ein Kind etwas Besonderes geleistet hat – und nicht nur, um problematische Entwicklungen zu besprechen. In einem Erziehungsvertrag werden die Rechte und Pflichten aller an der Erziehung und Bildung Beteiligten vereinbart.

So ist die Schule Lebens- und Lernraum für alle Kinder, Lehrkräfte und Eltern – und der Erfolg gibt ihr Recht: Seit die Kettelerschule den Weg zur inklusiven Schule beschreitet und jahrgangsübergreifend unterrichtet, hat sich der Anteil der Schülerinnen und Schüler, die anschließend aufs Gymnasium gehen, verdoppelt: von sieben auf 14 Prozent. Der Anteil an Realschülern hat sich sogar fast verdreifacht: von 25 auf mehr als 70 Prozent.

Kontakt
Schulleiterin Christina Lang
Kettelerschule
Siemensstraße 248
53121 Bonn
Tel. 0228/772213
www.kettelerschule-bonn.de

Gemeinschaftsgrundschule Wolperath-Schönau in Neunkirchen-Seelscheid: Preisträgerporträt 2013/14

»Gemeinsam in Vielfalt«: Das ist an der Gemeinschaftsgrundschule Wolperath-Schönau nicht nur Motto, sondern wird auch praktiziert. Von den zurzeit 194 Schülerinnen und Schülern, die hier unterrichtet werden, haben 24 einen ausgewiesenen sonderpädagogischen Förderbedarf. Seit ihrer Gründung arbeitet die Schule mit dem Ansatz der schulweiten Inklusion. Schulentwicklung wird immer unter diesem Blickwinkel gesehen. Das zeigt sich besonders an der »Frage des Monats«: Aus dem »Index für Inklusion« wird jeden Monat eine Frage ausgewählt, die für alle sichtbar im Schulgebäude ausgehängt wird. Kommentare und Reflexionen zu dieser Frage werden in einem Briefkasten gesammelt. Anschließend werden sie durch die Steuergruppe »Inklusive Schulentwicklung«, in der auch die Schüler vertreten sind, ausgewertet, der gesamten Schule vorgestellt und als Anregung für mögliche Veränderungen genutzt.

Verbundenheit und Verbindlichkeit – das zeichnet die Schule im Alltag aus. Die Lehrkräfte der Gemeinschaftsgrundschule Wolperath-Schönau verpflichten sich freiwillig zu einer Präsenzzeit von 7:30 bis 16 Uhr. Zwei- bis dreimal wöchentlich trifft sich das ganze Kollegium vor Unterrichtsbeginn zu kurzen Besprechungen. Der Fachunterricht findet in den verschiedenen Klassen einer Schulstufe parallel statt, sodass die Lehrkräfte den Unterricht gemeinsam vorbereiten und durchführen und beispielsweise klassenübergreifende Kleingruppen bilden können. Das gilt sowohl für die Erst- und Zweitklässler, die gemeinsam in der flexiblen Eingangsstufe lernen, als auch für die dritten und vierten Klassen, die jahrgangshomogen sind. Für Absprachen, Vor- und Nachbereitungen und auch Krisensitzungen bietet die verbindliche Anwesenheit aller genügend Raum und Zeit – den größten Teil ihrer Arbeit erledigen die Lehrkräfte so in der Schule.

Verbindlichkeit drückt sich auch darin aus, dass in der ganzen Schule die gleichen Regeln, Zeichen, Routinen und Rituale gelten und die gleichen Materialien und Konzepte verwendet werden. Sie alle geben der Schule einen festen Rahmen, innerhalb dessen dann eine große Freiheit herrscht. Für die Kinder bedeutet das Orientierung und Vertrautheit – und für die Erwachsenen eine Entlastung, weil sie sich auf das Kerngeschäft, den Unterricht, konzentrieren können.

Alle an der Schule Tätigen gehören auch selbstverständlich zum »Schulteam«. Die Schulleitung besteht aus einer Regelschullehrerin und einer Sonderpädagogin. Alle fühlen sich grundsätzlich für alle Schülerinnen und Schüler zuständig. Es besteht eine intensive Zusammenarbeit zwischen den Lehrkräften und allen Mitarbeiterinnen im Vor- und Nachmittagsbereich. Zwei Mitarbeiterinnen des offenen Ganztags arbeiten vormittags im Unterricht mit, Lehrkräfte bieten nachmittags Arbeitsgemeinschaften an. Konferenzen werden gemeinsam durchgeführt und Feste gemeinsam gefeiert.

Im Unterricht steht immer das individuelle Können im Vordergrund. Das bedeutet, dort anzusetzen, wo die Kinder stehen, damit sie ihre Potenziale gezielt entwickeln können. So gibt es zum Beispiel ein eigens entwickeltes Mathematikkonzept, das in spiralförmigen, fünfstufigen Kompetenzrastern (KORA) organisiert ist. Es stellt sicher, dass alle Kinder schon in der flexiblen Eingangsphase alle vier Grundrechenarten kennenlernen. Kinder mit wenig Übungsbedarf können sich dabei schneller auf der Spirale nach oben bewegen. Schwächere haben genügend Zeit für Wiederholung und Übung und können durch den spiralförmigen Aufbau gleichzeitig ihre Kompetenzen stetig erweitern.

Das KORA-Konzept wird unterstützt durch Mengenbilder, die alle Kinder gleichermaßen nutzen. So wird zum einen vermieden, dass sich Kinder Fehlstrategien aneignen, zum anderen können starke Rechner das Material nutzen, um anderen Kindern eigene Rechenwege zu erklären. Am Ende jeder KORA-Stufe steht eine Überprüfung. Den Zeitpunkt dafür bestimmen die Kinder selbst.

Die Lern- und Leistungsentwicklung der Schüler wird von den beteiligten Lehrkräften in »Portfolios« festgehalten und festgestellt. In »Lernportfolios« schätzen die Kinder ihre Lernerfolge selbst mithilfe ihrer Eltern ein. Diese werden von den Lehrkräften anschließend mit den Eltern und in angemessener Form auch mit den Kindern besprochen. Jedes Kind führt außerdem eigenständig ein »Lerntagebuch«, in dem es wichtige Lernerfahrungen und die geleistete Arbeit festhält. Auch in der Bewertung liegt der Fokus auf dem individuellen Können: Notenzeugnisse werden erst ab Klasse 4 vergeben.

Die Ergebnisse der Lernstandserhebungen zeigen, dass sich dieses Vorgehen positiv auswirkt: Die erreichten Leistungen liegen insgesamt im oberen Mittelfeld und sind besonders im Lesen überdurchschnittlich.

Individualisierung prägt das Unterrichtsbild stark: Während vier Kinder ein Würfelspiel spielen, rechnet ein anderes in seinem Stehständer mithilfe der Mengenbilder und mit Unterstützung einer pädagogischen Mitarbeiterin konzentriert seine Aufgaben. Einige Kinder arbeiten an unterschiedlichen Arbeitsblättern, und wer mit seinen Aufgaben fertig ist, holt sein aktuelles Buch unter dem Tisch hervor und liest.

Gleichzeitig spielt das gemeinsame Lernen und Erarbeiten eine große Rolle. So ist in einer 4. Klasse gerade »Inklusion« das Thema: Es geht um Gemeinsamkeiten und individuelle Besonderheiten der Schüler und Schülerinnen und auch der beiden Lehrerinnen, die diese Stunde gemeinsam gestalten. Am Ende der Stunde hat jedes Kind einen »Expertenpass«, auf dem es vermerkt hat, was es besonders gut kann. Dort findet sich eine breite Auswahl an Expertisen: »Dart spielen«, »durchhalten«, »rechnen«, »Pilze sammeln« oder »mit Menschen umgehen, die eine Operation hatten«. Die anderen Kinder wissen nun also, wen sie künftig bei bestimmten Fragestellungen zu Rate ziehen können. Und sie wissen auch, mit wem sie Interessen teilen. So wird hier ein Verständnis von Inklusion erarbeitet, das sich nicht auf das gemeinsame Lernen von Kindern mit und ohne Behinderungen beschränkt, sondern das Augenmerk darauf legt, dass alle Menschen einzigartig sind – und viele Gemeinsamkeiten haben.

Gemeinsamkeit spielt auch jeden Freitag eine Rolle. Alle Schülerinnen und Schüler ordnen sich jahrgangsübergreifend einer Werkstatt zu, in der sie an drei Freitagen hintereinander gemeinsam ein Thema bearbeiten. Im Anschluss präsentieren die Kinder sich und Teile ihrer Arbeit in den Werkstätten vor der gesamten Schule. Mit einer Ehrung der Geburtstagskinder und einem gemeinsamen Schullied wird die Woche abgeschlossen. Ein weiterer Ausdruck dafür, wie gut es an dieser Schule gelingt, das Individuelle, Eigene jedes Menschen mit Gemeinsamkeiten und Gemeinschaft zusammenzubringen.

Kontakt
Schulleiterin Melanie Schulz
Gemeinschaftsgrundschule Wolperath-Schönau
Schöneshofer Straße 6
53819 Neunkirchen-Seelscheid
Tel. 02247/757096
www.grundschule-wolperath.de

Grundschule Ernst-Moritz-Arndt in Espelkamp: Preisträgerporträt 2015

Die Grundschule Ernst-Moritz-Arndt (EMA) in Espelkamp ist eine Schule für alle Kinder. Das Motto der Schule sieht der Besucher noch vor dem Betreten der Schule. An der Fassade heißt es in großen Lettern: »In jedermann ist etwas Kostbares, das in keinem anderen ist.« (Martin Buber). Dieses Grundverständnis zieht sich durch den gesamten Schulalltag: Die EMA will die Einzigartigkeit und die Vielfalt der Kinder als Chance für alle nutzen, sich nach ihren Möglichkeiten zu entfalten. Hier lernen deshalb alle Kinder gemeinsam: 185 Kinder mit und ohne Förderbedarf, mit und ohne Migrationshintergrund, aus verschiedenen Konfessionen und Religionen. 35 Prozent der Kinder erhalten nach der Grundschulzeit eine Empfehlung fürs Gymnasium.

Inklusion geht nur im Team. An der EMA leitet ein Team aus Grundschullehrer, Sonderpädagogen und Schulbegleiter jede Klasse. In fast allen Stunden sind zwei Kräfte anwesend. Die Klassenteams haben montags im Stundenplan eine feste Teambesprechungszeit, um den Unterricht vorzubereiten und abzustimmen. Um die Beziehung zwischen Lehrern und Kindern zu stärken, verbringen die Klassenteams viel Zeit in der eigenen Klasse. Davon profitieren alle Kinder.

Wie schon die Zusammensetzung der Klassenteams zeigt, ist das Konzept für die Schulbegleiter an der EMA besonders gut organisiert: Alle Schulbegleiter kommen von einem einzigen Träger, der Lebenshilfe. Sie sind im Pool organisiert und sehen sich als Ansprechpartner für alle Kinder. Dadurch, dass sie nicht zu eng an »ihrem« Kind sind, werden gerade die Kinder mit Förderbedarf selbstständiger und können sich besser in der Gemeinschaft entwickeln als das sonst oft der Fall ist. Und alle Kinder profitieren davon, noch einen Ansprechpartner in der Klasse zu haben, der für ihre Fragen und Bedürfnisse offen ist. Die Organisation im Pool bedeutet außerdem, dass sich die Schulbegleiter im Notfall gegenseitig vertreten können. Dass ein Kind nicht zur Schule kommen kann, weil sein Schulbegleiter krank ist, kommt deshalb nicht vor.

Lernen so, wie es für jedes Kind richtig ist, prägt den Schulalltag, selbstständig und in Gruppenarbeit. Jedes Kind lernt, in seinem eigenen Tempo an Tages-, Wochen- und Aufgabenplänen zu arbeiten. In jedem Schuljahr lernen die Schüler jeweils zwei neue kooperative Lernformen kennen, die anschließend weiterhin geübt werden. Am Ende ihrer Grundschulzeit beherrschen alle Kinder acht verschiedene kooperative Lernformen. Die Lehrer verstehen sich dabei als Unterstützer im Lernprozess. Darüber hinaus kommen die Schüler auch in jahrgangsübergreifenden »Förderbändern« zusammen. Hier finden sich Kinder, die einen ähnlichen Entwicklungsstand haben. In den Förderbändern werden zum Beispiel pädagogisches Reiten, die

Sprachfördergruppe oder die Schwimmgruppe angeboten. Da die Schule ein eigenes Schwimmbad hat, gehört Schwimmen für alle Kinder zu normalen Unterricht: Am Ende der Grundschulzeit kann fast jedes Kind der EMA schwimmen.

Zum Konzept der EMA gehört auch, Unterricht und Therapie eng miteinander zu verbinden. Die Schule arbeitet mit einer logopädischen Praxis zusammen, stellt Räume zur Verfügung, stimmt Stundenpläne mit Therapieplänen ab und informiert die Logopäden über die Themen, die im Deutschunterricht behandelt werden. So können die Kinder gezielt an ihrem Wortschatz arbeiten. Diese enge Zusammenarbeit entlastet Eltern und Kinder und trägt dazu bei, dass die Kinder schnell große Fortschritte machen können.

Eher außergewöhnlich ist auch, dass die EMA selbst Träger ihres Ganztagsbereiches ist. Dadurch können Unterricht und offener Ganztag eng mit einander verzahnt werden. Im offenen Ganztag stehen auch Beratungslehrer zur Verfügung; außerdem unterstützen Lehrer bei den Hausaufgaben. Bereits morgens ab 7.00 Uhr können Eltern ihre Kinder in die Schule bringen. Das Angebot beinhaltet neben der Mittagsversorgung und der Hausaufgabenbetreuung zahlreiche Arbeitsgemeinschaften wie zum Beispiel Basteln oder Fußball. Sollten Eltern auch spontan Betreuungsbedarf haben, ist es meist möglich, ihnen entgegenzukommen.

Die Schule arbeitet eng mit anderen Bildungseinrichtungen im Umfeld zusammen. Aus den fünf umliegenden Kitas werden die zukünftigen Lernanfänger bereits vor der Einschulung in die EMA eingeladen und im »Schulspiel« in kleinen Gruppen in unterschiedlichen Entwicklungsbereichen überprüft. Es wird beobachtet, wie die Kinder in einer Gruppe agieren. Diese Beobachtung ermöglicht bei der späteren Planung der Klasseneinteilung, dass die Kinder in ihrer Klasse einen Lern- oder Spielpartner haben. Es ist der Schule wichtig, Kinder zusammenzuführen, um Freundschaften entstehen zu lassen. Die Schule versucht deshalb, allen ein Gefühl von Gemeinschaft und Zusammenhalt zu vermitteln und so die Vielfalt der Kinder als Chance zu nutzen.

Länderprofil Rheinland-Pfalz

1 Die Schullandschaft in Rheinland-Pfalz

Rheinland-Pfalz hat fast vier Millionen Einwohner in 24 Land- und zwölf Stadtkreisen. Das Schulsystem des Landes wird seit dem Schuljahr 2009/10 grundlegend neu strukturiert: Die Sekundarstufe nach der vierjährigen Grundschule wird schrittweise zur Dreigliedrigkeit umgebaut, Haupt- und Realschulen werden zusammengeführt zur Integrierten Gesamtschule, die bisherigen integrierten Schularten Regionale Schule und Duale Oberschule werden in die Realschule plus überführt. Die dritte Schulform ist das Gymnasium. Die ersten beiden Jahrgangsstufen der Sekundarstufe I bilden die Orientierungsstufe.

Inklusiver Unterricht findet in Rheinland-Pfalz neben den Förderschulen hauptsächlich an den sogenannten Schwerpunktschulen statt. Dabei handelt es sich um allgemeine Schulen (Grundschulen und weiterführende Schulen der Sekundarstufe I), die eine möglichst wohnortnahe inklusive Beschulung ermöglichen sollen. Parallel dazu unterhält Rheinland-Pfalz ein hochdifferenziertes Netz von insgesamt 138 Förderschulen (Stand: Schuljahr 2012/13) mit verschiedenen Förderschwerpunkten. Dazu gehören Sonderschulen für Lernen, Sprache, ganzheitliche Entwicklung, motorische Entwicklung und sozial-emotionale Entwicklung sowie Schulen für Blinde und Sehbehinderte und Schulen für Gehörlose und Schwerhörige.

2 Gemeinsames Lernen und Inklusion: ein Blick in die Bildungsstatistik

Im Schuljahr 2008/09, als am 26.3.2009 die UN-Behindertenrechtskonvention in Kraft trat, lag die Förderquote bei 4,5 Prozent. Das entsprach rund 19.100 Schülern der Jahrgangsstufen 1 bis 10, bei denen ein sonderpädagogischer Förderbedarf festgestellt wurde. Von allen Schülern dieses Alters besuchten zu diesem Zeitpunkt 3,8 Prozent eine Schule des Sonderschulwesens (Exklusionsquote). Damit schnitt Rheinland-Pfalz im innerdeutschen Vergleich relativ gut ab: Im Durchschnitt aller 16 Bundesländer lag die Förderquote bei 6,0 Prozent, und 4,9 Prozent der Kinder und Jugendlichen mit besonderem Förderbedarf wurden außerhalb des Regelschulsystems unterrichtet. Allerdings besuchten in Rheinland-Pfalz zu der Zeit nur 16,9 Prozent der Erst- bis Zehntklässler mit einem sonderpädagogischen Förderbedarf den gemeinsamen Unterricht einer allgemeinen Schule, während dieser sogenannte Inklusionsanteil bundesweit bei 18,4 Prozent lag.

Abbildung 23: Exklusionsquoten in Rheinland-Pfalz

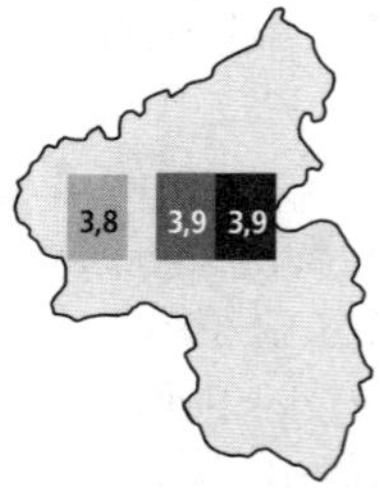

Schuljahr: 2008/09 2012/13 2013/14

Angaben in Prozent

Fünf Jahre später hat Rheinland-Pfalz sich in Sachen Inklusion etwas weiterentwickelt: Im Schuljahr 2013/14 wurde zwar bei gut 20.030 Schülern der Klassenstufen 1 bis 10 ein sonderpädagogischer Förderbedarf diagnostiziert, womit die Förderquote auf 5,4 Prozent gestiegen ist. Inzwischen besucht aber gut jeder vierte (27,0 %) dieser Förderschüler eine allgemeine Schule, der Inklusionsanteil hat sich also ebenfalls erhöht. Allerdings liegt er immer noch unter dem bundesweiten Wert: Im Schnitt aller Bundesländer liegt die Förderquote mit 6,8 Prozent deutlich höher, aber zugleich werden mit 31,4 Prozent anteilig etwas mehr Förderschüler inklusiv beschult.

Gleichzeitig liegt die Exklusionsquote mit 3,9 Prozent immer noch unter dem Bundesdurchschnitt von 4,7 Prozent. Die Chancen der Schüler an separaten Förderschulen in Rheinland-Pfalz, einen Schulabschluss zu erlangen, entsprechen in etwa dem Bundesdurchschnitt: 26,4 Prozent von ihnen erhielten im vergangenen Schuljahr mindestens einen Hauptschulabschluss.

Die Mehrheit der Förderschüler in Rheinland-Pfalz ist dem Schwerpunkt »Lernen« zugeordnet: Mit 56,2 Prozent bilden sie im Schuljahr 2013/14 die weitaus größte Gruppe. Die anderen verteilen sich mit folgenden Anteilen auf die weiteren Förderschwerpunkte: »Geistige Entwicklung« 15,2 Prozent, »Körperliche und motorische Entwicklung« 8,2 Prozent, »Sprache« 5,6 Prozent, »Emotionale und soziale Entwicklung« 5,0 Prozent, »Hören« 4,8 Prozent, »Ohne Zuordnung« 3,2 Prozent, »Sehen« 1,8 Prozent (vgl. Abb. 24). Im Vergleich zum Schuljahr 2008/09 fällt auf, dass sich der Anteil von Diagnosen im Schwerpunkt »Sprache« und beispielsweise im Bereich »Übergreifend bzw. ohne Zuordnung« erhöht hat. Zugleich ist der Anteil des Schwerpunkts »Lernen« um 3,8 Prozentpunkte zurückgegangen.

Inklusion findet in Rheinland-Pfalz im Schuljahr 2013/14 vor allem an den Schulen mit mehreren Bildungsgängen statt: Rund 64 Prozent der unterrichteten Schüler mit besonderem Förderbedarf besuchen diese Schulform. Weitere 30,1 Prozent nehmen am Unterricht einer Gesamtschule teil, 4,3 Prozent lernen am Gymnasium. Bei den rund 1.800 integrierten Förderschülern an einer Schule mit mehreren Bildungsgängen (Realschule plus) handelt es sich fast ausschließlich um Kinder und Jugendliche mit dem Förderschwerpunkt »Lernen« (rund 84 %).

Abbildung 24: Förderschwerpunkte in Rheinland-Pfalz (Verteilung in Prozent)

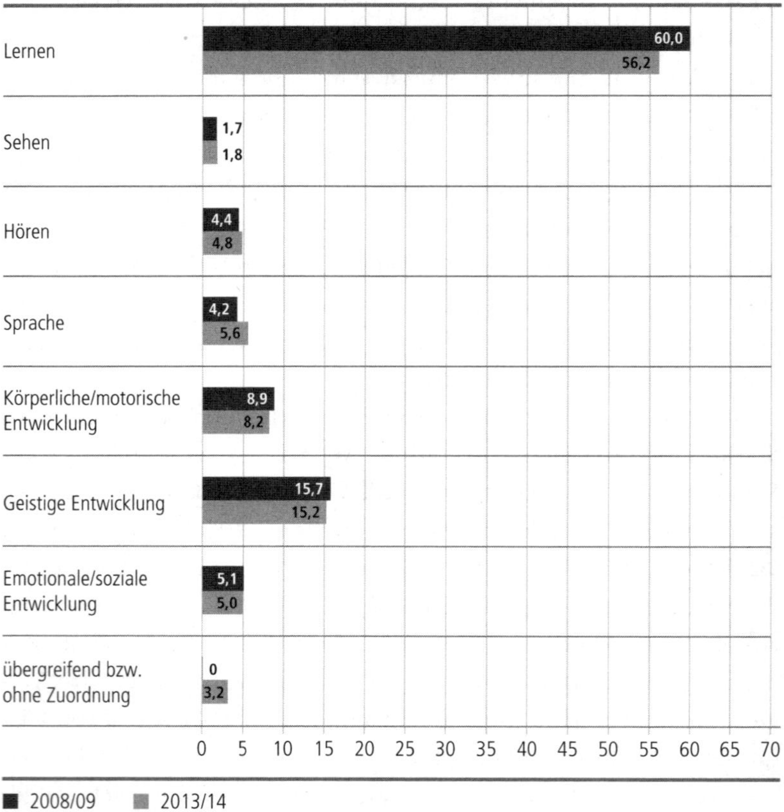

Quelle: KMK 2014a, b, c

Gut 850 Förderschüler nehmen am Unterricht einer Gesamtschule teil. Hier finden sich ebenfalls vorwiegend Schüler mit besonderem Förderbedarf im Bereich »Lernen«, rund sechs Prozent benötigen Unterstützung im Schwerpunkt »Hören« sowie rund sieben Prozent im Bereich »Geistige Entwicklung«. An Gymnasien lernen im betreffenden Schuljahr nur rund 120 Förderschüler; sie haben zu gut 92 Prozent einen Förderbedarf in physischen Bereichen (Hören, Sehen, körperlich-motorische Entwicklung). An den auslaufenden Realschulen finden sich nur noch wenig Schüler mit besonderem Förderbedarf; es sind größtenteils Kinder und Jugendliche mit Unterstützungsbedarf im Hören (Realschulen).

3 Gemeinsames Lernen und Inklusion in Rheinland-Pfalz: die Gesetzeslage

3.1 Gesetzesgrundlagen

Der gemeinsame Unterricht von Kindern mit und ohne sonderpädagogischen Förderbedarf ist in Rheinland-Pfalz im Wesentlichen durch vier Texte geregelt:

- das Schulgesetz (SchulG, Stand 24.7.2014),
- die Schulordnung für die öffentlichen Sonderschulen (SoSchulO RP, Stand 9.8.2006),
- die Schulordnung für die öffentlichen Grundschulen (GSchO, Stand 9.12.2013),
- das Landeskonzept für die Weiterentwicklung von Inklusion im schulischen Bereich (LKWI, Stand 2013).[26]

Nach § 1 Abs. 2 SchulG »leistet [Schule] einen Beitrag zur Integration von Schülerinnen und Schülern mit Migrationshintergrund. Im Bewusstsein der Belange der Schülerinnen und Schüler sowie der Lehrkräfte und Eltern mit Behinderungen wirken alle Schulen bei der Entwicklung eines inklusiven Schulsystems mit«. Laut § 3 Abs. 5 SchulG sollen »[a]lle Schülerinnen und Schüler [...] das schulische Bildungs- und Erziehungsangebot grundsätzlich selbstständig, barrierefrei im Sinne des § 2 Abs. 3 des Landesgesetzes zur Gleichstellung behinderter Menschen und gemeinsam nutzen können«.

Gemeinsamer Unterricht kann an Grundschulen und an weiterführenden Schulen der Sekundarstufe I durchgeführt werden, vorwiegend an Schwerpunktschulen. Der Unterricht kann zielgleich oder zieldifferent sein (vgl. LKWI 2013: 1–2).

26 Vgl. http://mbwwk.rlp.de/fileadmin/mbwjk/Bildung/Konzept_Inklusion.pdf (Download 22.10.2014).

3.2 Feststellung eines sonderpädagogischen Förderbedarfs

Nach § 11 SoSchulO RP obliegt die Feststellung eines sonderpädagogischen Förderbedarfs der Förderschule. Bei Schulanfängern erfolgt sie, nachdem das betreffende Kind an der Förderschule angemeldet wurde (§ 9 SoSchulO RP). Geht das Kind bereits zur Schule, können nach § 18 SoSchulO RP entweder die Eltern oder die Schulleitung der besuchten Schule, nach Anhörung der Eltern, die Feststellung eines sonderpädagogischen Förderbedarfs beantragen.

Bei der Ermittlung des Förderbedarfs sind alle einzubeziehen, die bis dahin an der Förderung des betroffenen Schülers beteiligt waren (§ 11 Abs. 2 SoSchulO RP). Die Feststellung beruht wesentlich auf einer ausführlichen Analyse und Darstellung der festgestellten Beeinträchtigungen, der Vorgeschichte, der Lernvoraussetzungen, des Lern- und Leistungsverhaltens, der individuellen Fähigkeiten und des Entwicklungsstands und den Ergebnissen anerkannter Testverfahren (§ 11 Abs. 3 SoSchulO RP).

Diese Informationen sowie ggf. weitere relevante Gutachten fließen in das Gutachten ein, das erstellt wird. Es schließt mit einer Feststellung in Bezug auf den Förderbedarf und einem von fünf sogenannten »Fördervorschlägen«: von der Feststellung, dass kein sonderpädagogischer Förderbedarf vorliegt, bis zur Befreiung von der Schulpflicht (§ 11 Abs. 5 SoSchulO RP).

3.3 Entscheidung über den Lernort

Ob ein Schüler mit festgestelltem sonderpädagogischem Förderbedarf an einer Förderschule oder im inklusiven Unterricht lernt, entscheiden die Eltern (§ 3 Abs. 5 SchulG). Sie werden dabei von Schulen mit inklusivem Unterricht bzw. Förderschulen/Förderzentren beraten. Auf Basis der Entscheidung der Eltern legt die Schulbehörde fest, welche Schule besucht wird, unter Berücksichtigung der Belange der Schulträger und der Träger der Schülerbeförderung (§ 59 Abs. 4 SchulG).

3.4 Umsetzung des gemeinsamen Lernens

Gemäß § 14a Abs. 1 SchulG ist »der gemeinsame und individuell fördernde Unterricht von Schülerinnen und Schülern mit und ohne Behinderungen (inklusiver Unterricht) eine allgemeinpädagogische Aufgabe aller Schulen« und wird von »zunehmend mehr Schulen« auch wahrgenommen, vorrangig allerdings von sogenannten »Schwerpunktschulen«. Schwerpunktschulen sind allgemeine Schulen (auch Grundschulen), denen zusätzliche Förderschullehrkräfte und pädagogische Fachkräfte zugewiesen werden, damit sie wohnortnahe inklusive Beschulung ermöglichen können (LKWI 2013). Schwerpunktschulen können Grundschulen, Realschulen plus, Gymnasien und Integrierte Gesamtschulen, außerdem in freier Trägerschaft auch Haupt- und Realschulen sein (§ 14a Abs. 4 SchulG).

Inklusive Beschulung ist aber auch an anderen Schulen möglich; dort werden vor allem Kinder mit Sinnesbehinderungen zielgleich beschult (LKWI 2013: 2–3). Gemäß § 29 Abs. 2 GSchO wird an den Grundschulen außer bei den Förderschwerpunkten »Lernen« und »Geistige Entwicklung« (in Rheinland-Pfalz: »Ganzheitliche Entwicklung«) zielgleich unterrichtet. In den genannten Förderschwerpunkten erfolgt der Unterricht zieldifferent. In der Sekundarstufe I findet zieldifferenter inklusiver Unterricht überwiegend an den Schulen statt, die gleichzeitig Schwerpunktschulen sind (LKWI 2013: 1–2).

Für die Durchführung des »inklusiven Unterrichts« gilt, dass die Schulen die gleichberechtigte Einbindung aller Schülerinnen und Schüler in die schulische Gemeinschaft sicherstellen, gemeinsames Leben und Lernen gewährleisten, der Unterschiedlichkeit der Schüler Rechnung tragen und allen Schülern individuelle Entwicklungsprozesse ermöglichen müssen (§ 14a Abs. 2 SchulG). Sie werden dabei von den Förder- und Beratungszentren unterstützt.

Forschungsprojekt

An der Universität Koblenz-Landau lief von Herbst 2011 bis Herbst 2014 das Forschungsprojekt »Gelingensbedingungen des gemeinsamen Unterrichts an Schwerpunktschulen in Rheinland-Pfalz« (GeSchwind) unter der Leitung von Jun.-Prof. Dr. Désirée Laubenstein und Prof. Dr. Christian Lindmeier. Das Projekt untersucht die inklusive Beschulung an Schwerpunktschulen im Bundesland Rheinland-Pfalz mit dem Ziel, den schrittweisen Aufbau eines inklusiven Bildungssystems zu betrachten. Zentrale Fragen sind, wie weit die Schwerpunktschule auf ihrem Weg zur inklusiven Schule bereits fortgeschritten ist und welcher Gelingensbedingungen es aus Sicht der beteiligten Akteure bedarf.

Mithilfe einer qualitativen Fragebogenerhebung in den rheinland-pfälzischen Schwerpunktschulen und einer Befragung von Expertinnen und Experten in Einzel- und Gruppeninterviews sollen »Informationen über Personalsituation, sächliche Ausstattung, Formen der Förderplanung, Diagnostik und Kooperation sowie Inhalte und der Nutzen von Fortbildungs- und Beratungsangeboten« (www.uni-koblenz-landau.de/landau/fb5/instfson/forschungsprojekt-geschwind/Forschungsprojekt%20GeSchwind/aufgaben-und-ziel) erhoben werden. Ergänzend werden leitfadengestützte Interviews, verschiedene Formen teilnehmender Beobachtung und Schülerprofile genutzt. Die Evaluation soll Aufschluss darüber geben, »wie das Konzept der Schwerpunktschule weiterentwickelt werden muss, um einen substantiellen Beitrag zur Ausgestaltung eines inklusiven Schulsystems in Rheinland-Pfalz leisten zu können« (www.uni-koblenz-landau.de/landau/fb5/instfson/forschungsprojekt-geschwind/Forschungsprojekt%20GeSchwind/Literatur).

Die vorläufigen Ergebnisse zeigen unter anderem, dass die Schulen mit zunehmender Erfahrung mehr Zutrauen zu den eigenen Fähigkeiten und professionelle Kompetenzen entwickeln. Die Haltungen und Einstellungen der Lehrkräfte verändern sich; nach einiger Zeit steht nicht mehr die Frage des »Ob«, sondern das »Wie« im Mittelpunkt. Als wichtig für einen gelingenden inklusiven Unterricht erweisen sich Teamarbeit, Fortbildung der Lehrkräfte, die Inanspruchnahme von Beratungs- und Unterstützungsangeboten sowie Reflexion und Weiterentwicklung der Unterrichtsqualität. Inklusive Schulen zeichnen sich beispielsweise durch Differenzierung des Arbeitsmaterials, individuelle Zeitstrukturen, offene Unterrichtsformen, kollegiale Beratung sowie fachliche und soziale Vernetzung in der Region aus. Die abschließenden Ergebnisse des Projekts werden voraussichtlich im Herbst 2014 veröffentlicht.

Lehrerausbildung

Inklusion wird nach Auskunft des Landes in allen lehramtsrelevanten Studienbereichen berücksichtigt; das Thema an sich ist im Studienfach Bildungswissenschaften verortet. Sonderpädagogische Aspekte und Themenbereiche von Inklusion sind in den Modulen der Bildungswissenschaften für alle Lehrämter bereits verpflichtend enthalten. Derzeit werden diese Aspekte in einem kooperativen Arbeitsprozess sowohl in den Bildungswissenschaften als auch in den Fachdidaktiken für alle Lehrämter weiter verstärkt.

Fortbildungen

Den Schulen, die inklusiven Unterricht anbieten oder anbieten wollen, stehen Fortbildungen bzw. Fortbildungsreihen zur Verfügung. Hier werden Heterogenität, gemeinsamer Unterricht, rechtliche Grundlagen und andere Themen behandelt, die für die Entwicklung einer solchen Schule relevant sind. Zur Unterstützung können Lehrkräfte und Kollegien den schulpsychologischen Dienst anfordern.

Fachlich begleitet werden sie über das Beratungssystem des Pädagogischen Landesinstituts, insbesondere von den 28 Beraterinnen und Beratern für Integration/Inklusion sowie den 17 Beratungslehrkräften für Autismus. Diese Angebote werden entsprechend dem Bedarf weiter ausgebaut. Zusätzlich erhalten die Schwerpunktschulen ab dem Schuljahr 2014/15 ein Fortbildungsbudget, mit dem sie in eigener Verantwortung weitere Fortbildungen finanzieren können.

5 Gemeinsames Lernen in Rheinland-Pfalz: Erfahrungen aus der Praxis

Integrierte Gesamtschule Anna Seghers, Mainz, Interviewpartner: Harry Poignie, Schulleiter

Bitte stellen Sie Ihre Schule kurz vor und skizzieren Sie das dort gelebte Inklusionsverständnis.

Die Integrierte Gesamtschule Anna Seghers in Mainz gehört seit dem Schuljahr 2002/03 zu den Schwerpunktschulen des Landes Rheinland-Pfalz. Davor haben wir auch schon an einem entsprechenden Schulversuch teilgenommen. Kinder mit und ohne Behinderung gemeinsam zu unterrichten hat bei uns also eine lange Tradition. An unserer Schule können alle Bildungsabschlüsse erworben werden, vom Hauptschulabschluss bis zum Abitur. Als Schwerpunktschule haben wir ein eigenes Konzept zur individuellen Förderung entwickelt. Das bezieht sich nicht nur auf Kinder mit sonderpädagogischem Förderbedarf, sondern auf alle Kinder.

An unserer Schule werden insgesamt rund 900 Schülerinnen und Schüler von etwa 100 Lehrerinnen und Lehrern unterrichtet. Fester Bestandteil des Kollegiums sind sieben Förderlehrerinnen und zwei pädagogische Fachkräfte, die alle auch Fachunterricht erteilen. Um eine richtige Inklusionsschule sein zu können, bräuchten wir aber sicher doppelt so viele von diesen Lehrkräften. Dann könnten in allen Stunden jeweils zwei Pädagogen unterrichten; so könnte die Binnendifferenzierung innerhalb einer Klasse verbessert werden. Das wäre insbesondere für die Kinder mit einer Lernbehinderung ein großer Vorteil.

Grundsätzlich nehmen wir pro Schuljahrgang acht Kinder mit jeder Form von Beeinträchtigung auf: mit körperlichen Behinderungen, Beeinträchtigungen der Sinne wie dem Sehen oder Hören, Kinder mit sozialen und emotionalen Problemen, Kinder mit Lernbehinderungen oder mit einer geistigen Behinderung. Es gibt allerdings auch Grenzen der Inklusion, das muss man klar sagen. Wenn Kinder dem Unterricht überhaupt nicht folgen können und keinerlei Fortschritte machen, ist die Förderschule sicher auch weiterhin der geeignetere Lernort. Dort ist die Betreuungssituation viel besser, und es werden auch lebenspraktische Kenntnisse vermittelt. In unseren Klassen haben wir jeweils 28 oder 29 Schüler. Das Wohl des Kindes muss an erster Stelle stehen. Wenn wir etwa Kinder mit einer schweren geistigen Beeinträchtigung ständig aus dem Unterricht herausnehmen müssen, haben wir ja genau das Gegenteil von Inklusion.

Manche Eltern, die ihr Kind zu einer Schwerpunktschule schicken, haben auch falsche Erwartungen in Bezug auf den Abschluss, den es erreichen kann. Einige Kinder mit Lernbehinderungen schaffen durchaus den Hauptschulabschluss. Die Oberstufe besuchen dann aber nur noch Kinder mit körperlichen Beeinträchtigungen. Trotz aller Anstrengungen ist Inklusion eine lohnenswerte Sache.

Welche Auswirkungen hat die Gesetzeslage auf Ihre Schule?

Seit dem 1.8.2014 haben die Eltern von Kindern und Jugendlichen mit sonderpädagogischem Förderbedarf das gesetzlich verankerte Recht, zwischen einem inklusiven Unterrichtsangebot an einer Schwerpunktschule und einer speziell auf die Beeinträchtigung zugeschnittenen Förderschule zu wählen. Daher werden wir mehr Anfragen bekommen.

Leider haben die Förderschulen keinen so guten Ruf – völlig zu Unrecht. Eltern fürchten, dass ihre Kinder sozial benachteiligt werden. Ich sehe das nur bedingt so und verweise auf die bereits genannten Stärken der Förderschule. Dort sitzen die Spezialisten. Wir stellen aber schon fest, dass die Eltern auf ihr Recht pochen. Sie können ihre

Kinder allerdings nicht direkt bei den Schulen anmelden; die Zuweisung erfolgt über die Schulbehörde. Insgesamt glaube ich, dass Rheinland-Pfalz mit der Wahl zwischen Schwerpunktschule und Förderschule einen richtigen Weg eingeschlagen hat.

Was wünschen Sie sich vom Gesetzgeber, damit Inklusion besser gelingen kann?

Das ist vor allem eine Frage des Personals. Wir benötigen zusätzliche Förderlehrkräfte. Auch in eine bessere räumliche Ausstattung müsste investiert werden. Inklusion erfordert zusätzliche kleine Räume für individuelle Förderung und die Möglichkeit, sich zurückzuziehen. Bei uns wurde kürzlich ein Neubau errichtet, der zwar auf die Bedürfnisse einer IGS, aber nicht auf die einer Schwerpunktschule zugeschnitten ist. Ich hätte erwartet, dass man uns stärker in die Planungen einbezieht. Jetzt müssen wir improvisieren und uns behelfen.

Insgesamt hat Rheinland-Pfalz etwa 1.500 Schulen, davon sind rund 250 Schwerpunktschulen. Im Rahmen der Umsetzung des Gesetzes kommen noch 50 weitere hinzu. Diese Schulen müssen eine große Last schultern, und dafür benötigen sie zusätzliche Ressourcen. Das wünsche ich mir vom Gesetzgeber.

Kontakt
Integrierte Gesamtschule Anna Seghers
Berliner Straße 53
55131 Mainz
Tel. 06131/952400
www.igsas.de

6 Fazit

Die rheinland-pfälzischen Verordnungen und Gesetze beziehen den Begriff »Inklusion« in erster Linie auf den gemeinsamen Unterricht von Schülern mit und ohne Behinderungen; der Begriff »Integration« ist für Schüler mit Migrationshintergrund vorbehalten. In Bezug auf die Umsetzung des gemeinsamen Lernens sieht das Gesetz alle Schulen in der Pflicht, wobei zunächst die sogenannten Schwerpunktschulen für die Umsetzung von gemeinsamem Unterricht zuständig sind. In Hinblick darauf, dass Schüler nach der UN-BRK Anspruch darauf haben, eine Schule in der Nähe ihres Wohnortes zu besuchen, zeigt dieses Konzept, dass Rheinland-Pfalz sich zwar auf dem Weg befindet, aber derzeit noch viel zu tun ist, um das allgemeine und das Sonderschulwesen konsequent zusammenzuführen.

Das spiegelt sich auch in der Entwicklung der Kennzahlen seit 2008/09 wider: Zwar liegt der Anteil von Schülern, die separat unterrichtet werden, nach wie vor deutlich unter dem Bundesdurchschnitt – er ist aber in den letzten Jahren nicht gesunken, sondern sogar leicht gestiegen. Dasselbe gilt für die Förderquote, die ebenso weiterhin unter dem Bundesschnitt liegt, jedoch gestiegen ist. Der erhöhte Inklusionsanteil (der immer noch niedriger ist als der Bundesdurchschnitt) erklärt sich damit vollständig aus der erhöhten Förderquote. Von einer Zusammenführung der Systeme ist Rheinland-Pfalz also noch deutlich entfernt.

Aus der Praxis zeigt sich, dass Schwerpunktschulen durchaus als ein gangbarer und sinnvoller Weg angesehen werden. Gleichzeitig wäre es auch in Rheinland-Pfalz notwendig, für verlässliche und ausreichende Ressourcen zu sorgen, damit die Schwerpunktschulen ihrer Aufgabe angemessen nachkommen können, zumal sie im gegenwärtigen Zustand die größte Rolle bei der Umsetzung von Inklusion spielen.

Jakob-Muth-Preisträger aus Rheinland-Pfalz

Brüder-Grimm-Schule in Ingelheim: Preisträgerporträt 2013/14

Die Brüder-Grimm-Schule in Ingelheim ist eine Schule für alle. Schon früh machte sich die Grundschule auf den Weg zu einer inklusiven Schule: zunächst als eine der ersten Schwerpunktschulen in Rheinland-Pfalz, dann in einem Schulversuch zum Gemeinsamen Unterricht und schließlich durch die intensive Entwicklung inklusiver Strukturen. Heute wird in allen Klassen der Grundschule schulweite Inklusion gelebt.

An der Schule lernen 225 Schülerinnen und Schüler, davon rund 15 Prozent mit ausgewiesenem sonderpädagogischen Förderbedarf, überwiegend im Schwerpunkt »Lernen«. Die Schule gilt als »Schule im Brennpunkt«.

Zum Leitgedanken der Schule gehören die »Wertschätzung und Förderung aller Kinder« und die Wahrnehmung von Unterschiedlichkeiten als Chance. Um auf diese Unterschiedlichkeiten im Unterricht individuell eingehen zu können, wurde an der Brüder-Grimm-Schule eine kompetenzorientierte Unterrichtsform entwickelt, die sich »Atelierarbeit« nennt. Bei der Atelierarbeit gibt es ein Oberthema (z. B. Erdzeitalter oder Wetter), mit dem sich alle Schüler einer Klassenstufe beschäftigen. Sie können dabei aus verschiedenen Perspektiven an das Thema herangehen, im Sach-, Sprach-, Mathe- oder Kunstatelier.

Jedes »Atelier« besteht aus einem Karteikasten mit Auftragskarten. Auf den Auftragskarten steht beispielsweise: »Zeichne ein Diagramm«, »Schreibe eine Geschichte« oder »Erstelle ein Plakat«. Die Kinder wählen, meist selbstständig, eine Auftragskarte aus und bearbeiten sie mithilfe vielfältiger Materialien, die in den Klassen- und Gruppenräumen zur Verfügung stehen. Sie arbeiten allein, zu zweit oder in Gruppen – oft auch zusammen mit Kindern aus anderen Klassen. Um dies zu ermöglichen, wird die Atelierarbeit in allen Klassen einer Stufe immer parallel durchgeführt, und alle Klassentüren stehen offen. Am Ende der Atelierzeit präsentieren jeweils einige Kinder ihre Ergebnisse.

Ergänzend zu der sehr aktiven und kooperativen Atelierarbeit werden an der Brüder-Grimm-Schule auch Stillarbeitsphasen sichergestellt: Ein Würfel auf dem Tisch zeigt an, ob der Schüler gut zurechtkommt und nicht gestört werden möchte, für Probleme anderer ansprechbar ist, Hilfe benötigt oder eine Rückmeldung der Lehrkraft wünscht.

Neben dem Ziel der individuellen Förderung aller Kinder im Unterricht spielt auch die Gemeinschaft eine große Rolle. Jeder Klassenraum der Schule ist mit einem großen runden Teppich ausgestattet. Hier trifft sich die Klasse im Sitzkreis, um Arbeitsphasen gemeinsam zu beginnen und zu beenden. Hier kommen die Kinder zu Präsentationen und Besprechungen zusammen. Eine weitere Besonderheit der Schule sind die jahrgangsübergreifenden »Gläsernen Tage«, an denen alle Kinder gemeinsam an verschiedensten Stationen zu einem Sachthema lernen.

Ein Drittel bis die Hälfte der Unterrichtsstunden wird von den Lehrkräften in Doppelbesetzung unterrichtet. Für Absprachen und gemeinsame Unterrichtsvorbereitungen ist eine Teamstunde im Stundenplan fest verankert.

Statt Hausaufgaben gibt es an der Brüder-Grimm-Schule das Prinzip der Lernzeit. Dies bedeutet, dass die Schüler im offenen Ganztag oder zu Hause nicht etwa neuen Lernstoff erarbeiten sollen, sondern 45 Minuten an den Inhalten weiterarbeiten und vertiefen sollen, was sie in der Schule begonnen haben. Die zeitliche Begrenzung ist dabei das entscheidende Element.

Auch wenn die Schülerinnen und Schüler der Brüder-Grimm-Schule mit ihren Leistungen bei Lernstandserhebungen im oberen Mittelfeld liegen, legt die Schule Wert auf einen differenzierten Leistungsbegriff: Er muss sich den Voraussetzungen und Umständen anpassen, die die Kinder in die Schule mitbringen. Aus diesem Grund entwickelte das Kollegium schuleigene Kompetenzraster für die Fächer Deutsch, Mathematik und Sachunterricht. Die Kompetenzraster sollen es ermöglichen, individuelle Förderung zu leisten und gleichzeitig eine Überlastung der Lehrkräfte zu vermeiden. Sie sollen Leistungen und Leistungsentwicklungen für Schüler und Eltern transparent machen, zu kompetenten Rückmeldungen durch die Lehrkräfte führen und die Schüler an ihrem eigenen Lernprozess beteiligen.

Die Entwicklung der Kompetenzraster erfolgte in Anlehnung an die VERA-Stufen, die Bildungsstandards und die Rahmenpläne des Landes Rheinland-Pfalz. Sie werden auch zur Leistungsdokumentation und -bewertung verwendet. Statt gewöhnlicher Zeugnisse werden an der Brüder-Grimm-Schule »Schüler-Eltern-Lehrer-Gespräche« (S-E-L-G) geführt, in denen die Kompetenzentwicklung und die Stärken der Kinder im Vordergrund stehen. Hier werden Ist- und Sollzustand der Schülerkompetenzen festgehalten und um Zielvereinbarungen ergänzt. Die S-E-L-G ersetzen in den ersten drei Jahren die Zeugnisse.

Dem Schulleiter Klaus Großmann ist es wichtig, dass die Brüder-Grimm-Schule eine offene, lernende und demokratische Schule ist. Wer sich länger in seinem Büro aufhält, merkt, dass die Tür immer allen offensteht. Es kommen Schülerinnen vorbei, die eine Beschwerde über einen Mitschüler haben. Eine Lehrerin wünscht ein Gespräch mit dem Schulleiter. Ein Elternpaar hat eine Frage zum Ganztag. Regelmäßig trifft sich Klaus Großmann mit dem Schülerrat, um mit den Schülerinnen und Schülern über wichtige Fragen des Schullebens zu diskutieren. So setzt die Brüder-Grimm-Schule ihr Selbstverständnis einer offenen, lernenden und demokratischen Schule auch im Alltag um: Der respektvolle Umgang miteinander steht nicht nur als Forderung an die Kinder im Raum – er wird von allen Beteiligten gelebt.

Kontakt
Schulleiter Klaus Großmann
Brüder-Grimm-Schule
Brüder-Grimm-Straße 27
55218 Ingelheim am Rhein
Tel. 06132/84193
www.bgs-ingelheim.de

Länderprofil Saarland

1 Die Schullandschaft im Saarland

Das Saarland gehört nach Fläche und Einwohnerzahl zu den kleinsten deutschen Bundesländern. Es hat rund 998.000 Einwohner in sechs Landkreisen und einem Regionalverbund. Das Schulsystem im Saarland ist nach der vierjährigen Grundschule zweigliedrig: In der Sekundarstufe besteht es aus der Gemeinschaftsschule, die zum Schuljahr 2012/13 eingeführt wurde, und dem Gymnasium. Die Schulformen, die es vor Einführung der Gemeinschaftsschule gab, laufen aus. Parallel zum allgemeinen Schulsystem unterhält das Saarland ein differenziertes Sonderschulwesen mit Schulen für »Lernen«, »Soziale Entwicklung«, »Sprache«, »Körperliche und motorische Entwicklung«, »Geistige Entwicklung«, »Blinde und Sehbehinderte« sowie für »Gehörlose und Schwerhörige«, außerdem den Krankenhaus- und Hausunterricht.

2 Gemeinsames Lernen und Inklusion: ein Blick in die Bildungsstatistik

Im Schuljahr 2008/09, als am 26.3.2009 die UN-Behindertenrechtskonvention in Deutschland in Kraft trat, wurde im Saarland bei rund 5.600 Schülern der Jahrgangsstufen 1 bis 10 ein sonderpädagogischer Förderbedarf festgestellt. Damit lag die Förderquote bei 6,2 Prozent. Der Anteil der Kinder und Jugendlichen, die eine Schule des Sonderschulwesens besuchten (Exklusionsquote), lag im selben Schuljahr bei 4,2 Prozent. Bundesweit wurde mit einer Förderquote von 6,0 Prozent ein etwas geringerer Anteil von Schülern als sonderpädagogisch förderbedürftig eingestuft, zugleich wurden aber mit einer Exklusionsquote von 4,9 Prozent anteilig etwas mehr Förderschüler außerhalb des allgemeinen Schulsystems unterrichtet. Der Inklusionsanteil im Saarland lag seinerzeit bereits bei rund 31 Prozent und damit deutlich über dem bundesdeutschen Durchschnitt von 18,4 Prozent im betreffenden Schuljahr.

Abbildung 25: Exklusionsquoten im Saarland

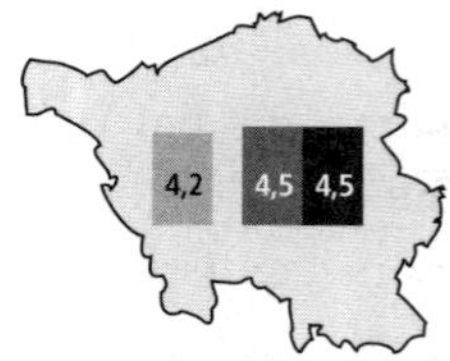

Schuljahr: 2008/09 2012/13 2013/14

Angaben in Prozent

Fünf Jahre später hat sich das Saarland in der gemeinsamen Beschulung von Schülern mit und ohne Förderbedarf weiterentwickelt: Zwar wurde im Schuljahr 2013/14 – bei fallenden Schülerzahlen – rund 6.500 Schülern der Klassenstufen 1 bis 10 ein sonderpädagogischer Förderbedarf attestiert, was bedeutet, dass die Förderquote auf 8,1 Prozent gestiegen ist. Inzwischen besuchen aber rund 45 Prozent dieser diagnostizierten Förderschüler eine Regelschule; damit hat sich auch der Inklusionsanteil deutlich erhöht.

Wie in anderen westlichen Bundesländern auch, hat sich jedoch die Exklusionsquote negativ entwickelt und ist angestiegen: Der Anteil aller Schüler, die eine Sonderschule besuchen, beträgt nun 4,5 Prozent. Damit liegt das Saarland nur noch knapp unter dem bundesdeutschen Durchschnittswert von 4,7 Prozent. Die Perspektiven dieser Schüler auf einen Hauptschulabschluss sind im bundesweiten

Vergleich vergleichsweise gut: Im vergangenen Schuljahr erzielten im Saarland immerhin fast 40 Prozent von ihnen mindestens einen Hauptschulabschluss – bundesweit schaffte das gut jeder vierte Jugendliche mit sonderpädagogischem Förderbedarf.

Mit 40,6 Prozent ist die große Mehrheit aller saarländischen Förderschüler dem Schwerpunkt »Lernen« zugeordnet. Die Anteile der

Abbildung 26: Förderschwerpunkte im Saarland (Verteilung in Prozent)

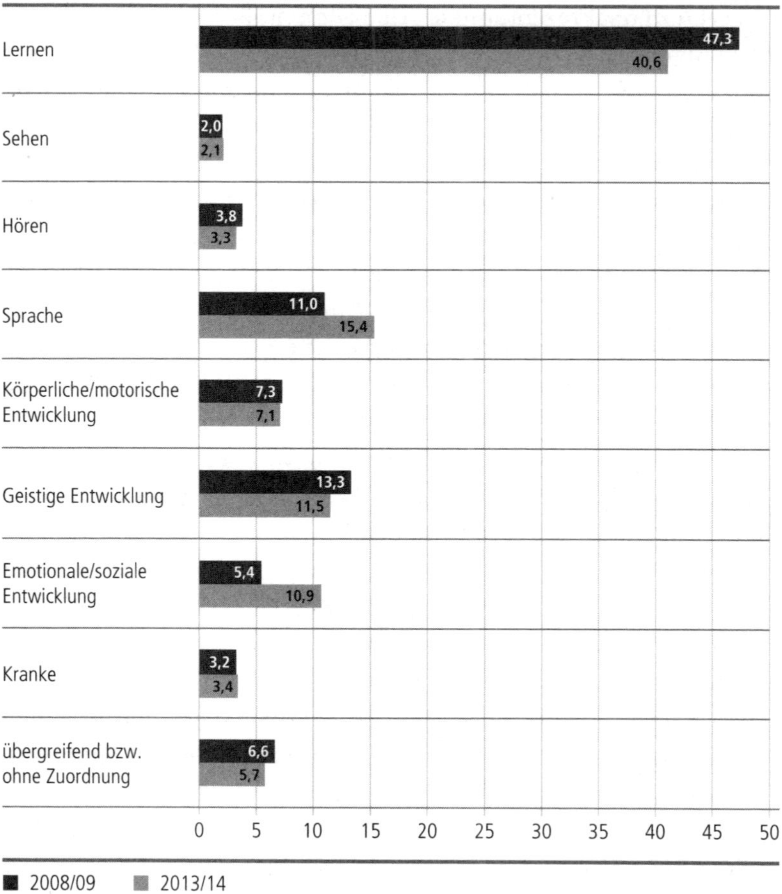

Quelle: KMK 2014a, b, c

übrigen Förderbereiche liegen weitaus niedriger: »Sprache« 15,4 Prozent, »Geistige Entwicklung« 11,5 Prozent, »Emotionale und soziale Entwicklung« 10,9 Prozent, »Körperliche und motorische Entwicklung« 7,1 Prozent, »Kranke« 3,4 Prozent, »Hören« 3,3 Prozent und »Sehen« 2,1 Prozent (vgl. Abb. 26). Im Vergleich zum Schuljahr 2008/09 haben anteilig vor allem die Diagnosen in den Bereichen »Emotionale und soziale Entwicklung« (Anstieg von 5,5 Prozentpunkten) und »Sprache« (4,4 Prozentpunkte mehr) zugenommen. Zugleich hat sich im Schwerpunkt »Lernen« der Anteil deutlich verringert (um 6,7 Prozentpunkte), und auch im Bereich »Geistige Entwicklung« ist er um 1,8 Prozentpunkte gesunken. In den übrigen Schwerpunkten sind die Anteile der diagnostizierten Schüler weitgehend konstant geblieben.

Inklusion findet im Saarland im Schuljahr 2013/14 mehrheitlich an den Schulen mit mehreren Bildungsgängen statt: Insgesamt 54,9 Prozent aller inklusiv unterrichteten Schüler der Sekundarstufen I und II mit besonderem Förderbedarf besuchen eine solche Schule. Weitere 39,4 Prozent nehmen am Unterricht einer Gesamtschule teil, nur 5,1 Prozent gehen zum Gymnasium. Dabei ist von den Förderschülern, die an einer Schule mit mehreren Bildungsgängen unterrichtet werden, fast die Hälfte dem Schwerpunkt »Lernen« zugeordnet, knapp ein Viertel dem Bereich »Emotionale und soziale Entwicklung«, weitere 19 Prozent benötigen sonderpädagogische Förderung im Schwerpunkt »Sprache«.

Die Förderschüler, die eine Gesamtschule besuchen, haben ebenfalls etwa zur Hälfte einen diagnostizierten Förderbedarf im Schwerpunkt »Lernen« und zu rund einem Viertel im Bereich »Emotionale und soziale Entwicklung«; ungefähr jeder Sechste ist dem Förderbereich »Sprache« zugeordnet. Von den Förderschülern, die an einem Gymnasium unterrichtet werden, hat mehr als die Hälfte einen sonderpädagogischen Förderbedarf in einem physischen Bereich (Hören, Sehen oder körperlich-motorische Entwicklung), rund ein Viertel im Schwerpunkt »Emotionale und soziale Entwicklung« und 13,7 Prozent im Bereich »Sprache«.

3 Gemeinsames Lernen und Inklusion im Saarland: die Gesetzeslage[27]

3.1 Gesetzesgrundlagen

Der gemeinsame Unterricht ist im Saarland hauptsächlich über drei Texte geregelt:

- das Gesetz Nr. 812 zur Ordnung des Schulwesens im Saarland (Schulordnungsgesetz SchoG) in der Fassung vom 25.6.2014,[28]
- die Verordnung – Schulordnung – über die gemeinsame Unterrichtung von Behinderten und Nichtbehinderten in Schulen der Regelform (Integrations-Verordnung) in der Fassung vom 4.7.2003 und vom 4.8.2014,
- das Gesetz Nr. 826 über die Schulpflicht im Saarland (Schulpflichtgesetz) in der Fassung vom 25.6.2014.

Das neue Schulordnungsgesetz wurde vom saarländischen Landtag einstimmig verabschiedet. Es soll die Voraussetzungen dafür schaffen, die schulrechtlichen Regelungen an die Verpflichtungen anzupassen, die aus der UN-Behindertenrechtskonvention (UN-BRK) erwachsen. Die Regelungen, die für die Umsetzung notwendig sind, sollen bis zum Schuljahr 2015/16 auf Verordnungsebene festgelegt werden. In der Übergangszeit gilt auslaufend die oben genannte Integrations-Verordnung[29], die es seit 1987 Schülerinnen und Schülern mit einem sonderpädagogischen Förderbedarf unabhängig vom Schweregrad ihrer Beeinträchtigung ermöglichen soll, eine wohnortnahe Regelschule zu besuchen.

27 Dieser Text beruht, im Unterschied zu den anderen Texten, nicht auf Recherchen von Sören Thoms, sondern auf einem Textentwurf, den Anette Sastges-Schank, Inklusionsbeauftragte des Saarlandes, im Anschluss an die Gesetzesänderung vom 25.6.2014 verfasst hat. Wie für die anderen Bundesländer gilt auch hier, dass es sich um eine Momentaufnahme in einem sehr volatilen Bereich handelt.

28 Vgl. www.landtag-saar.de, G1831 Gesetz zur Änderung schulrechtlicher Gesetze 2014.

29 http://sl.juris.de/cgi-bin/landesrecht.py?d=http://sl.juris.de/sl/gesamt/IntegV_SL.htm#IntegV_SL_rahmen (Download 22.10.2014).

Nach § 4 des neuen SchoG gilt: »Die öffentlichen Schulen der Regelform sind inklusive Schulen.« Dieser Grundsatz wird für die einzelnen Schulformen zeitversetzt rechtskräftig: Mit dem Schuljahr 2014/15 gilt er zunächst für die Grundschulen in allen Klassenstufen, ab 2016/17 dann auch für die weiterführenden allgemeinbildenden Schulen, aufsteigend ab Klasse 5; ab 2018/19 werden die berufsbildenden Schulen folgen, ebenfalls aufsteigend.

3.2 Feststellung eines sonderpädagogischen Förderbedarfs

Nach dem geänderten Schulordnungsgesetz sind alle öffentlichen Schulen der Regelform inklusive Schulen (§ 4 SchoG). Zum Schuljahr 2014/15 werden alle Kinder des Einschulungsjahrgangs in die örtliche Grundschule aufgenommen und in multiprofessioneller Kooperation aufgrund individueller Förderpläne gefördert.

In den Schulen soll das individuelle Lernen durch eine Prozessdiagnostik und Dokumentation begleitet werden. Bevor die Schule einen Antrag auf zusätzliche sonderpädagogische Förderung stellt, muss sie alle dort vorhandenen Ressourcen ausschöpfen, um die Kompetenzen jedes Kindes zu fördern. Zur Unterstützung ihrer Förderplanung und -gestaltung sollen Regelschulen künftig förderdiagnostische Expertise bei den Förderschulen anfordern können. Einzelheiten dazu wird die o. g. Verordnung regeln, die zum 1.8.2015 in Kraft treten soll.

Darüber hinaus wird sonderpädagogische Unterstützung budgetiert an alle Grundschulen zugewiesen. Die Budgetierung erfolgt in enger Absprache mit dem zuständigen Referat des Ministeriums für Bildung und Kultur. Darüber hinaus wird den Grundschulen bereits im Schuljahr 2014/15 auch ein Budget an Regelschullehrerwochenstunden zugewiesen. Die Förderung in den Schulen soll systembezogen konzipiert werden und sich im Einzelfall auf vorhandene medizinisch-therapeutische und prozessdiagnostische Dokumentation stützen.

Wird bei einem Kind ein Förderbedarf in den Bereichen »Körperliche und motorische Entwicklung«, »Geistige Entwicklung«, »Hören«, »Sehen« oder »Sprache« vermutet, wird es weiterhin ein Feststellungsverfahren geben.

In der Übergangszeit, die aus der Zeitleiste ersichtlich ist, gelten § 6 (2) des Schulpflichtgesetzes[30] und § 7 Integrations-Verordnung.

3.3 Entscheidung über den Lernort

Seit Inkrafttreten der Integrations-Verordnung 1987 gibt es im Saarland für Schüler mit festgestelltem sonderpädagogischen Förderbedarf als Förderorte den gemeinsamen Unterricht (früher: integrativer Unterricht), die Förderschule oder Sonderunterricht (§ 5 Abs. 1 und 2 Schulpflichtgesetz).[31]

Die Beschulung an Regelschulen setzte bisher einen Antrag der Eltern voraus (§ 6 Integrations-Verordnung, alte Fassung). Bevor über einen solchen Antrag entschieden werden konnte, musste ein sonderpädagogischer Förderbedarf anerkannt werden, denn integrative Beschulung war bisher nur möglich, wenn anerkannt wurde, dass ein Kind beim Besuch der Regelschule besondere Unterstützung benötigen würde (§ 7 Integrations-Verordnung).

War ein sonderpädagogischer Förderbedarf anerkannt, wurde ein Förderausschuss gebildet, dem die Schulleitung der Regelschule als Vorsitzende, eine weitere Lehrkraft der Regelschule, eine sonderpädagogische Lehrkraft und die Erziehungsberechtigten (zwei Stimmen) angehörten (§ 8 Abs. 1 Integrations-Verordnung). Weitere Expertise konnte beratend hinzugezogen werden. Der Förderausschuss erstellte eine Kind-Umfeld-Analyse und gab anhand dessen eine Empfehlung zur weiteren Beschulung. Auf dieser Grundlage entschied die Schulaufsicht über den Förderort (§ 8 Integrations-Verordnung). Wählte sie eine integrative Beschulung, musste der Förderaus-

30 Vgl. http://sl.juris.de/cgi-bin/landesrecht.py?d=http://sl.juris.de/sl/gesamt/SchulPflG_SL.htm (Download 22.10.2014).

31 Vgl. Schulpflichtgesetz – alt, § 6 (1) und (2) (http://sl.juris.de/cgi-bin/landesrecht.py?d=http://sl.juris.de/sl/gesamt/SchulPflG_SL.htm, Download 22.10.2014).

schuss die Entscheidung mindestens alle zwei Jahre in einer erneuten Sitzung überprüfen und eine aktualisierte Empfehlung abgeben.

Mit der veränderten Schulgesetzgebung wird die Regelschule zum Regelförderort für alle Kinder. Alle Kinder werden an der Regelgrundschule eingeschult. Eine Umschulung in Förderschulen kann jetzt nur auf Antrag der Eltern erfolgen, die grundsätzlich über den Lernort entscheiden (§ 4 Abs. 3 SchoG; § 5 Abs. 4 Schulpflichtgesetz). Davon ausgenommen sind Fälle, in denen Schüler sich selbst oder andere gefährden.

Diese Umkehr der Antragspflicht gilt für die Grundschulen des Landes in allen Klassen ab dem Schuljahr 2014/15; die anderen Schulen folgen nach und nach aufsteigend.

3.4 Umsetzung des gemeinsamen Lernens

Die Integrations-Verordnung wird derzeit wie beschrieben im Licht des neuen SchoG überarbeitet, sodass die derzeitigen Vorschriften nur noch begrenzt gültig sind. Die bisherige Fassung sieht in § 2 sechs verschiedene Formen des integrativen Unterrichts vor. Diese gehen von der Regelklasse mit Beratung über die Regelklasse mit Ambulanzlehrkraft oder mit Zwei-Pädagogen-System bis hin zu Kooperationsformen, bei denen man nicht vom gemeinsamen Lernen im eigentlichen Sinne sprechen kann. Wie schon oben zur Feststellung eines sonderpädagogischen Förderbedarfs angedeutet, ist anzunehmen, dass sich aufgrund der Gesetzesänderung auch diese Verordnung erheblich verändern wird. Es liegt nahe, dass sich damit auch die Formen des gemeinsamen Lernens und seine Umsetzung verändern werden.

4 Entwicklungen zum gemeinsamen Lernen und zur Inklusion

Die Entwicklung eines inklusiven Schulsystems im Saarland baut auf den Erfahrungen mit der Integrations-Verordnung seit 1987 auf, die es Kindern und Jugendlichen mit einem sonderpädagogischen Förderbedarf ermöglichen soll, unabhängig vom Förderschwerpunkt oder vom Umfang der Beeinträchtigung eine Regelschule in der Nähe ihres Wohnorts zu besuchen.

Seit 2011 gibt es den Pilotversuch »Inklusive Schule«[32], der an sieben Grundschulen und bisher vier Gemeinschaftsschulen durchgeführt wird. Er wurde für die beteiligten Grundschulen um ein Jahr verlängert (bis zur vollen Umsetzung der neuen Gesetzgebung) und für die beteiligten Gemeinschaftsschulen um zwei Jahre. Zum Schuljahr 2014/15 kommen weitere sieben Gemeinschaftsschulen hinzu.

Die Schulen tauschen ihre Erfahrungen bei der Entwicklung inklusiver Schulkonzepte aus. Diese Erfahrungen werden ausgewertet und fließen in die Planung der Umsetzung von Inklusion in der Breite ein.

Durch veränderte Leistungsfeststellungsverfahren, Leistungsrückmeldungsmöglichkeiten sowie budgetiert und personalkonstant zugewiesene Regel- und Förderschullehrerstunden sollen den Schulen zukünftig flexible Instrumente der Lernprozessgestaltung und Lernbegleitung an die Hand gegeben werden.

In der Grundschule wird eine flexible Eingangsphase eingerichtet und die Möglichkeit des jahrgangsübergreifenden Lernens eröffnet. Als flankierende Maßnahmen wird die Kooperation mit den vorschulischen Einrichtungen im Land erweitert, die Lehrerfortbildungsinstitute bieten spezifische Fortbildungen zum inklusiven Unterricht an, und die Schulen werden von Mitgliedern einer regional zuständigen Beratungsgruppe Inklusion unterstützt. Außerdem soll das Thema in der ersten und zweiten Phase der Lehrerbildung für alle Schulformen implementiert werden.

Über die Versetzung der Schüler wird zukünftig in den Grundschulen das erste Mal nach Klassenstufe 3 entschieden, in den Gemeinschaftsschulen erst nach Klassenstufe 8.

Auf der Grundlage des veränderten Gesetzes müssen nun die Verordnungen angepasst werden, unter anderem in Bezug auf Differenzierung, Leistungsmessung, -rückmeldung und -absenkung, Rege-

32 Vgl. www.saarland.de/dokumente/thema_bildung/Erlasstext_Schulversuch_Inklusion_14_6_2011__2_.pdf (Download 22.10.2014).

lungen zu Einschulung und Übergängen, Gruppenbildung, Aufgabenverteilung zwischen Sonder- und Regelpädagogik und dienstrechtliche Klärungen.

Das Gesetz sieht eine gestufte Einführung von Inklusion vor, die wie bereits beschrieben mit den Grundschulen beginnt:

Schuljahr 2014/15:

- Verlängerung des Pilotversuchs an sieben Grundschulen um ein Jahr
- Verlängerung des Pilotversuchs an vier Gemeinschaftsschulen um zwei Jahre
- Neuaufnahme von sieben Gemeinschaftsschulen in den Pilotversuch
- Umkehr der Antragspflicht in den Grundschulen
- Einschulung aller Kinder in Grundschulen
- keine Schulkindergärten
- budgetierte Zuweisung von Regelschullehrerstunden über Personalisierung der Stundentafel hinaus in den Grundschulen
- Zuweisung von zwei bis vier Lehrerwochenstunden zur Entwicklung eines inklusiven Schulkonzepts
- budgetierte Zuweisung von Förderschullehrerstunden an alle Grundschulen
- Aufbau eines sonderpädagogischen Unterstützungssystems
- kontinuierliche Begleitung durch ein Fortbildungs- und Schulentwicklungsprogramm am Landesinstitut für Pädagogik und Medien

Schuljahr 2015/16:

- erweiterte Eingangsstufe und Option auf jahrgangsübergreifendes Lernen an allen Grundschulen
- erweiterte Möglichkeiten der Leistungsdifferenzierung an den Grundschulen

Schuljahr 2016/17

- Inkrafttreten der neuen gesetzlichen Regelungen in den Schulformen der Sekundarstufe (aufsteigend)

Schuljahr 2018/19

- Inkrafttreten der neuen gesetzlichen Regelungen in den Schulformen des beruflichen Schulwesens (aufsteigend)

5 Gemeinsames Lernen im Saarland: Erfahrungen aus der Praxis

Vogelsangschule, Saarlouis, Interviewpartner: Eva Feyand, Schulleiterin

Bitte stellen Sie Ihre Schule kurz vor und skizzieren Sie das dort gelebte Inklusionsverständnis.

Die Vogelsangschule gliedert sich in eine zweizügige Grundschule mit gebundenem Ganztag und einen einzügigen Halbtagsbereich mit freiwilligem Ganztag. Im gebundenen Ganztag gehören zum Kollegium Erzieher, die durch entsprechende Rhythmisierung am Vormittag im Unterricht dabei sind.

Seit drei Jahren nehmen wir am Pilotprojekt zur Entwicklung eines inklusiven Förderkonzepts an Regelschulen im Saarland teil. Das heißt für uns: »Schule für alle«, in der kein Kind ausgeschlossen und jedes Kind angemessen gefördert und unterstützt wird. Der Vielfalt und Heterogenität in den Klassen versuchen wir durch ein an den Lernbedürfnissen der Kinder angepasstes Lernangebot gerecht zu werden. Also ein schülerzentrierter Unterricht mit lernförderlichem Klima, klaren Strukturen, innerer Differenzierung, individuellen Lernstandsanalysen und daraus resultierenden Förderplänen. Damit dies gelingen kann, brauchen unsere Klassenlehrer Unterstützung. Als zusätzliche Ressource sind zwei Förderschullehrerinnen fest in unserer Schule eingesetzt. Über ein eigenes Budget können teilweise zwei Grundschullehrer pro Klasse in einzelnen Stunden unterrichten.

In unserem Modellprojekt werden Schülerinnen und Schüler mit einem sonderpädagogischen Förderbedarf in den Bereichen »Lernen«, »Sprache« und »Emotionale und soziale Entwicklung« ohne Erstellung eines Fördergutachtens und der darauf folgenden Genehmigung des Bildungsministeriums unterrichtet. Das bedeutete früher ein Jahr Zeitverlust, bevor eine entsprechende Förderung einsetzen konnte. Jetzt können wir durch die oben geschilderten Veränderungen sofort entsprechend fördern.

Durch die enge Kooperation mit den umliegenden Kindergärten können wir uns sehr gut auf Schulneulinge einstellen und sie von

Anfang an individuell fördern. Ein neues Gesetz, das gerade in der Anhörung ist, soll künftig erlauben, dass auch ohne Einverständnis der Eltern Daten von Kindergärten an die Grundschule weitergegeben werden. Das wäre für uns ein großer Vorteil.

Für Kinder mit Beeinträchtigungen in den Bereichen »Sehen«, »Hören«, »Körperliche und motorische Entwicklung« sowie »Geistige Entwicklung« muss vor Schulbeginn ein Gutachten erstellt werden, das einen sonderpädagogischen Förderbedarf feststellt. Diese Kinder werden bei uns ebenfalls inklusiv beschult. Da sie aber einen anerkannten Förderbedarf haben, bekommen wir dafür zusätzliche Ressourcen.

Eine wichtige Rolle in unserem pädagogischen Konzept spielt der jahrgangsübergreifende Themenunterricht in kleinen Gruppen. Dieser beginnt ab der vierten Stunde, da dann die Erzieher dabei sind, und erstreckt sich über Zeitblöcke von drei bis vier Wochen. Unterrichtet wird nach Sachthemen wie zum Beispiel »Indianer« oder »Mittelalter«. Dabei werden kognitives Lernen und handwerkliche Übungen gleichermaßen eingesetzt, was für Inklusion sehr förderlich ist.

Zu unserem Konzept gehört weiterhin, dass es bis zur dritten Klasse kompetenzorientierte Leistungsrückmeldungen und somit auch kompetenzorientierte Zeugnisse gibt und erst im Jahrgangszeugnis 3 Noten hinzukommen.

Welche Auswirkungen hat die Gesetzeslage auf Ihre Schule?

Eine große Chance für Kinder mit Entwicklungsverzögerungen ist die flexible Eingangsstufe. Damit haben sie für den Stoff der Klassen 1 und 2 bis zu drei Jahre Zeit. Diese Möglichkeit besteht ab dem Schuljahr 2014/15 an allen Grundschulen. Eine weitere Verbesserung sehe ich darin, dass künftig jede Grundschule mindestens eine halbe Förderschullehrerstelle haben wird. Zudem bekommen die Schulen durch neue Budgetierungsregeln mehr Freiheit in Bezug darauf, wie sie Förderstunden einsetzen.

Im Hinblick auf eine höhere Selbstständigkeit ist derzeit der Vorschlag in Anhörung, dass die Schulkonferenz aus pädagogischen Gründen in einzelnen Fächern die Stundenzahl erhöhen und sie im Gegenzug in anderen reduzieren kann. Die Schulkonferenz hat bei der Umsetzung von Inklusion also sehr große Mitgestaltungsmöglichkeiten. Das begrüße ich sehr.

Was wünschen Sie sich vom Gesetzgeber, damit Inklusion besser gelingen kann?

Wir hätten uns sehr gewünscht, dass die Zahl der Schüler pro Klasse reduziert wird; derzeit liegt sie bei 28 bis 30. Wir haben an unserer Schule im Ganztag 25 Kinder pro Klasse, von denen vier einen anerkannten Förderbedarf haben und einige weitere individuelle Probleme beim Lernen. Das ist eine große pädagogische Herausforderung. Zudem benötigen wir mehr Zeit für Beratung und den Austausch im Team. Der Bedarf an Abstimmung zwischen Klassenlehrern und Förderlehrern ist enorm. Auch im Bereich der Eingliederungshilfe besteht großer Kommunikationsbedarf, denn die Assistenten der Kinder mit anerkanntem Förderbedarf haben ja keinerlei pädagogische Ausbildung. Insgesamt würde ich mir wünschen, dass wir in jeder Klasse eine Doppelbesetzung haben.

Kontakt
Grund- und Ganztagsgrundschule Saarlouis Im Vogelsang
Taubenstraße 1
66740 Saarlouis
Tel. 06831/9458940
http://typo345.lpm.uni-sb.de/gsvosang

6 Fazit

Im Saarland hat es gerade umfangreiche Gesetzesänderungen gegeben, die sich noch nicht in den Kennzahlen widerspiegeln. Interessant ist dennoch die bis zum Schuljahr 2012/13 sehr widersprüchliche Entwicklung: So ist die Förderquote, die bereits 2008/09 über dem Bundesdurchschnitt lag, noch einmal erheblich angestiegen; ebenso der Inklusionsanteil, der damit deutlich über dem bundesdeutschen Durchschnitt lag. Gleichzeitig allerdings hatte sich der Anteil der Schüler an Förderschulen erhöht. Vor der Gesetzesänderung konnte also von einer Zusammenführung des allgemeinen und des Sonderschulsystems nicht die Rede sein, denn die Veränderung des Inklusionsanteils speiste sich größtenteils aus der erhöhten Anzahl von Diagnosen im saarländischen Schulsystem.

Nach der Schulgesetzänderung vom Juni 2014 sind jetzt alle Schulen inklusive Schulen, und die allgemeine Schule ist jetzt der Regelförderort für alle Kinder. Statt eines Antrags auf gemeinsamen Unterricht muss ein Antrag auf den Förderort Förderschule gestellt werden. Damit sind entscheidende Weichenstellungen vorgenommen worden, wenn auch die Gesetzesänderungen nur aufsteigend greifen – erst mit dem Schuljahr 2024/25 gilt der Grundsatz der Inklusion in allen Klassenstufen aller Schularten. Unklar bleibt, was mit den Grundschulabgängern des Jahres 2015 passiert, die ja nicht an inklusive weiterführende Schulen wechseln können, weil der Grundsatz des § 4 erst mit dem Schuljahr 2016/17 beginnt. Es ist zu hoffen, dass die Anpassung der Integrations-Verordnung dann auch Auskunft gibt, wie es mit dem Förderschulsystem im Saarland weitergehen soll. Es bleibt nun abzuwarten, inwiefern sich die erheblichen gesetzlichen Fortschritte auch in einem Wandel des Schulsystems niederschlagen und wann sich dieser in den Kennzahlen ablesen lässt.

Länderprofil Sachsen

1 Die Schullandschaft in Sachsen

Der Freistaat Sachsen hat rund vier Millionen Einwohner in zehn Landkreisen und drei kreisfreien Städten. Das allgemeinbildende Schulsystem ist zweigliedrig: Nach der vierjährigen Grundschule können sächsische Schülerinnen und Schüler entweder zur Mittelschule oder zum Gymnasium wechseln. In beiden Schularten bilden die Jahrgänge 5 und 6 eine Orientierungsstufe, die mit einer zweiten Schullaufbahnempfehlung endet.

Sachsen ist neben Thüringen das einzige Bundesland, in dem schon seit 1990 das Abitur nach acht Jahren erworben wird. Neben den weiterführenden allgemeinen Schulen gibt es in Sachsen ein differenziertes Förderschulsystem mit Förderschulen für die Förderschwerpunkte »Sehen«, »Hören«, »Geistige Entwicklung«, »Körperliche und motorische Entwicklung«, »Lernen«, »Sprache«, »Emotionale und soziale Entwicklung« und »Unterricht kranker Schüler«.

2 Gemeinsames Lernen und Inklusion: ein Blick in die Bildungsstatistik

Am 26.3.2009 trat in Deutschland die UN-Behindertenrechtskonvention in Kraft. In Sachsen wurde zu diesem Zeitpunkt – im Schuljahr 2008/09 – bei rund 22.600 Schülern der Klassenstufen 1 bis 10 ein sonderpädagogischer Förderbedarf festgestellt, das entsprach einer

Förderquote von 8,3 Prozent. Der Anteil der Kinder und Jugendlichen mit sonderpädagogischem Förderbedarf, die eine separate Förderschule besuchten (Exklusionsanteil), betrug zu der Zeit 6,9 Prozent.

In beiden Punkten lag Sachsen im innerdeutschen Vergleich damit deutlich über dem Durchschnitt: Bundesweit wurde mit einer Förderquote von 6,0 Prozent bei deutlich weniger Kindern ein sonderpädagogischer Förderbedarf diagnostiziert, und mit einer Exklusionsquote von 4,9 Prozent wurden weniger Förderschüler vom Regelschulsystem ausgeschlossen. Der Inklusionsanteil, also der Anteil der Schüler mit Förderbedarf, die an einer allgemeinen Schule unterrichtet wurden, lag in Sachsen mit 16,4 Prozent unter dem bundesdeutschen Durchschnitt von 18,4 Prozent.

Abbildung 27: Exklusionsquoten in Sachsen

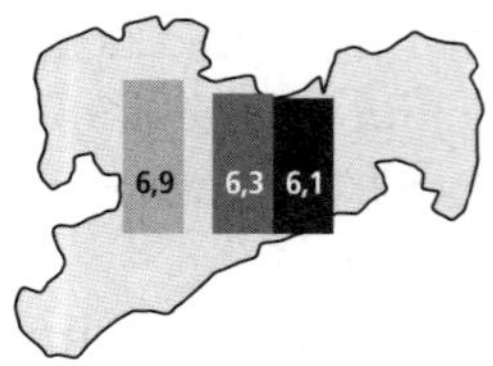

Schuljahr: ■ 2008/09 ■ 2012/13 ■ 2013/14

Angaben in Prozent

Seither hat Sachsen sich im Hinblick auf das gemeinsame Lernen quantitativ weiterentwickelt. Zwar wurde im Schuljahr 2013/14 – trotz gesunkener Schülerzahlen – bei gut 25.870 Schülern der Klassenstufen 1 bis 10 ein sonderpädagogischer Förderbedarf festgestellt, womit die Förderquote auf 8,5 Prozent (leicht) gestiegen ist. Doch inzwischen besucht mehr als jeder vierte (28,3 %) dieser Schüler mit sonderpädagogischem Förderbedarf eine Regelschule. Neben der absoluten Zahl von Förderbedarfen hat sich also auch der Inklusionsanteil erhöht.

Gleichzeitig meldet Sachsen eine rückläufige Exklusionsquote: Der Anteil der Schüler mit sonderpädagogischem Förderbedarf, die eine Förderschule besuchen, hat sich auf 6,1 Prozent verringert. Nach wie vor liegt der Freistaat damit aber hinter dem bundesdeutschen Durchschnitt von 4,7 Prozent. Die Chancen der sächsischen Förderschüler an der Förderschule auf einen regulären Schulabschluss sind zudem deutlich schlechter, als dies im Durchschnitt aller Bundesländer der Fall ist: Im ostdeutschen Flächenland schafft nur etwa jeder sechste von ihnen mindestens einen Hauptschulabschluss. Bundesweit erreicht gut jeder vierte Jugendliche mit sonderpädagogischem Förderbedarf einen Hauptschulabschluss.

In Sachsen liegt der größte Teil aller diagnostizierten Förderbedarfe im Schwerpunkt »Lernen«: Dieser Förderschwerpunkt hatte im

Abbildung 28: Förderschwerpunkte in Sachsen (Verteilung in Prozent)

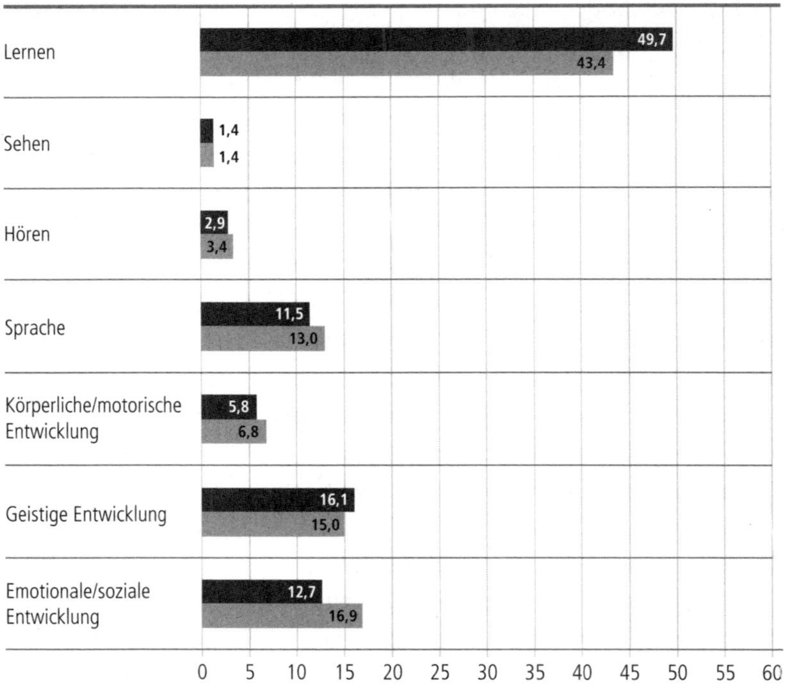

Quelle: KMK 2014a, b, c

Schuljahr 2013/14 einen Anteil von 43,4 Prozent. Die übrigen 56,6 Prozent der Schüler mit sonderpädagogischem Förderbedarf verteilen sich wie folgt auf die anderen Schwerpunkte: »Emotionale und soziale Entwicklung« 16,9 Prozent, »Geistige Entwicklung« 15,0 Prozent, »Sprache« 13,0 Prozent, »Körperliche und motorische Entwicklung« 6,8 Prozent, »Hören« 3,4 Prozent und »Sehen« 1,4 Prozent (vgl. Abb. 28). Im Vergleich zum Schuljahr 2008/09 sind jeweils kleinere Zuwächse in den Förderschwerpunkten »Emotionale und soziale Entwicklung«, »Sprache«, »Körperliche und motorische Entwicklung« und »Hören« zu beobachten. Gleichzeitig ist der Anteil der Förderschüler im Förderschwerpunkt »Lernen« deutlich zurückgegangen, und auch ein Förderbedarf im Förderschwerpunkt »Geistige Entwicklung« wird tendenziell etwas seltener festgestellt.

Inklusion findet im Schuljahr 2013/14 in den Sekundarstufen I und II Sachsens vor allem an den Mittelschulen statt: Rund 79 Prozent aller inklusiv unterrichteten Schüler mit sonderpädagogischem Förderbedarf besuchen diese Schulart. Weitere 20,5 Prozent nehmen am Unterricht eines Gymnasiums teil, etwa ein Prozent geht zu einer Waldorfschule. Von den rund 2.700 Schülern mit sonderpädagogischem Förderbedarf an einer Mittelschule erhält mehr als jeder Zweite (55,7 %) besondere Unterstützung im Bereich »Emotionale und soziale Entwicklung«. Weitere gut 20 Prozent haben sonderpädagogische Förderbedarfe in den Bereichen »Hören«, »Sehen« oder »Körperliche und motorische Entwicklung«. 14,4 Prozent schließlich sind dem Förderschwerpunkt »Sprache« zugeordnet und jeweils unter fünf Prozent den Förderschwerpunkten »Lernen« und »Geistige Entwicklung«.

Am inklusiven Unterricht eines Gymnasiums nehmen in Sachsen immerhin rund 700 Förderschüler teil. Gut ein Drittel (33,5 %) davon benötigt sonderpädagogische Unterstützung in der emotionalen und sozialen Entwicklung, ein weiteres Drittel in der körperlichen und motorischen Entwicklung (35,0 %), knapp 16 Prozent erhalten eine sonderpädagogische Förderung in Bezug auf die diagnostizierten Schwierigkeiten beim Hören oder Sehen. Ein kleiner Anteil von knapp fünf Prozent schließlich hat einen sonderpädagogischen Förderbedarf im Schwerpunkt »Sprache«.

3 Gemeinsames Lernen und Inklusion in Sachsen: die Gesetzeslage

3.1 Gesetzesgrundlagen

In Sachsen ist der gemeinsame Unterricht von Kindern mit und ohne sonderpädagogischen Förderbedarf über eine besondere Verordnung geregelt, während das Schulgesetz darauf nur knapp eingeht. Darüber hinaus findet die Schulordnung Förderschulen Anwendung. Die einschlägigen Gesetzestexte sind

- die Schulintegrationsverordnung (SchIVO, Fassung vom 3.8.2004),
- das Schulgesetz für den Freistaat Sachsen (SchulG, Fassung vom 5.6.2010) und
- die Verordnung des Sächsischen Staatsministeriums für Kultus über Förderschulen im Freistaat Sachsen (Schulordnung Förderschulen – SOFS, Stand 1.8.2014).

In § 13 Abs. 1 SchulG heißt es: »Schüler, die wegen der Beeinträchtigung einer oder mehrerer physischer oder psychischer Funktionen auch durch besondere Hilfen in den anderen allgemein bildenden Schulen nicht oder nicht hinreichend integriert werden können und deshalb über einen längeren Zeitraum einer sonderpädagogischen Förderung bedürfen, werden in den Förderschulen unterrichtet.«

Damit wird sonderpädagogischer Förderbedarf, sofern er über einen längeren Zeitraum besteht, eng an den Lernort Förderschule geknüpft. Entsprechend ist in § 30 SchulG eine Pflicht zum Förderschulbesuch formuliert: »Schulpflichtige, die über eine längere Zeit einer sonderpädagogischen Förderung gemäß § 13 Abs. 1 Satz 1 oder § 13a Satz 1 in Verbindung mit § 13 Abs. 1 Satz 1 bedürfen, sind für die Dauer ihrer Beeinträchtigung zum Besuch der für sie geeigneten Förderschule verpflichtet. Die Pflicht zum Besuch der Förderschule ist aufzuheben, sobald festgestellt wird, dass eine sonderpädagogische Förderung nicht mehr erforderlich ist.«

Der gemeinsame Unterricht hat somit keinen Vorrang. Er kann nach § 2 Abs. 1 SchIVO stattfinden, »wenn und solange gewährleistet ist, dass [Schüler, bei denen ein sonderpädagogischer Förderbedarf festgestellt wurde] in dieser Schule die erforderliche besondere Förderung erhalten«.

3.2 Feststellung eines sonderpädagogischen Förderbedarfs

Ein Antrag auf Feststellung eines sonderpädagogischen Förderbedarfs kann nach § 13 Abs. 1 SOFS

- von einer Grundschule im Rahmen des Aufnahmeverfahrens,
- von der Schule, die der Schüler besucht, oder
- von den Eltern

bei der Sächsischen Bildungsagentur gestellt werden. Der Normalfall ist wohl, dass die Schule das Verfahren beantragt.[33] Diejenige Förderschule, die die Sächsische Bildungsagentur mit dieser Aufgabe betraut hat, ermittelt den Förderbedarf mit förderdiagnostischen Methoden (§ 13 Abs. 4 und 5 SOFS). Die Schulleitung der Förderschule bildet einen Förderausschuss. Zu diesem Ausschuss gehören:

- ein Vertreter der bisher besuchten Schule,
- eine mit der Diagnostik beauftragte Lehrkraft der betreffenden Förderschule,
- mindestens ein Elternteil,
- ein Schulpsychologe,
- ein Vertreter des öffentlichen Gesundheitsdienstes und
- der betroffene Schüler selbst.

Dem Ausschuss dürfen noch weitere Personen angehören, die Informationen zur bisherigen Entwicklung des Schülers beitragen können (§ 13 Abs. 6 SOFS). Die Vorschläge und Anregungen des Förderausschusses gehen in das förderpädagogische Gutachten ein, das die Förderschule erstellt (§ 13 Abs. 7 SOFS). Das Gutachten benennt den

33 Vgl. http://amt24.sachsen.de/ZFinder/verfahren.do;jsessionid=cpAUJulpmtcYbGj1WhWYolG8.zufi2_2?action=showdetail&islandesimpressum=false&modul=VB&id=35387!0 (Download 3.7.2014).

sonderpädagogischen Förderbedarf sowie Fördervorschläge und gibt Empfehlungen zum weiteren Bildungsgang und Förderschwerpunkt oder zu einer integrativen Maßnahme nach der Schulintegrationsverordnung (§ 13 Abs. 7 SOFS). Ob ein Förderbedarf zugewiesen wird, entscheidet die Sächsische Bildungsagentur (§ 13 Abs. 8 SOFS).

3.3 Entscheidung über den Lernort

Wenn die Sächsische Bildungsagentur einen Förderbedarf zugewiesen hat, entscheidet sie nach Anhörung der Eltern auch über den Lernort (§ 13 Abs. 8 SOFS und § 30 Abs. 2 SchulG). Die Eltern haben somit keine Wahlfreiheit in Bezug auf den gemeinsamen Unterricht.

3.4 Umsetzung des gemeinsamen Lernens

Gemeinsames Lernen von Kindern mit und ohne Förderbedarf (in Sachsen »integrativer Unterricht« genannt) kann in Sachsen nur unter den oben beschriebenen Umständen stattfinden und hat bisher keinen Vorrang vor der Beschulung an Sonderschulen. Nach § 1 SchIVO ist integrativer Unterricht an allen öffentlichen Schulen möglich, allerdings nach § 4 SchIVO nur mit erheblichem Ressourcenvorbehalt.

Nach § 3 SchIVO kann integrativer Unterricht auf vier unterschiedlichen Wegen durchgeführt werden:

1. Die Schüler mit sonderpädagogischem Förderbedarf gehören der öffentlichen Schule an und nehmen in vollem Umfang am Unterricht einer Klasse teil. Die Lehrkräfte dieser Klasse beraten sich regelmäßig mit einer Lehrkraft des jeweiligen Förderschwerpunkts.
2. Die Schüler mit sonderpädagogischem Förderbedarf gehören der öffentlichen Schule an und nehmen in vollem Umfang am Unterricht einer Klasse teil. Eine zusätzliche Lehrkraft fördert die

Schüler entweder im Klassenunterricht oder in gesondertem Förderunterricht in einem Umfang, der der Ausprägung des sonderpädagogischen Förderbedarfs angemessen ist.
3. Die Schüler mit sonderpädagogischem Förderbedarf gehören einer Förderschule an, besuchen aber in einzelnen Unterrichtsfächern eine benachbarte öffentliche Schule.
4. Eine öffentliche Schule arbeitet mit der Förderschule in der Weise zusammen, dass eine oder mehrere Klassen der Förderschule in ihrem Schulgebäude unterrichtet werden. Die Schüler dieser Klassen bleiben Schüler der Förderschule.

Von Inklusion kann nur in den ersten beiden Fällen gesprochen werden; in den anderen beiden Fällen kann man eher von Integration oder Kooperation sprechen.

Lernzieldifferenter Unterricht ist nach § 5 SchIVO bisher nur in der Grundschule möglich, in allen anderen Schularten wird »ausschließlich nach den Lehrplänen der jeweiligen Schulart unterrichtet«. Entsprechend muss der zieldifferente Unterricht in der Regel mit Beginn der Sekundarstufe I enden.[34]

4 Entwicklungen zum gemeinsamen Lernen und zur Inklusion

In der Ausbildung der sächsischen Lehrerinnen und Lehrer werden die bisherigen Bachelor- und Master-Studiengänge derzeit durch Staatsexamensstudiengänge ersetzt.[35] Dies hat nach erster Sichtung der neuen Lehramtsprüfungsordnung (LAPO I) Auswirkungen auf den Studiengang des Lehramts für die Grundschule. Dort soll nach § 25 Abs. 2 inhaltlich auch der »Umgang mit Heterogenität in der Grundschule: Differenzierung, individuelle Förderung, Integration und Inklusion einschließlich rechtlicher Grundlagen« einfließen.

34 Vgl. unten zum Schulversuch ERINA für lernzieldifferenten Unterricht in weiterführenden Schulen.
35 Vgl. www.lehrerbildung.sachsen.de/132.htm (Download 22.10.2014).

Vergleichbare Regelungen enthält die LAPO I auch für die anderen Lehrämter der allgemeinen Schulen.

Im Zuge der Umsetzung der UN-BRK wurde in Sachsen ein Expertengremium berufen. Es hat seine Vorschläge zur Umsetzung 2012 fertiggestellt und der Landesregierung übergeben.[36] Parallel wurde ein »Aktions- und Maßnahmeplan« zur Umsetzung von Artikel 24 der UN-BRK in Sachsen entwickelt. Die Empfehlungen des Expertengremiums sollen in die Fortschreibung des Aktions- und Maßnahmeplans eingehen, um diesen schrittweise umzusetzen.[37] Zu den Lösungsvorschlägen gehört unter anderem, die Förderschulen für Schülerinnen und Schüler ohne sonderpädagogischen Förderbedarf zu öffnen, die Kooperationsklassen (»Partnerklassen«) auszuweiten und zieldifferenten Unterricht auch in der Sekundarstufe I einzuführen. Letzteres geschieht besonders im Schulversuch ERINA (»Erprobung von Ansätzen zur inklusiven Beschulung von Schülern mit sonderpädagogischem Förderbedarf in Modellregionen«): In vier Modellregionen wird in verschiedenen Formen erprobt, wie Schülerinnen und Schüler mit sonderpädagogischem Förderbedarf an Regelschulen individuell gefördert werden können.[38]

5 Gemeinsames Lernen in Sachsen: Erfahrungen aus der Praxis

Futurum Vogtland, Interviewpartner: Dr. Siegfried Kost, Geschäftsführer

Bitte stellen Sie Ihre Schule kurz vor und skizzieren Sie das dort gelebte Inklusionsverständnis.

Das Futurum Vogtland besteht aus den beiden Ganztagsschulen Evangelische Montessori-Grundschule Limbach und Evangelisches

36 Vgl. www.schule.sachsen.de/download/download_bildung/2012_12_19_Empfehlungen_zur_Umsetzung_UN-BRK.pdf (Download 22.10.2014).

37 Vgl. www.schule.sachsen.de/download/download_smk/2012_05_30_aktions_und_massnahmeplan_iInklusion.pdf (Download 22.10.2014).

38 Für Einzelheiten zum Schulversuch ERINA vgl. www.schule.sachsen.de/15591.htm.

Gymnasium Mylau. Das Gymnasium ist allerdings nicht staatlich anerkannt und im Grunde eine Gemeinschaftsschule. Beide Schulen sind einzügig, arbeiten inklusiv und bereiten im Verbund die Kinder auf alle Schulabschlüsse vor. Die Prüfungen werden extern abgelegt.

Das evangelische Profil zeigt sich in unserem Menschenbild, gegenseitiger Achtung und dem wertschätzenden Umgang miteinander. Wir sind keine Bekenntnisschulen, aber wir leben Höhepunkte des Kirchenjahres im Schulalltag. Pädagogisch steht bei uns das einzelne Kind in seiner Entwicklung und in der Gemeinschaft im Vordergrund. Wir vermitteln nicht nur Wissen, sondern auch Werte. Bei aller individuellen Förderung verlieren wir den sozialen Zusammenhalt nicht aus dem Blick. Wir bieten jungen Menschen einen Raum, in dem sie angstfrei lernen und Geborgenheit erleben können.

In der Grundschule werden derzeit acht, im Gymnasium neun Kinder mit besonderem Förderbedarf inklusiv unterrichtet. Das Spektrum reicht von Kindern mit geistiger Behinderung über solche mit körperlichen Beeinträchtigungen oder mit Sinnesbeeinträchtigungen im Bereich Sehen und Hören bis hin zu Kindern mit der Diagnose »sozial-emotionaler Förderbedarf«.

Grundsätzlich wird in unserer Grundschule jede Klasse von mindestens zwei Pädagogen unterrichtet. Im Gymnasium versuchen wir ebenfalls, soweit es unsere Personalstellen erlauben, Lernzeiten doppelt zu besetzen und zusätzliche Förderung für kleinere Gruppen anzubieten. Bei Bedarf ziehen wir weitere Fachkräfte (Integrationstherapeuten) hinzu; dabei arbeiten wir eng mit dem Vogtlandkreis und dem Landkreis Zwickau sowie in Thüringen mit dem Landkreis Greiz zusammen. Beiden Schulen steht eine Sonderpädagogin als Inklusionsbeauftragte zur Verfügung, die Bedarfe diagnostiziert, die Integration begleitet und Hilfen organisiert. Sie unterstützt die Schule auch dabei, die Fort- und Weiterbildung für das Kollegium zu organisieren, und übernimmt natürlich auch selbst Förderungen.

Welche Auswirkungen hat die Gesetzeslage auf Ihre Schule?

Im Bereich der freien Schulen gab es im Jahr 2004 folgende Gesetzesänderung: Für ein integriertes Kind erhält die aufnehmende Schule 90 Prozent der finanziellen Ressourcen, die eine Förderschule für das Kind bekommen hätte. Mit dieser Regelung stehen den freien Schulen deutlich mehr Mittel für Integration zur Verfügung als den staatlichen Schulen. Dort gibt es eine Integrationsverordnung, die allein darauf abstellt, zusätzliche Lehrerstunden bereitzuhalten. Das sind oft nur wenige Stunden, und die reichen in aller Regel nicht aus. Denn für inklusiven Unterricht benötigt man insgesamt eine bessere Personalausstattung. Es hat ja keinen Sinn, wenn man ab und zu mal eine Förderlehrkraft für wenige Stunden vorbeischickt. Inklusion heißt: Kinder müssen die Unterstützung erhalten, die sie benötigen. Für die freien Schulen bedeutet das einen größeren Zulauf von Kindern mit Förderbedarf.

Für die staatlichen Gymnasien und Oberschulen in Sachsen sehe ich als großes Problem, dass im Bereich der Sekundarstufe keine lernzieldifferente Integration erlaubt ist. Damit haben etwa Kinder mit Downsyndrom keine Chance, nach der Grundschule integriert zu lernen, und müssen zurück zur Förderschule – wenn sie keine freie Schule finden. Dahinter steht das grundsätzlichere Problem, dass Inklusion mit dem gegliederten Schulsystem ab der Sekundarstufe I kollidiert. Wenn man lernzieldifferenten Unterricht zuließe, gäbe man dieses System im Prinzip auf. Deshalb gibt es dagegen massiven politischen Widerstand. Es wird befürchtet, dass Eltern, deren Kinder keine Bildungsempfehlung und keinen Förderbedarf haben, den Klageweg beschreiten, um ihr Kind dann auch zum Gymnasium schicken zu können.

Was wünschen Sie sich vom Gesetzgeber, damit Inklusion besser gelingen kann?

Zunächst müssten den Schulen die notwendigen personellen und finanziellen Ressourcen zur Verfügung gestellt werden. Zudem müssten sie größere Gestaltungsmöglichkeiten bekommen. Denn die Art, wie Schulen derzeit gesteuert werden, also insbesondere die bisherige Art der Ressourcenzuweisung nach den gebildeten Lerngruppen und der Stundentafel, steht der Inklusion entgegen. Die Ressourcen müssen sich stattdessen am Bedarf der konkreten Schülerinnen und Schüler orientieren – und die Schulen müssen den Verantwortungsraum haben, mit diesen Ressourcen dann auch die Lernprozesse entsprechend zu organisieren. Wir finanzieren unsere Förderpädagogen beispielsweise aus diesen erhöhten Zuschüssen und sichern zugleich das Lernen auch in kleineren Gruppen.

Ein weiterer Punkt ist aber die förder- und sozialpädagogische Qualifizierung des Personals – damit meine ich alle Lehrkräfte einer Schule. Bislang kommen diese Kompetenzen in der Lehrerausbildung viel zu kurz. Wir regeln das bei uns vor allem über interne Fortbildungen während der Arbeitszeit. Da wird beispielsweise allen Pädagogen nahegebracht, was Autismus ist und wie man mit einem Kind mit Autismus umgeht – schließlich begegnet jeder diesem Kind in der Schule.

Meine Minimalforderung an den Gesetzgeber wäre, dass man die Ressourcen, die ein Kind an der Förderschule erhält, auch an die staatliche Schule lenkt und dass man den Schulen die pädagogischen Gestaltungsspielräume eröffnet, um mit diesen Ressourcen zielgerichtet umzugehen. Dazu müssen die Schulen auf ein Unterstützungssystem zurückgreifen können. Man kann sie mit der Aufgabe der Inklusion nicht einfach alleinlassen. Nur so kann eine Schul- und Lernkultur entstehen, die dem Kind zugutekommt und Inklusion erst möglich macht. Wichtig wäre es weiter, den sozioökonomischen Hintergrund der Kinder mit zu berücksichtigen. Schulen in sozialen Brennpunkten müssten mehr Ressourcen erhalten, um etwa Schulsozialarbeiter oder Psychologen einstellen zu können oder zusätzliche Förderung zu ermöglichen. Auch das gehört aus meiner Sicht zu einem inklusiven Schulsystem.

Kontakt
Futurum Vogtland (Grundschulen und Gymnasium)
www.futurum-vogtland.de

6 Fazit

In Sachsen steckt die Umsetzung der UN-BRK noch in den Anfängen. Im Hinblick auf die UN-BRK sind sowohl die Förderschulpflicht als auch die in Sachsen eher hohen Förder- und Exklusionsquoten noch als problematisch anzusehen. Positiv zu vermerken ist, dass die Exklusionsquote in Sachsen gesunken ist. Dies zeigt, dass jetzt mehr Kinder das Regelschulsystem besuchen als zuvor. Insofern scheint es, dass sich in Sachsen etwas bewegt; die Gesetzgebung genügt allerdings den Anforderungen der UN-BRK noch nicht und ist ausbaubedürftig. So bleibt fraglich, inwieweit echte Inklusion möglich ist, solange eine Förderschulpflicht noch gesetzlich festgeschrieben ist und gemeinsamer Unterricht nach dem Schulgesetz keinen Vorrang hat.

Zu überdenken ist auch die Regelung, dass die Erstellung des Fördergutachtens in den Händen der Förderschulen liegt, da ein gewisser Selbsterhaltungstrieb nicht ausgeschlossen werden kann. Kritisch zu sehen ist außerdem, dass zieldifferenter Unterricht in der Sekundarstufe I nur sehr beschränkt möglich ist und dass zwei der vier Formen, in denen nach dem Gesetz »integrativer Unterricht« stattfinden kann, faktisch separierende Settings sind. Der erwähnte »Aktions- und Maßnahmeplan« zeugt zwar davon, dass das Land den Weg zur Inklusion weitergehen will, allerdings nach wie vor in sehr kleinen Schritten.

Länderprofil Sachsen-Anhalt

1 Schullandschaft in Sachsen-Anhalt

Sachsen-Anhalt hat rund 2,28 Millionen Einwohner, die sich auf elf Kreise und drei kreisfreie Städte verteilen. Das Schulsystem des Landes gliedert sich nach der vierjährigen Grundschule in die weiterführenden Schulformen Sekundarschule, Gesamtschule (von denen es nur wenige gibt, meist in privater Trägerschaft) und Gymnasium; seit dem Schuljahr 2013/14 gibt es außerdem die Gemeinschaftsschule (die in den nachfolgend herangezogenen Daten noch nicht berücksichtigt ist).

Das Sonderschulsystem in Sachsen-Anhalt bietet Förderschulen für die Schwerpunkte »Lernen«, »Geistige Behinderung«, »Sprache«, »Emotionale und soziale Entwicklung«, »Körperliche und motorische Entwicklung«, »Hören« und »Sehen«. Dazu unterhält das Land regionale und überregionale Förderzentren für unterschiedliche Förderbedarfe, die durch Kooperationsverbünde aus Förderschulen und allgemeinen Schulen gebildet wurden.

2 Gemeinsames Lernen und Inklusion: ein Blick in die Bildungsstatistik

Als am 26.3.2009 die UN-Behindertenrechtskonvention in Kraft trat, lag die Förderquote in Sachsen-Anhalt bei 9,6 Prozent: Insgesamt wurde in jenem Schuljahr 2008/09 bei rund 15.100 Erst- bis Zehntklässlern ein sonderpädagogischer Förderbedarf festgestellt. Der Anteil aller Schüler dieser Altersgruppe, die eine separate Förderschule besuchten (Exklusionsquote), betrug zur gleichen Zeit 8,7 Prozent. Mit diesen beiden Werten lag Sachsen-Anhalt deutlich schlechter als der deutsche Mittelwert: Bundesweit wurde mit einer Förderquote von 6,0 Prozent seltener ein sonderpädagogischer Förderbedarf diagnostiziert, und mit einer durchschnittlichen Exklusionsquote von 4,9 Prozent waren auch deutlich weniger Förderschüler vom Unterricht der allgemeinen Schulen ausgeschlossen. Der Inklusionsanteil in dem ostdeutschen Bundesland lag mit nur 8,6 Prozent im Vergleich ebenfalls sehr niedrig – der bundesdeutsche Durchschnitt betrug seinerzeit 18,4 Prozent.

Abbildung 29: Exklusionsquoten in Sachsen-Anhalt

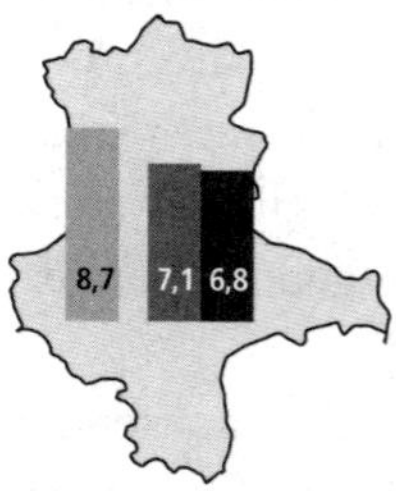

Schuljahr: 2008/09 2012/13 2013/14

Angaben in Prozent

Seitdem hat sich in Sachsen-Anhalt die Situation in Bezug auf die vorliegenden Daten deutlich verbessert: Im Schuljahr 2013/14 wurde zwar immer noch bei rund 14.890 Schülern der Klassenstufen 1 bis 10 ein sonderpädagogischer Förderbedarf diagnostiziert, doch die Förderquote ist auf 9,0 Prozent gesunken. Zudem besucht inzwischen jeder vierte Förderschüler (25,1 %) eine Regelschule; damit hat sich bei einer geringfügigen Veränderung der Förderbedarfe der Inklusionsanteil fast verdreifacht.

Gleichzeitig werden mehr Schüler an Regelschulen unterrichtet; die Exklusionsquote hat sich auf 6,8 Prozent verringert, auch wenn das ostdeutsche Land in dieser Hinsicht nach wie vor deutlich über dem bundesdeutschen Niveau (4,7 %) liegt. Die Chancen der separat unterrichteten Förderschüler auf einen Schulabschluss sind im bundesweiten Vergleich allerdings nicht gut: Im vergangenen Schuljahr erzielten in Sachsen-Anhalt nur 20,3 Prozent aller Jugendlichen mit sonderpädagogischem Förderbedarf mindestens einen Hauptschulabschluss. Bundesweit schafft das immerhin jeder Vierte.

Unter den diagnostizierten Förderbedarfen bildet der Schwerpunkt »Lernen« den mit Abstand größten Anteil: Dieser liegt im Schuljahr 2013/14 bei 46,1 Prozent, gefolgt von Bedarfen in den Bereichen »Geis-

Abbildung 30: Förderschwerpunkte in Sachsen-Anhalt (Verteilung in Prozent)

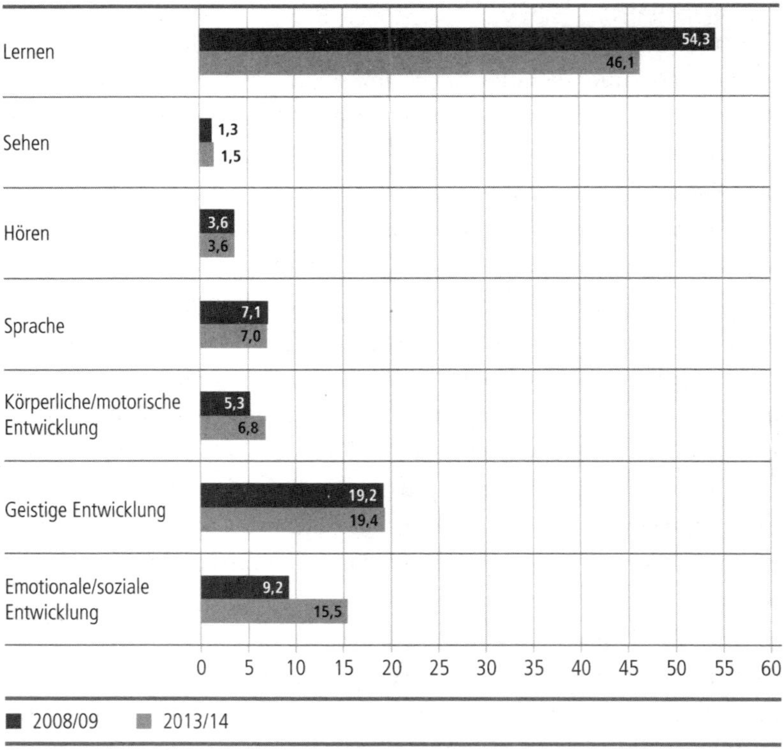

Quelle: KMK 2014a, b, c

tige Entwicklung« (19,4 %) und »Emotionale und soziale Entwicklung« (15,5 %). Jeweils deutlich unter zehn Prozent der Diagnosen entfallen auf die Förderschwerpunkte »Sprache« (7,0 %), »Körperliche und motorische Entwicklung« (6,8 %), »Hören« (3,6 %) und »Sehen« (1,5 %) (vgl. Abb. 30).

Eine Veränderung in Bezug auf die Anteile gegenüber dem Schuljahr 2008/09 zeichnet sich vor allem beim Förderschwerpunkt »Lernen« ab: Hier sind die diagnostizierten Förderbedarfe um mehr als acht Prozentpunkte zurückgegangen. Gleichzeitig ist der Anteil von Kindern und Jugendlichen mit Defiziten in der emotional-sozialen Entwicklung um mehr als sechs Prozentpunkte gestiegen; ein geringfügiger Anstieg zeigt sich zudem in den Bereichen »Geistige Entwicklung«, »Körperliche und motorische Entwicklung« und »Sehen«.

Gemeinsamer Unterricht findet in Sachsen-Anhalt in den Sekundarstufen I und II vor allem an Schulen mit mehreren Bildungsgängen (Sekundarschule) statt: Im Schuljahr 2013/14 besuchten 86,2 Prozent aller inklusiv unterrichteten Schüler mit besonderem Förderbedarf der Sekundarstufen I und II eine solche Schule. Auf eine Gesamtschule geht mit gut vier Prozent nur ein kleiner Anteil von ihnen. Knapp jeder zehnte Förderschüler schließlich (9,8 %) besucht den gemeinsamen Unterricht am Gymnasium. Dabei wurden von den rund 1.715 Förderschülern an einer Sekundarschule, also einer Schule mit mehreren Bildungsgängen, gut 40 Prozent als förderbedürftig im Bereich »Lernen« eingeschätzt, weitere knapp 36 Prozent erhalten Unterstützung in Bezug auf ihre emotionale und soziale Entwicklung. Hinzu kommen rund 16 Prozent Schüler mit sprachlichen Defiziten. Die übrigen rund acht Prozent der Förderschüler an Sekundarschulen verteilen sich auf die Schwerpunkte »Hören«, »körperlich-motorische Entwicklung«, »Sehen« und »Geistige Entwicklung«.

Nur 79 Förderschüler nehmen am inklusiven Unterricht einer Gesamtschule teil. Die meisten von ihnen haben einen besonderen Förderbedarf im Lernen oder in der emotionalen und sozialen Entwicklung, einzelne Schüler benötigen besondere Unterstützung im physischen oder im sprachlichen Bereich. An den Gymnasien in

Sachsen-Anhalt lernen im Schuljahr 2013/14 rund 200 Förderschüler. Von diesen Jugendlichen benötigen über die Hälfte Unterstützung aufgrund physischer Schwierigkeiten (Hören: 24,5 %; körperlich-motorischer Bereich: 13,8 %; Sehen: 17,3 %), gut ein Drittel hat einen Förderbedarf im emotional-sozialen Bereich (33,2 %), und ein kleiner Anteil schließlich erhält sonderpädagogische Förderung in den Schwerpunkten »Sprache« (9,7 %), »Lernen« (2,1 %) oder »Geistige Entwicklung« (0,5 %).

3 Gemeinsames Lernen und Inklusion in Sachsen-Anhalt: die Gesetzeslage

3.1 Gesetzesgrundlagen

Inklusion und gemeinsamer Unterricht sind für Sachsen-Anhalt im Wesentlichen in zwei Texten beschrieben:

- im Schulgesetz des Landes Sachsen-Anhalt (SchulG LSA, Stand 24.6.2014) und
- in der Verordnung über die Förderung von Schülerinnen und Schülern mit sonderpädagogischem Bildungs-, Beratungs- und Unterstützungsbedarf (SoPädFV ST, Stand 8.8.2013).

Nach § 1 Abs. 3 SchulG LSA werden inklusive Bildungsangebote in allen Schulformen gefördert. Das Ziel ist explizit, dadurch die Chancengerechtigkeit zu verbessern. An Förderschulen sollen nur Schüler unterrichtet werden, deren Eltern diese Schulform wählen; dabei soll das Ziel immer sein, dass die betroffenen Kinder und Jugendlichen in den gemeinsamen Unterricht wechseln oder der Förderbedarf aufgehoben wird (§ 10 Abs. 1 SoPädFV ST).

Gemeinsamer Unterricht ist nach § 9 Abs. 1 SoPädFV ST zielgleich und zieldifferent möglich.

3.2 Feststellung eines sonderpädagogischen Förderbedarfs

Vor dem Schuleintritt des Kindes sind in Sachsen-Anhalt nach § 4 Abs. 1 und 2 SoPädFV ST ausschließlich die Eltern berechtigt, die Feststellung eines sonderpädagogischen Förderbedarfs zu beantragen. Besucht das Kind schon die Schule, so kann die Feststellung entweder von den Eltern oder von der Schule, die das Kind besucht, beantragt werden. Der Antrag wird beim Mobilen Sonderpädagogischen Diagnostischen Dienst (MSDD) des Landesschulamts gestellt (§ 4 Abs. 1 und 2 SoPädFV ST).[39]

Die Schule erstellt einen pädagogischen Bericht auf Grundlage langfristiger Lernbeobachtungen oder – vor Schuleintritt – der gemeinsamen Vorbereitung des Schuleintritts. Zusammen mit einer Stellungnahme des MSDD und ggf. einer Stellungnahme der Eltern bildet dieser Bericht die Grundlage für ein Fördergutachten. Aufgrund des Gutachtens trifft das Landesschulamt die Entscheidung über den Förderbedarf. Im Gutachten werden der Förderschwerpunkt und die erforderlichen schulischen Maßnahmen in allen wesentlichen Punkten festgestellt; das Gutachten wird mit den Eltern abschließend beraten (§ 4 Abs. 3 und 4 SoPädFV ST).

3.3 Entscheidung über den Lernort

Grundsätzlich gilt nach § 10 Abs. 1 SoPädFV ST, dass die Förderschule als Lernort nur infrage kommt, wenn die Eltern sie als solchen wählen, ansonsten soll der gemeinsame Unterricht Vorrang haben.

Wenn die Eltern den Aussagen des Fördergutachtens widersprechen, wenn sie den Unterricht an einer Förderschule beantragen oder wenn für die Umsetzung des gemeinsamen Unterrichts weitere Institutionen zu beteiligen sind, wird eine Fachkommission eingerichtet.

39 Vgl. www.landesrecht.sachsen-anhalt.de/jportal/?quelle=jlink&query=SoP%C3%A4dFV+ST&psml=bssahprod.psml&max=true

Sie besteht aus den Eltern, der Lehrkraft, die den pädagogischen Bericht der Schule erstellt hat, der beteiligten Förderschullehrkraft des MSDD, den Leitungen der aufnehmenden und der abgebenden Schule sowie je einem Vertreter des Schulträgers und des Landesschulamtes (§ 4 Abs. 5 und 6 SoPädFV ST).

Nach Anhörung der Eltern entscheidet das Landesschulamt abschließend über den Förderort sowie über Inhalt und Umfang der Förderung. Es kann auch die Förderschule als Lernort für Kinder und Jugendliche mit sonderpädagogischem Förderbedarf festlegen: wenn der Besuch der allgemeinen Schule die Lernentwicklung des betroffenen Schülers oder die seiner Mitschüler gefährdet, sonstige Rechte von Mitgliedern der Schulgemeinschaft beeinträchtigt oder wenn an der Schule die personellen und sächlichen Voraussetzungen für gemeinsamen Unterricht nach § 9 Abs. 5 SoPädFV ST nicht gegeben sind und nicht geschaffen werden können (§ 10 Abs. 2 SoPädFV ST). So gilt auch in Sachsen-Anhalt ein Ressourcenvorbehalt.

3.4 Umsetzung des gemeinsamen Unterrichts

Die Umsetzung des gemeinsamen Unterrichts ist in § 9 SoPädFV ST geregelt. Der gemeinsame Unterricht kann an allen Schulformen stattfinden. An Gymnasien ist allerdings nur zielgleicher Unterricht möglich, während er bei allen anderen Schulformen sowohl zielgleich als auch zieldifferent erfolgen kann (§ 9 Abs. 1–4 SoPädFV ST). In Abs. 5 ist geregelt, dass der gemeinsame Unterricht vor allem in vier Bereichen grundsätzliche Anpassungen erfordert:

1. Lehrkräfte: Die Lehrkräfte müssen über sonderpädagogische Kompetenz verfügen.
2. Unterstützungsbedarf: Gegebenenfalls müssen Unterstützungskräfte nach den entsprechenden Sozialgesetzbüchern (Schulbegleiter etc.) zur Verfügung stehen bzw. beantragt werden.
3. Sächliche Ausstattung: Es braucht die erforderlichen Lehr- und Lernmittel, angepasstes Mobiliar, Kommunikationsmittel, apparative Hilfen etc.

4. Organisation und bauliche Voraussetzungen: Organisatorische Voraussetzungen, wie Schülerbeförderung, und schulorganisatorische Abläufe, individuelle Tagesrhythmen, erforderliche Pflegezuwendungen und bauliche Gegebenheiten müssen berücksichtigt und ggf. angepasst werden.

Für die sonderpädagogische Unterstützung weist das Schulamt den Schulen Lehrerwochenstunden in einem bestimmten Umfang zu; es kann ihnen auch einen pädagogischen Mitarbeiter zuweisen (§ 9 Abs. 6 SoPädFV ST).

Außerdem spielt die flexible Eingangsphase bei Schulanfang eine wesentliche Rolle, um sonderpädagogischem Förderbedarf vorzubeugen: Grundsätzlich werden alle schulpflichtigen Kinder in die Grundschule aufgenommen. Dort werden sie individuell gefördert und verweilen je nach Bedarf zwischen einem und drei Jahren in der Eingangsphase.[40]

4 Entwicklungen zum gemeinsamen Lernen und zur Inklusion

Lehreraus- und -weiterbildung

Das Schulgesetz sieht vor, dass das Thema »Inklusion« in Sachsen-Anhalt verbindlich in alle Lehramtsstudiengänge einfließen soll (§ 1 Abs. 3 SchulG LSA). Für das Lehramt für die Grundschule gibt es bereits ein Schlüsselqualifikationsmodul »Inklusion«; in den anderen Studiengängen finden sich Module für den Bereich »Umgang mit Heterogenität«.

Im Bereich der Weiterbildung bietet das Landesinstitut für Schulqualität und Lehrerbildung Sachsen-Anhalt (LISA) Fortbildungen zur Inklusion und zur Gestaltung des gemeinsamen Unterrichts sowohl

40 Vgl. www.bildung-lsa.de/files/e9800088d186a033d4eac77cf14f1d9c/Konzept_GU_abschlie_enderStand_22013.pdf: 7 (Download 22.10.2014).

für die Primarstufe als auch für die Sekundarstufen I und II an.[41] Diese Fortbildungen sind Tandemqualifizierungen für Regel- und Förderschullehrkräfte; sie umfassen rund 150 Stunden. Darüber hinaus bietet das LISA Weiterbildungslehrgänge an, in denen Lehrkräfte eine zusätzliche sonderpädagogische Qualifikation zu ausgewählten Förderschwerpunkten erwerben können.

Modellversuch »Grundschulen mit Integrationsklassen«[42]

In den Schuljahren 2009/10 und 2010/11 wurde in 22 Grundschulen in Sachsen-Anhalt der Modellversuch »Grundschulen mit Integrationsklassen« durchgeführt. Insgesamt wurden in diesem Rahmen 42 Integrationsklassen gebildet, in denen 144 Schülerinnen und Schüler mit sonderpädagogischem Förderbedarf unterrichtet wurden; dabei dominierten die Förderschwerpunkte »Lernen«, »Sprache« und »Emotionale und soziale Entwicklung«.

Ziel des Modellversuchs war es insbesondere herauszufinden, welche Bedingungen der gemeinsame Unterricht in Sachsen-Anhalt erfordert, damit Schülerinnen und Schüler mit sonderpädagogischem Förderbedarf am allgemeinen Lernort tatsächlich effektiv lernen und unterstützt werden können.

Die teilnehmenden Schulen erhielten pro Integrationsklasse eine Förderschullehrkraft mit zehn Lehrerwochenstunden; die Lehrkräfte konnten außerdem an Fortbildungen teilnehmen und wurden von einem Beratungsteam unterstützt. Ein besonderes Augenmerk galt der Zusammenarbeit der Regel- und Sonderpädagogen.

Der Modellversuch wurde von beauftragten Lehrkräften fachlich begleitet. Das Institut für Rehabilitationspädagogik an der Martin-Luther-Universität Halle-Wittenberg diente als Konsultationspartner für wissenschaftliche Erhebungen.

41 Vgl. www.bildung-lsa.de/index.php?KAT_ID=5669#art19347 (Download 22.10.2014).

42 http://gew-sachsenanhalt.net/dokumente/upload/ae1df_modellversuch_grundschulen_mit_integrationsklassen_2.pdf (Download 22.10.2014).

Konzept zur Weiterentwicklung des gemeinsamen Unterrichts

Im Jahr 2013 hat das Land Sachsen-Anhalt ein Konzept zur Weiterentwicklung des gemeinsamen Unterrichts vorgelegt, das auf knapp 30 Seiten den Weg vom Status quo des Bildungssystems zum Ziel der inklusiven Schule beschreibt.[43] Dieses Konzept sieht unter anderem vor, ein neues Zuweisungssystem für die Ressourcen bei der Beschulung von Kindern und Jugendlichen mit sonderpädagogischem Förderbedarf zu entwickeln, die förderdiagnostischen Kompetenzen in der Grundschule zu erhöhen und die Aus-, Fort- und Weiterbildungsangebote für Lehrkräfte zu erweitern. Außerdem sollen künftig Grund- und Sekundarschulen mit einem inklusiven Schulkonzept zertifiziert, die individuelle Förderung an Gymnasien gestärkt und Standards in der sonderpädagogischen Diagnostik und Beratung vereinheitlicht werden. In Bezug auf die Entwicklung des Förderschulnetzwerks wird angenommen, dass die Schülerzahlen in der Primarstufe der Förderschule Lernen zurückgehen oder die Primarstufe sogar ganz wegfällt.

5 Gemeinsames Lernen in Sachsen-Anhalt: Erfahrungen aus der Praxis

Saaleschule, Halle, Interviewpartner: Silke Klessing, pädagogische Schulleiterin

Bitte stellen Sie Ihre Schule kurz vor und skizzieren Sie das dort gelebte Inklusionsverständnis.

Die Saaleschule in Halle ist eine Integrierte Gesamtschule in Form einer staatlich anerkannten Ersatzschule in freier Trägerschaft. Im Titel heißt es zwar »integriert«, aber wir verstehen uns als inklusive

43 www.bildung-lsa.de/themen/inklusive_bildung_gemeinsamer_unterricht.html (Download 22.10.2014).

Schule. Mit diesem Ziel haben im Januar 2007 Eltern, Pädagoginnen und Pädagogen sowie Freunde der Grundschulen in freier Trägerschaft den eingetragenen gemeinnützigen Verein »Gemeinschaftsschule für (H)alle e.V.« gegründet. Den Kern des Vereins bilden Eltern der Reformschule »Maria Montessori«, der Freien Schule »Riesenklein«, die der Freinet-Pädagogik verpflichtet ist, und der 1. Kreativitätsschule sowie Mitglieder des Vereins »Down-Kind Halle (Saale) e.V.«.

Wir haben 400 Schülerinnen und Schüler unterschiedlicher sozialer und ethnischer Herkunft, aber auch mit unterschiedlichen Talenten und Fähigkeiten. Inklusion verstehen wir als eine Schule für alle Kinder, die auf diese Schule gehen wollen. Wir verkürzen Inklusion nicht auf Kinder mit sonderpädagogischem Förderbedarf. Insgesamt haben wir rund 50 Schüler mit Förderbedarf. Das Spektrum reicht von Lernbehinderungen über geistige Behinderungen (Autismus, Asperger-Syndrom, Downsyndrom) und Beeinträchtigungen in der emotionalen und sozialen Entwicklung bis zu Körperbehinderungen. Im Kollegium arbeiten wir Hand in Hand mit Förderschullehrern, Sozialpädagogen und Erziehern. Dazu habe ich letztens eine schöne Allegorie gehört: Der Allgemeinarzt überweist ja auch an den Spezialisten, wenn es notwendig ist.

Welche Auswirkungen hat die Gesetzeslage auf Ihre Schule?

Als freie Schule erleben wir bisher keine Einschränkungen. Wir können die Kinder betreuen, wie wir es für nötig halten, wir können also Inklusion nach unserem Verständnis leben. Im staatlichen Schulsystem gibt es Regelungen, die festlegen, wie viele zusätzliche Stunden einem Kind mit Beeinträchtigungen zustehen. Das ist äußerst knapp bemessen. Bei einem Kind mit Downsyndrom sind das etwa zwei bis zweieinhalb Wochenstunden. Wir dagegen sind völlig frei, das nach den individuellen Bedürfnissen des Kindes selbst zu regeln. So haben wir für je fünf Kinder einen Förderschullehrer eingestellt und können auch mit dem räumlichen Angebot sehr flexibel umgehen.

Wenn ich den Blick auf das staatliche Schulsystem in Sachsen-Anhalt insgesamt richte, liegen die Probleme nicht in der Gesetzeslage, sondern in den Durchführungsbestimmungen. Als Vorreiterschule für Inklusion haben wir viele Besucherinnen und Besucher und werden oft zu Gesprächen mit anderen Schulen eingeladen. Dabei wird immer wieder deutlich, dass es die Freiheiten, die wir beim Einsatz der personellen und materiellen Ressourcen haben, an den staatlichen Schulen nicht gibt. Es fehlt einfach zusätzliches Geld im System. Und das ist natürlich auch für uns ein großes Problem, weil wir unseren personellen und materiellen Aufwand nicht refinanziert bekommen. Wie alle Schulen in freier Trägerschaft müssen wir den über eigene Mittel decken. Die drei Säulen dafür sind Schülerkostensätze, Schulgeld der Eltern und Fundraising beziehungsweise Sponsoring.

Was wünschen Sie sich vom Gesetzgeber, damit Inklusion besser gelingen kann?

Als freie Schule benötigen wir dringend eine angemessene Refinanzierung, denn die Situation geht letztlich auf Kosten unserer Kolleginnen und Kollegen. Sie verdienen erheblich weniger als vergleichbare Pädagogen an den staatlichen Schulen. Natürlich müssen auch die staatlichen Schulen personell, materiell und räumlich besser ausgestattet werden, wenn Inklusion gelingen soll.

Nach meiner Erfahrung scheitert Inklusion insbesondere dann, wenn Kinder aufgrund ihrer besonderen Bedürfnisse eine ruhige, reizarme Umgebung benötigen. Das können auch wir nur bedingt bieten. Wir sind eine ganz normale lebendige Schule. Zwar haben wir auch Inseln, aber die stehen nicht den ganzen Tag zur Verfügung.

Wichtig für gelingende Inklusion ist die Einstellung: Man muss zu allen Kindern »Ja« sagen, aber auch die Grenzen erkennen. Und da kann ich die Kolleginnen und Kollegen an den staatlichen Schulen verstehen, die darüber klagen, dass Förderlehrer nur für zwei oder drei Stunden in der Klasse sind. In dieser Zeit müssen sie weiter diagnostizieren, Förderpläne erstellen, Fachlehrer beraten, bei der Materialrecherche unterstützen und mit den Eltern zusammenarbeiten. All das ist in dieser kurzen Zeit einfach nicht zu schaffen. Es fehlt also an den notwendigen Ressourcen.

Kontakt
Saaleschule für (H)alle
Hans-Dittmar-Straße 9
06118 Halle (Saale)
Tel. 0345/47813800
www.saaleschule.de

6 Fazit

In Sachsen-Anhalt zeichnet sich bezogen auf die Kennzahlen eine ähnliche Entwicklung ab wie bei den anderen östlichen Flächenländern: Die Förder- und Exklusionsquoten liegen jeweils deutlich über dem Bundesdurchschnitt, sind allerdings beide ganz erheblich gesunken. Der gestiegene Inklusionsanteil ist also tatsächlich darauf zurückzuführen, dass mehr Kinder allgemeine Schulen statt Förderschulen besuchen – wenn auch immer noch weniger als im Bundesdurchschnitt.

Dieselbe Ambivalenz zeigt sich sowohl in der Gesetzeslage als auch in den Entwicklungen zum gemeinsamen Lernen. So hat in Sachsen-Anhalt der gemeinsame Unterricht gesetzlich deutlichen Vorrang; Förderschulen sollen nicht der Lernort erster Wahl sein, und in der Lehreraus- und -fortbildung sind Inklusion und Umgang mit Vielfalt schon verankert. Gleichzeitig gilt allerdings noch ein erheblicher Ressourcenvorbehalt, und das Schulamt hat die endgültige Entscheidung über den Lernort.

Auch der Blick in die Praxis macht deutlich, dass (wie in anderen Bundesländern) die Ressourcenfrage noch ungeklärt ist und dass unter anderem die erfolgreiche Umsetzung der Inklusion daran scheitert, dass Unterstützung dort Kindern schnell gegeben werden kann, wo sie sie benötigen. Insgesamt lässt sich bilanzieren: Sachsen-Anhalt hat sich zwar auf den Weg gemacht, doch der Weg zu einem wirklich inklusiven Schulsystem ist noch recht weit.

Länderprofil Schleswig-Holstein

1 Die Schullandschaft in Schleswig-Holstein

Schleswig-Holstein ist das zweitkleinste deutsche Flächenland. In elf Kreisen und vier kreisfreien Städten leben dort rund 2,8 Millionen Menschen. Das Schulsystem im nördlichsten Bundesland befindet sich zurzeit in einer entscheidenden Phase der Umstrukturierung: Bis zum Schuljahr 2019/20 soll es nach der vierjährigen Grundschule zweigliedrig sein, mit den beiden Schulformen Gemeinschaftsschule und Gymnasium. Die bisherigen Schulformen laufen aus; einige Regionalschulen sollen dann, sofern sie genügend Schüler haben, in eine Gemeinschaftsschule überführt werden. Allgemeine Abschlüsse können in Schleswig-Holstein neben den allgemeinen Schulen auch an den berufsbildenden Schulen der beruflichen Bildung erworben werden.

Orientiert an den KMK-Empfehlungen werden in Schleswig-Holstein besondere Förderbedarfe einem der folgenden neun Schwerpunkte zugeordnet: »Lernen«, »Geistige Entwicklung«, »Sprache«, »Emotionale und soziale Entwicklung«, »Körperliche Entwicklung«, »Hören«, »Sehen«, »Kranke« und »Autistisches Verhalten«. Schüler mit allen Förderschwerpunkten lernen an allgemeinen Schulen, denn Schleswig-Holstein hat bereits 1990 die Bedingungen des gemeinsamen Unterrichts an allgemeinen Schulen gesetzlich geregelt.

Nach dem Gesetz (s. u.) hat gemeinsamer Unterricht Vorrang vor separierender Beschulung, unabhängig vom Förderschwerpunkt oder vom Alter der Schüler. Die Aufgabe der sonderpädagogischen Förderung übernehmen Förderzentren in Kooperation mit allen allgemeinen Schulen. Diese Zentren beraten Eltern und Lehrkräfte und wirken an der Planung und Umsetzung des gemeinsamen Unterrichts mit. In besonderen Fällen können sie Schüler mit besonderem Förderbedarf auch vorübergehend aufnehmen, wenn eine Beschulung in der allgemeinen Schule nicht möglich ist.

2 Gemeinsames Lernen und Inklusion: ein Blick in die Bildungsstatistik

Im Schuljahr 2008/09, als die UN-Behindertenrechtskonvention in Kraft trat, wurde in Schleswig-Holstein bei rund 15.800 Schülern der 1. bis 10. Klasse ein sonderpädagogischer Förderbedarf diagnostiziert. Die sogenannte Förderquote lag damit bei 5,3 Prozent – unter dem bundesdeutschen Durchschnitt von 6,0 Prozent. Schon damals waren in Schleswig-Holstein nur gut drei Prozent aller Kinder und Jugendlichen vom Unterricht an Regelschulen ausgeschlossen (Exklusionsquote); der deutsche Mittelwert betrug seinerzeit 4,9 Prozent.

Auch in Bezug auf den Anteil der Schüler, die am gemeinsamen Unterricht teilnehmen, setzte sich Schleswig-Holstein deutlich vom damaligen innerdeutschen Status ab: Im nordischen Flächenstaat besuchten immerhin schon rund 6.500 der 15.800 Schüler mit sonderpädagogischem Förderbedarf den Unterricht einer Regelschule; das entsprach einem Inklusionsanteil von fast 41 Prozent – mehr als doppelt so hoch wie der deutsche Durchschnittswert im gleichen Schuljahr (Inklusionsanteil: 18,4 %).

Abbildung 31: Exklusionsquoten in Schleswig-Holstein

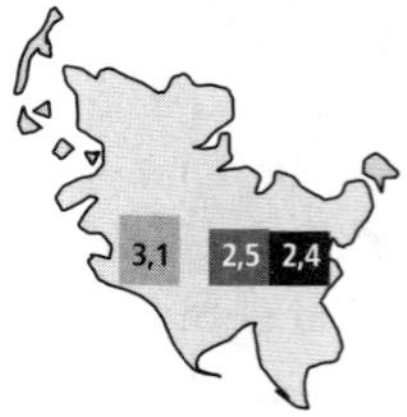

Schuljahr: 2008/09 2012/13 2013/14

Angaben in Prozent

Fünf Jahre später haben die schleswig-holsteinische Gesetzeslage und die Zusammenführung von Regelschul- und Sonderschulwesen weiter Früchte getragen: Zwar erhielten im Schuljahr 2013/14 – bei insgesamt rückläufigen Schülerzahlen – 16.202 Schüler der Klassenstufen 1 bis 10 eine Förderdiagnose, womit die Förderquote auf 6,2 Prozent gestiegen ist, doch liegt der Anteil nach wie vor niedriger als der entsprechende bundesweite Durchschnittswert von 6,8 Prozent.

Zudem hat sich die Teilnahme am gemeinsamen Unterricht sehr positiv entwickelt: Im Schuljahr 2013/14 besucht mit 60,5 Prozent deutlich mehr als jeder zweite Schüler mit sonderpädagogischem Förderbedarf den Unterricht einer allgemeinen Schule. Damit ist der Anteil der inklusiv beschulten Kinder und Jugendlichen innerhalb von fünf Jahren um fast 20 Prozentpunkte gestiegen und liegt nun gut doppelt so hoch wie der bundesdeutsche Durchschnitt (31,4 %). Schleswig-Holstein belegt damit nach Bremen einen Spitzenplatz unter den Bundesländern.

Zugleich nutzen die Förderzentren immer seltener die Option, Kinder und Jugendliche außerhalb des gemeinsamen Unterrichts zu fördern: Die Exklusionsquote im nördlichsten Bundesland hat sich seit dem Schuljahr 2008/09 auf 2,4 Prozent verringert; im Ländervergleich hat Schleswig-Holstein damit nach Bremen den zweitbesten Wert. Der Bundesdurchschnitt liegt dagegen bei 4,7 Prozent. Angesichts des geringen Anteils von Schülern, die gesondert beschult werden (müssen), wundert es nicht, dass diese vergleichsweise schlechte Chancen auf einen Schulabschluss haben: Im vergangenen Schuljahr erhielten nur 2,8 Prozent von ihnen mindestens einen Hauptschulabschluss[44]. Das schaffte bundesweit immerhin jeder vierte Jugendliche mit sonderpädagogischem Förderbedarf.

Den größten Anteil an allen Bereichen der sonderpädagogischen Förderung hat in Schleswig-Holstein der Förderschwerpunkt »Lernen« mit rund 52 Prozent. Auch im Bereich »Geistige Entwicklung« wird mit

44 Hinzu kommt, dass in Schleswig-Holstein bei Kindern mit sonderpädagogischem Förderbedarf in den Schwerpunkten Lernen und geistige Entwicklung die Diagnose aufgehoben wird, wenn sie einen Hauptschulabschluss erreichen können.

23,1 Prozent vergleichsweise häufig ein besonderer Förderbedarf diagnostiziert. Alle anderen Schwerpunkte sind mit gut sieben (»Körperliche und motorische Entwicklung« 7,1 %) bzw. unter sieben Prozent eher kleine Anteile: »Sprache« 5,9 Prozent, »Emotionale und soziale Entwicklung« 5,1 Prozent, »Hören« 2,7 Prozent, »Kranke« 3,1 Prozent und »Sehen« 1,3 Prozent (vgl. Abb. 32). Im Vergleich zum Schuljahr

Abbildung 32: Förderschwerpunkte in Schleswig-Holstein (Verteilung in Prozent)

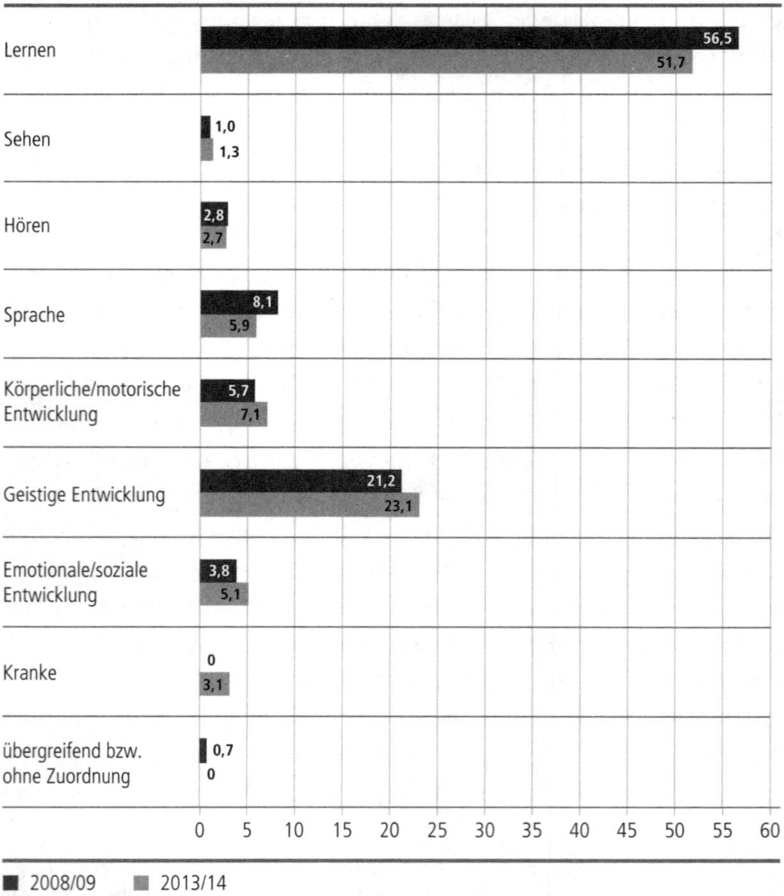

Quelle: KMK 2014a, b, c

2008/09 sind indes geringe Zunahmen in den Bereichen »Kranke«, »Körperliche Entwicklung«, »Geistige Entwicklung«, »Sehen« und »Emotionale und soziale Entwicklung« zu beobachten. Rückläufig ist der Anteil der Feststellungen des sonderpädagogischen Förderbedarfs in den Schwerpunkten »Lernen«, »Sprache« und – in geringem Maße – auch im Bereich »Hören«. »Übergreifende« bzw. Diagnosen »ohne Schwerpunkt« kommen zum aktuellen Zeitpunkt gar nicht mehr vor.

In Schleswig-Holstein findet Inklusion im Schuljahr 2013/14 vor allem an Gesamtschulen und Schulen mit mehreren Bildungsgängen (z.B. Regionalschulen/Gemeinschaftsschulen) statt: Eine solche Schule besuchen rund 68 Prozent aller inklusiv unterrichteten Schüler mit besonderem Förderbedarf. Weitere 23,2 Prozent lernen an Schulen mit mehreren Bildungsgängen, knapp 2,4 Prozent nehmen am Unterricht der auslaufenden Hauptschulen statt, nur rund 0,3 Prozent besuchen ein Gymnasium, und etwa vier Prozent lernen an einer der auslaufenden Realschulen. Hinzu kommt ein kleiner Anteil Förderschüler, die auf eine Waldorfschule gehen.

Von den 4.335 Schülern mit sonderpädagogischem Förderbedarf, die zur Gesamtschule gehen, haben mit rund 76 Prozent die weitaus meisten einen sonderpädagogischen Förderbedarf im Bereich »Lernen«; Schüler mit den anderen Förderbedarfen sind hier kaum vertreten (Anteile um und unter 6 %). Eine ähnliche Zusammensetzung der Schwerpunkte findet sich an den Schulen mit mehreren Bildungsgängen: Hier haben sogar 83 Prozent der knapp 1.480 inklusiv beschulten Schüler einen besonderen Förderbedarf im Schwerpunkt »Lernen«.

Von den 246 Schülern mit sonderpädagogischem Förderbedarf, die den gemeinsamen Unterricht eines Gymnasiums besuchen, haben rund 87 Prozent einen Förderbedarf in einem physischen Bereich (Hören, Sehen und körperlich-motorische Entwicklung) oder sind dem Schwerpunkt »Kranke« zugeordnet. Die 21 Schüler mit sonderpädagogischem Förderbedarf schließlich, die im Schuljahr 2013/14 an einer Realschule lernen, verteilen sich auf alle Förderschwerpunkte mit Ausnahme der Bereiche »Geistige Entwicklung« und »Sprache«. Schließlich besuchen 150 Schüler mit sonderpädagogischem Förderbedarf eine Hauptschule.

3 Gemeinsames Lernen und Inklusion in Schleswig-Holstein: die Gesetzeslage

3.1 Gesetzesgrundlagen

Die Grundlagen für den gemeinsamen Unterricht sind in Schleswig-Holstein vor allem durch vier Texte geregelt:

- das Schleswig-Holsteinische Schulgesetz (Schulgesetz – SchulG, Stand 11.12.2014),
- die Landesverordnung über sonderpädagogische Förderung (SoFVO, Stand 28.2.2013),
- den Lehrplan Sonderpädagogische Förderung (Stand 29.5.2002) und
- Zeugnisverordnung (ZVO – 18.6.2014).

Nach § 4 Abs. 13 SchulG steht in Schleswig-Holstein das Ziel einer inklusiven Beschulung im Vordergrund; der gemeinsame Unterricht soll der Regelfall sein (§ 5 Abs. 1 SchulG). Alle Schülerinnen und Schüler sollen gemeinsam unterrichtet werden, soweit es die Möglichkeiten erlauben und gewährleistet ist, dass Schüler mit sonderpädagogischem Förderbedarf individuell gefördert werden können (vgl. § 5 Abs. 2 SchulG).

3.2 Feststellung eines sonderpädagogischen Förderbedarfs

In Schleswig-Holstein wird ein Verfahren zur Feststellung eines sonderpädagogischen Förderbedarfs eingeleitet, wenn im Rahmen der Schulanmeldung oder des Schulbesuchs ein Förderbedarf vermutet wird. Ein entsprechendes Verfahren können die aufnehmende oder die besuchte Schule, die Eltern oder der Schüler selbst beantragen, sofern er volljährig ist (§ 4 SoFVO).[45]

Das Verfahren wird von dem Förderzentrum, das dem Wohnort nach zuständig ist, geleitet. Stellt es nach Übersendung der Unter-

45 Vgl. www.schulrecht-sh.de/texte/s/sofvo.htm (Download 22.10.2014).

lagen fest, dass ein anderes Förderzentrum besser geeignet ist, kann das Verfahren dorthin übertragen werden (§ 4 Abs. 2 und 3 SoFVO).

Das Förderzentrum erstellt ein Gutachten, das alle Umstände berücksichtigt, die von Bedeutung sind, um einen sonderpädagogischen Förderbedarf zuzuerkennen, und gibt eine Empfehlung dazu, ob und wenn ja, in welchem Förderschwerpunkt ein sonderpädagogischer Förderbedarf zuerkannt werden soll (§ 4 Abs. 4 SoFVO).

Liegt ein sonderpädagogischer Förderbedarf vor, erarbeitet das Förderzentrum nach § 4 Abs. 5 SoFVO Vorschläge zu

- geeigneten Fördermaßnahmen,
- den vom Schüler benötigten Lehr- und Hilfsmitteln,
- der Schülerbeförderung,
- den notwendigen baulichen Voraussetzungen,
- der notwendigen zusätzlichen personellen Unterstützung und
- dem zuständigen Förderzentrum nach § 24 Abs. 3 Satz 2 SchulG.

Sie dienen als Grundlage für die Koordinierungsgespräche zwischen der aufnehmenden Schule, den Erziehungsberechtigten, ggf. dem volljährigen Schüler bzw. der Schülerin und dem Schulträger sowie ggf. weiteren Kostenträgern (§ 5 SoFVO).

3.3 Entscheidung über den Lernort

Die Eltern bzw. der volljährige Schüler haben Wahlrecht in Bezug auf den Lernort (§ 24 Abs. 1 SchulG). Dieses Wahlrecht kann allerdings durch die Schulaufsicht eingeschränkt werden, wenn nach ihrer Einschätzung ein Schüler mit sonderpädagogischem Förderbedarf an einer anderen als der gewählten Schule besser individuell gefördert werden kann (§ 24 Abs. 3 SchulG).

Dies kann jedoch nicht willkürlich eingeschätzt werden: Vor einer Zuweisung des Lernortes müssen die genannten Koordinierungsgespräche stattfinden; diese wiederum basieren auf den Vorschlägen des Förderzentrums, das den Fall gründlich geprüft und die individuell erforderlichen Ressourcen bestimmt hat. In den Koordinierungsgesprächen sollen dann die Fördermöglichkeiten geprüft und ggf. geschaffen werden, um eine Beschulung am empfohlenen (bzw. gewünschten) Förderort zu ermöglichen. Ist darüber keine Einigung zu erzielen, tritt ein Förderausschuss zusammen, der von der Schulaufsichtsbehörde berufen wird. Dieser Ausschuss hört die Betroffenen an und empfiehlt dann unter Berücksichtigung der Fördermöglichkeiten einen Förderort (§ 6 SoFVO). Abschließend entscheidet die zuständige Schulaufsichtsbehörde über den Förderschwerpunkt und den Förderort (§ 7 SoFVO).

3.4 Umsetzung des gemeinsamen Lernens

Das Gesetz legt nur den genannten Vorrang des gemeinsamen Unterrichts fest (§ 5 Abs. 1 und 2 SchulG), zu dessen Ausgestaltung macht es keine näheren Angaben. Für alle Schülerinnen und Schüler gilt: »Die begabungsgerechte und entwicklungsgemäße Förderung der einzelnen Schülerin und des einzelnen Schülers ist durchgängiges Unterrichtsprinzip in allen Schulen« (§ 5 Abs. 1, Satz 3 SchulG).

Das gilt auch für die Belange hochbegabter Kinder (§ 5 Abs. 3 SchulG). Aus diesen allgemeinen Angaben lässt sich schließen, dass sowohl zielgleicher als auch zieldifferenter Unterricht möglich ist. Im Lehrplan Sonderpädagogische Förderung finden sich außerdem Angaben, wie Schüler mit sonderpädagogischem Förderbedarf zu fördern sind.

4 Entwicklungen zum gemeinsamen Lernen und zur Inklusion

Aus- und Weiterbildung

In den Studienordnungen der Universitäten, die schulartbezogene Lehramtsstudiengänge anbieten, finden sich Seminare zu den Themenbereichen Heterogenität und Inklusion. Es ist also davon auszugehen, dass der Umgang mit diesen Themen in der ersten Phase der Lehramtsausbildung Bestandteil des Studiums ist. Für die zweite

Ausbildungsphase sind die Themen Inklusion, Umgang mit Heterogenität, durchgängige Sprachbildung und individuelle Förderung in die Curricula für alle Schularten eingegangen.

Die Anwärter der Sonderpädagogik werden seit mehr als zehn Jahren sowohl im Förderzentrum als auch im gemeinsamen Unterricht an der Regelschule ausgebildet. Da es inzwischen mehr Förderzentren ohne eigene Klassen gibt, findet die Ausbildung im präventiven und integrativen Bereich bei gut einem Viertel der auszubildenden Sonderpädagogen an allgemeinen Schulen statt. Schulartübergreifend gibt es für alle Referendare aller Schulstufen Wahlangebote zu Themen wie Inklusion und gemeinsamer Unterricht.

Das Institut für Qualitätsentwicklung an Schulen in Schleswig-Holstein (IQSH) bietet zahlreiche Fortbildungen zu den Themen Heterogenität und Inklusion an.[46] Im Rahmen der Fortbildungsinitiative ist Inklusion in den kommenden fünf Jahren ein Schwerpunktthema.

Projekt »InPrax – Inklusion in der Praxis«

Das Projekt »InPrax – Inklusion in der Praxis« (Mai 2012 bis Sommer 2014) ist ein Gemeinschaftsprojekt des Bildungsministeriums und des Instituts für Qualitätsentwicklung an Schulen in Schleswig-Holstein. Hier werden Moderationsteams ausgebildet, die in festgelegten Regionen dafür zuständig sind, Schulen in ihrer inklusiven Entwicklung zu unterstützen. Wissenschaftlich begleitet wird das Projekt von einem Team um Prof. Dr. Andreas Hinz von der Universität Halle-Wittenberg.[47]

Andere Ansprechpartner im Bereich schulischer Inklusion sind:

- die Beratungsstelle Inklusive Schule (BIS) (www.schleswig-holstein.de/IQSH/DE/Foez/BISInklusiveSchule/BISInklusiveSchule_node.html)

46 Vgl. www.schleswig-holstein.de/IQSH/DE/IQSH_node.html (Download 22.10.2014).

47 Vgl. www.schleswig-holstein.de/IQSH/DE/Foez/InPrax/inPrax_node.html (Download 22.10.2014).

- die Beratungsstelle Inklusive Schule – Autismus (BIS-A) (www.schleswig-holstein.de/IQSH/DE/Foez/BISAutismus/BISAutismus_node.html)
- das Projekt Barrierefreie Schule (www.barrierefreie-schule-sh.de/cms/)

5 Gemeinsames Lernen in Schleswig-Holstein: Erfahrungen aus der Praxis

Grundschule Op de Host, Horst, Interviewpartner: Aenne Thurau, Rektorin

Bitte stellen Sie Ihre Schule kurz vor und skizzieren Sie das dort gelebte Inklusionsverständnis.

An unserer Grundschule in der Gemeinde Horst (7 km nordwestlich von Elmshorn) lernen derzeit rund 180 Kinder; neun von ihnen haben einen sonderpädagogischen Förderbedarf. Wir haben zurzeit acht jahrgangsübergreifende Klassen, in denen neun Grundschullehrkräfte arbeiten. Verstärkt wird das Team von einer Sonderschullehrerin des Förderzentrums Steinburg Süd-West.

Wir Lehrkräfte der Grundschule Op de Host haben uns 2006 auf den Weg gemacht, Schule zu verändern. Begonnen haben wir damit, in den Fächern Deutsch und Mathematik ein individualisiertes Unterrichtskonzept zu entwickeln. Im Laufe der Zeit haben sich unsere ursprüngliche Zielsetzung und damit unser pädagogisches Konzept maßgeblich erweitert. Während wir anfangs den Blick konkret auf die Lerninhalte gerichtet hatten, entwickelte sich eine immer umfassendere Sichtweise. Neben dem fachlichen Lernen rückten immer stärker Aspekte wie emotionale und soziale Entwicklungsstände und psychosoziale Hygiene in den Fokus, die Voraussetzungen dafür sind, dass Kinder lernen können.

Aus der konsequenten Veränderung des Unterrichts hat sich später das inklusive Lernen beinahe von selbst entwickelt. Dabei nutzen wir vor allem die Individualisierung und die Möglichkeit der Verlängerung der Eingangsphase, um jedem Kind eine gute Schullaufbahn zu ermöglichen. Heute setzen wir Inklusion schulweit um und machen gute Schule für jedes Kind.

Welche Auswirkungen hat die Gesetzeslage auf Ihre Schule?

Wir haben nicht in erster Linie auf die Gesetzeslage geschielt, sondern durch die Individualisierung des Unterrichts Schule grundlegend verändert. Besonders wichtig war uns, eng mit den Kindergärten zusammenzuarbeiten. Wir sind mit ihnen im regelmäßigen Austausch über die Gestaltung des Schulvormittags und der Rituale, die wir aus dem Kindergarten weiterführen. Das gibt den Schulanfängern viel Sicherheit.

In Schleswig-Holstein haben wir ja auch keine Förderzentren »L« für »Lernen« mehr. Alle Kinder, die früher zur Förderschule gegangen sind, kommen jetzt ganz selbstverständlich zu uns. Durch das individualisierte Unterrichtskonzept und die jahrgangsübergreifenden Klassen bieten wir gute Lernbedingungen für jedes Kind.

Mit den zugewiesenen personellen Ressourcen bin ich insgesamt zufrieden. Natürlich könnte die Ausstattung besser sein. Unsere Kollegin mit Sonderschulausbildung unterstützt uns 16 Stunden pro Woche. Ausschlaggebend für diese Stundenzahl ist die Gesamtzahl der Schülerinnen und Schüler. Die Sonderschulpädagogin unterrichtet nicht stundenweise, sondern unterstützt die Kinder in ihren Klassen. Ihre Haupttätigkeit liegt in der Beratung der Lehrkräfte. Mit diesem Vorgehen kommen wir ganz gut über die Runden.

Was den Stand und die Bedingungen des inklusiven Lernens in Schleswig-Holstein insgesamt betrifft, fällt mir eine Einschätzung nicht leicht. Wir kommen zurecht, weil wir anders arbeiten und Schule grundlegend verändert haben. Wenn ich mich aber unter den Schulleitungskollegen umhöre, wird durchaus über die knappen Ressourcen geklagt. Viele sagen mir, dass die Kollegien sehr belastet sind.

Was wünschen Sie sich vom Gesetzgeber, damit Inklusion besser gelingen kann?

Insgesamt müsste die personelle Ausstattung an den Grundschulen verbessert werden. Da durch den demographischen Wandel in unserem Bundesland die Schülerzahlen zurückgehen, werden Lehrkräfte häufig nur noch befristet eingestellt. Dadurch ist keine personelle Kontinuität mehr gewährleistet. Die Lehrer kommen und gehen. Gerade für die Umstellung auf ein inklusives Schulsystem ist aber Kontinuität besonders wichtig. Die aufwendige Einarbeitung nimmt uns die Luft zum Atmen.

Wichtig wäre sicher auch die Einführung des gebundenen Ganztags, denn in der Halbtagsschule sind die Möglichkeiten sehr begrenzt. Auch die Notengebung sollte überdacht werden. Im 4. Schuljahr benoten wir die Schüler; das passt nicht zu Individualisierung und jahrgangsübergreifendem Lernen. Hier müsste deutlich werden, dass die Notengebung ja in der Zwischenzeit per Landesverordnung in Klasse 4 abgeschafft wurde.

Zudem müsste die Lehreraus- und -fortbildung verbessert werden. Da wir Ausbildungsschule sind, wird unser Unterricht häufiger von den Studienleitern mit ihren Seminaren besucht. Dennoch haben wir Probleme in der Lehrerausbildung an unserer Schule, weil sich der individualisierte Unterricht nicht in verschiedene Unterrichtsphasen gliedern lässt und die Lehrkraft häufig als Lernberaterin tätig ist.

Obwohl in Schleswig-Holstein noch manches verbessert werden kann, lasse ich mir meinen Optimismus nicht nehmen. Wir sind auf dem richtigen Weg.

Kontakt
Grundschule Op de Host
Birkenweg 19
25359 Horst
Tel. 04126/39790
www.gsopdehost.lernnetz.de

6 Fazit

In Schleswig-Holstein geben die Kennzahlen einen guten Hinweis auf die positiven Entwicklungen des Schulsystems hin zur Inklusion: Mit knapp 60 Prozent Inklusionsanteil und einer Exklusionsquote, die mit 2,5 Prozent nur gut die Hälfte des Bundesdurchschnitts beträgt, liegt Schleswig-Holstein im gemeinsamen Lernen weit vorn. Dies ist Resultat einer im innerdeutschen Vergleich relativ weit fortgeschrittenen Umsetzung der UN-BRK: Das norddeutsche Flächenland hat die wesentlichen Forderungen bereits gesetzlich verankert. So ist der Begriff der inklusiven Beschulung im Schulgesetz festgeschrieben; gemeinsamer Unterricht hat Vorrang. Zwar gilt auch in Schleswig-Holstein noch ein Ressourcenvorbehalt – gleichzeitig ist allerdings vorgegeben, dass neben der Feststellung des Förderbedarfs auch die benötigten Ressourcen und die Möglichkeiten, sie zu schaffen, aktiv überprüft werden müssen.

Über die Frage, wo Schüler mit einem sonderpädagogischen Förderbedarf beschult werden, entscheidet in Schleswig-Holstein die Schulbehörde, nachdem sie alle Beteiligten angehört und alle Voraussetzungen geprüft hat. Den Eltern wird in § 24 Abs. 1 SchulG ein Wahlrecht eingeräumt, dieses kann allerdings durch die Schulaufsicht eingeschränkt werden (§ 24 Abs. 3 SchulG).

Die Förderschulen in Schleswig-Holstein wurden zu Förderzentren ohne Schüler weiterentwickelt. Und auch wenn an einigen Förderzentren noch Kinder und Jugendliche mit Förderbedarf beschult werden können, haben diese Ausnahmen immer die Vorgabe, eine Rückschulung anzustreben. Die Möglichkeiten der exklusiven Beschulung für bestimmte Förderschwerpunkte sind zudem stark reduziert worden. So gab es für den Schwerpunkt »Sprache« nur noch bis zum Sommer 2014 einen gesonderten Lernort – nämlich ein Internat in Schleswig. Seitdem findet die Förderung vor Ort statt, mit Unterstützung der entsprechenden Förderzentren. Gleiches gilt für den Schwerpunkt »Hören«. Schüler mit den Förderschwerpunkten »Sehen« und »Autistisches Verhalten« werden jetzt schon ausschließlich inklusiv unterrichtet.

In der Ausbildung zukünftiger Lehrkräfte fließt der Themenbereich Inklusion bereits im Studium und in der zweiten Ausbildungsphase ein. Neben Themen wie Inklusion, Heterogenität und Umgang mit Vielfalt in der schulartspezifischen Ausbildung finden zunehmend Kooperationen zum gemeinsamen Unterricht statt. Im Bereich der Sonderpädagogik wird ein Teil der Ausbildung an Regelschulen durchgeführt. In der Lehrerbildung werden Fortbildungen mit den Themenschwerpunkten Heterogenität und Inklusion angeboten. Und auch der Blick in die Praxis zeigt, dass die Ressourcenlage und die Perspektiven positiv bewertet werden.

Angesichts dieser grundlegenden gesetzlichen Weichenstellungen zum gemeinsamen Lernen von Kindern mit und ohne sonderpädagogischen Förderbedarf und der Einbettung dieser Entwicklung in eine grundsätzliche Umstellung des Schulsystems hin zur Zweigliedrigkeit kann resümiert werden: Schleswig-Holstein ist in seiner Entwicklung eines inklusiven Bildungssystems schon sehr weit vorangeschritten.

Jakob-Muth-Preisträger aus Schleswig-Holstein

Landesförderzentrum Sehen, Schleswig: Preisträgerporträt 2015

Seit 1983 unterstützt und berät das Landesförderzentrum Sehen (LFS) in Schleswig blinde und sehbehinderte Kinder, Jugendliche und junge Erwachsene. Inzwischen unterstützen 80 Mitarbeiter des LFS – rund 70 Lehrkräfte und zehn Verwaltungsmitarbeiter – knapp 1.000 Kinder und Jugendliche in ganz Schleswig-Holstein. Im LFS allerdings trifft man die eher selten – wenn, dann im zugehörigen Kurshaus nebenan, weil einer von 40 jährlichen Kursen stattfindet. Denn das LFS ist seit seiner Gründung eine Schule ohne Schüler – die nämlich besuchen die Kita oder die Schule vor Ort.

Lehrkräfte trifft man am Landesförderzentrum schon eher. Alle vierzehn Tage trifft sich hier das gesamte Kollegium zum »Schleswig-Dienstag«. Zusammen mit der Teamstruktur bilden diese Tage das Herzstück der Arbeit des LFS. Jeder der 70 Pädagogen ist einem von fünf Teams zugeordnet:

- das Team Früh- und Elementarbereich unterstützt insgesamt ca. 200 Kinder im Vorschulalter,
- das Team Sehbehinderung unterstützt ca. 200 Kinder in allgemeinen Schulen,
- das Team Mehrfachbehinderung unterstützt ca. 350 Kinder, die zusätzlich den Förderschwerpunkt «Geistige Entwicklung» haben, z. T. in Förderzentren,
- das Team Blindheit unterstützt ca. 20 Kinder an allgemeinen Schulen,
- und das Team Berufliche Bildung unterstützt ca. 150 Jugendliche.

An den »Schleswig-Dienstagen« besprechen die Lehrkräfte in ihren Teams Fallbeispiele, klären inhaltliche Fragen, fördern die eigene Expertise und entscheiden über die Zuständigkeit für einzelne Kinder oder Jugendliche. Im Vierwochenrhythmus ist der Nachmittag des »Schleswig-Dienstages« einer Gesamtkonferenz gewidmet, in der sich das gesamte Kollegium austauscht. In der Kombination bedeutet das: Jedes Team verfügt damit über eine umfangreiche professionelle Ressource, auf die wiederum jedes Teammitglied zugreifen, sich austauschen und beraten kann. Damit bleibt die hohe Professionalität erhalten, weil durch diesen kollegialen Austausch vermieden wird, dass es zu Vereinzelung in der Arbeit vor Ort kommt.

Die Teams zeichnen sich besonders durch ihre Zusammenarbeit an den Übergängen Kita/Schule/Beruf aus. Jeder Teamkollege ist für bestimmte Kinder oder Jugendliche zuständig. An den jeweiligen Übergangssituationen arbeiten die Kollegen der aufeinanderfolgenden Stufen jeweils schon lange vor dem Übergang intensiv zusammen. So arbeiten etwa die Kollegen aus dem Früh- und Elementarbereich in Vorbereitung auf die Schule eng mit dem Team Sehbehinderung bzw. Blindheit zusammen, so dass ein Kind schon mindestens ein Jahr vor Schulbeginn im Kontakt mit der Lehrkraft steht, die es dann im Schulalltag begleiten wird. Am anderen Ende der Schulkarriere gilt: Steht ein Schüler zwei Jahre vor einem angestrebten Schulabschluss, bildet ein Kollege aus dem Sehbehinderten-Team oder BliKi (Blinde Kinder/Jugendliche)-Team – je nachdem, in welche Zuständigkeit der Schüler fällt – ein Tandem mit einem Kollegen aus dem Team Berufliche Bildung. Durch diese Zusammenarbeit ist sichergestellt, dass alle wesentlichen Aspekte in den verschiedenen Stufen betrachtet werden und keine Informationen verloren gehen. Insgesamt begleitet das LFS Kinder und Familien von der ersten Verdachtsdiagnose (das kann im Alter von wenigen Tagen sein) bis zum Abschluss der Ausbildung bzw. bis zum Ende des ersten Studienjahres.

Gleichzeitig kann das gesamte Kollegium des LFS auf die Ressourcen des Medienzentrums und der »Aufarbeitungszentrale« zugreifen. Im Medienzentrum findet sich eine große Auswahl an Material und technischen Hilfsmitteln, die zunehmend auch so konzipiert und zusammengestellt sind, dass das Material für die ganze Klasse, nicht nur für den sehbehinderten oder blinden Schüler interessant ist und die Dinge be-greifbar macht. Benötigt eine Lehrkraft für den Unterricht Material zu einem bestimmten Themengebiet, etwa »Familie« oder »Fortpflanzung« etc., so werden die benötigten Materialien nach Bedarf zusammengestellt und können dann von der Lehrkraft abgeholt werden. Auch im Früh- und Elementarbereich steht viel Material zur Verfügung, das ausgeliehen werden kann, auch längerfristig an Familien mit betroffenen Kindern. Weiter gehört als wesentlicher Bestandteil zur Arbeit des Zentrums die oft zeitaufwendige Aufbereitung von (Schul-)Materialien für die einzelnen Schüler (Vergrößerungen, Punktschriftübersetzungen und Umarbeitung).

Aus dem Kollegium heraus rekrutieren sich die Verantwortlichen für zwei weitere, wesentliche Angebote des LFS:

- die Kurse für sehbehinderte oder blinde Kinder und Jugendliche und
- die Kurse für Lehrkräfte, die derzeit oder zukünftig Kinder mit Sehbehinderung oder Blindheit unterrichten sollen.

Die Kurse ermöglichen den Schülern, sich untereinander in einer Peer-Group austauschen und gemeinsam zu lernen. Dabei geht es um lebenspraktische Fragen, Mobilitäts- und Orientierungstraining,

Theater, aber auch die Möglichkeit, mit anderen Kindern und Jugendlichen in einer ähnlichen Lage über ihre Erfahrungen, Erfolge, Wünsche und Träume zu sprechen. Jedes Kind, das vom LFS unterstützt wird, kann im Jahr bis zu drei Kurse besuchen, die auf die Unterrichtszeit angerechnet werden. Ergänzend zu den Kursen für Schüler gibt es auch welche für Eltern und auch für Großeltern der Kinder.

In den Seminaren werden Lehrkräfte allgemeiner Schulen auf ihre Aufgaben vorbereitet und dabei unterstützt. Eine Sensibilisierung zum Thema «Schlecht oder nicht sehen» hilft den Lehrkräften in ihrer weiteren Arbeit vor Ort.

Ist kein »Schleswig-Dienstag«, so unterstützen und beraten die Lehrkräfte »ihre« Kinder und Jugendlichen zuhause, in der Kita, der Schule oder im Übergang zum Beruf. Jeder Kollege ist für bestimmte Kinder und Jugendliche zuständig – dabei begleiten die Teammitglieder im Früh- und Elementarbereich tendenziell mehr Kinder und arbeiten eng mit den Eltern und der Frühförderung zusammen. Die Teammitglieder aus dem Bereich Blindheit arbeiten oft nur mit ein bis drei Schülern, weil dort eine engere Begleitung notwendig sein kann. In welchem Umfang die Begleitung stattfindet, hängt dabei von der jeweils aktuellen Situation und dem individuellen Bedarf des Kindes oder des Jugendlichen ab und kann sich über die Zeit verändern. Dabei arbeiten die Lehrkräfte des LFS und die Lehrkräfte vor Ort in den allgemeinen Schulen eng zusammen.

Durch die Kombination aus dezentraler und zentraler Organisation, dem intensiven professionellen Austausch und der Expertisenentwicklung an den »Schleswig-Dienstagen«, ebenso wie durch die enge Kooperation mit den Lehrkräften vor Ort, wird Inklusion im besten Sinne möglich: Die Schüler besuchen eine allgemeine Schule und bleiben in ihrem gewohnten Umfeld – im Bereich Sehbehinderung und Blindheit noch ungewöhnlich, da in anderen Bundesländern noch immer eine Internatskultur vorherrscht – und erhalten gleichzeitig hochkompetente Unterstützung durch das LFS. Aufgrund der Kursstruktur ist außerdem sichergestellt, dass der Kontakt zur Peer-Group nicht verloren geht und bestimmte Fähigkeiten und Fertigkeiten erlernt werden, die den Rahmen allgemeiner Schule sprengen würden. So können die Schüler etwa durch ein Tastaturschreibtraining am PC lernen, den Unterricht aktiv zu verfolgen. In der Schule verwenden sie dann meist ein Notebook. Diese sind bei blinden Schülern mit einer Braillezeile und einer Vorlesesoftware ausgestattet, bei sehbehinderten oft mit einer Vergrößerungs-/Sprachausgabensoftware und einer externen Tafelkamera – Material, das aus dem LFS kommt. Im Kurs »Sicher und clever im Straßenverkehr« zum Beispiel lernen die Schüler grundlegende Aspekte der Verkehrserziehung kennen, um die Sicherheit im Straßenverkehr zu erhöhen; beim Theaterkurs geht es unter anderem um den sicheren Umgang auf großer Bühne und um die Entwicklung des Selbstbewusstseins.

Möglich ist diese Arbeit unter anderem durch ein kluges Arbeitszeit- und Arbeitsortsmodell: Die Lehrkräfte haben ihren offiziellen Arbeitsort an einem regional festgelegten Ort (in der Nähe ihres Wohnortes), wo die Kinder und Jugendlichen unterstützt werden sollen, und verpflichten sich auf 45 Stunden Arbeitszeit in der Woche, um die Ferienzeit auszugleichen. Damit gibt es eine hohe Flexibilität für die Arbeit in den Netzwerken vor Ort und es zählt zumindest ein Teil der Fahrzeit, die für die dezentrale Organisation der Arbeit von so entscheidender Bedeutung ist, zur Arbeitszeit.

Insgesamt zeigt das Landesförderzentrum Sehen beispielhaft, wie vollständige Inklusion gelingen und die so wesentliche sonderpädagogische Expertise erhalten werden kann. Damit kann das Förderzentrum einen Anstoß für alle Förderschwerpunkte geben, weil es ein Modell lebt, das Kindern und Jugendlichen den selbstverständlichen Besuch einer Regelschule – nicht einer Schwerpunktschule! – und den höchstmöglichen Schulabschluss ermöglicht und sich gleichzeitig durch hohe Professionalität auszeichnet.

Kontakt:
Schulleiter: Josef Adrian
Ansprechpartner: Ute Hölscher
Lutherstraße 14, 24837 Schleswig
Tel. 04621/8075

E-Mail:
hoelscher@lfs-schleswig.landsh.de
www.lfs-schleswig.de

Länderprofil Thüringen

1 Die Schullandschaft in Thüringen

Thüringen ist das kleinste der ostdeutschen Bundesländer. Es hat rund 2,17 Millionen Einwohner in 17 Landkreisen und sechs kreisfreien Städten. Das allgemeinbildende Schulsystem gliedert sich nach der vierjährigen Grundschule und der Orientierungsstufe in den Klassen 5 und 6 in Gemeinschaftsschulen, Regelschulen, Gesamtschulen und Gymnasien auf.

Daneben gibt es regionale Förderzentren für die Förderschwerpunkte »Hören«, »Sehen«, »Körperliche und motorische Entwicklung«, »Sprache«, »Emotionale und soziale Entwicklung«, »Lernen« und »Geistige Entwicklung«. Hinzu kommen zwei staatliche überregionale Förderzentren für die Schwerpunkte »Hören« und »Sehen«. Alle Förderschulen sind zugleich allgemeinbildende Schulen und sonderpädagogische Zentren für Unterricht, Förderung, Kooperation und Beratung (Kompetenz- und Beratungszentrum).

2 Gemeinsames Lernen und Inklusion: ein Blick in die Bildungsstatistik

Am 26.3.2009 trat in Deutschland die UN-Behindertenrechtskonvention in Kraft. Zu diesem Zeitpunkt – im Schuljahr 2008/09 – lag in Thüringen die Förderquote bei 9,0 Prozent; insgesamt wurde in dem Schuljahr 13.756 Schülern der Klassenstufen 1 bis 10 ein sonderpädagogischer Förderbedarf attestiert. Die Exklusionsquote, also der Anteil aller Schüler, die an separaten Förderschulen unterrichtet werden, lag im gleichen Zeitraum bei 7,5 Prozent.

Mit beiden Werten lag Thüringen im innerdeutschen Vergleich relativ schlecht: Bundesweit lag die Förderquote bei 6,0 Prozent, und mit einer Exklusionsquote von 4,9 Prozent waren deutlich weniger Kinder mit besonderem Förderbedarf vom Regelschulsystem ausgeschlossen. Gleichzeitig fiel in Thüringen der Inklusionsanteil mit nur 16,9 Prozent vergleichsweise niedrig aus – der bundesdeutsche Durchschnitt betrug im betreffenden Schuljahr 18,4 Prozent.

Abbildung 33: Exklusionsquoten in Thüringen

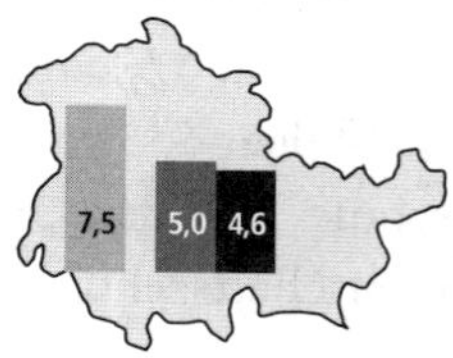

Schuljahr: 2008/09 2012/13 2013/14

Angaben in Prozent

Seither hat sich in Thüringen quantitativ viel getan: Im Schuljahr 2013/14 wurde noch gut 11.000 Schülern der Klassenstufen 1 bis 10 ein sonderpädagogischer Förderbedarf attestiert, womit die Förderquote innerhalb der letzten fünf Jahre auf 6,8 Prozent zurückgegangen ist. Außerdem besucht von diesen Förderschülern inzwischen fast jeder Dritte (31,4 %) eine Regelschule, womit sich auch der Inklusionsanteil erhöht hat.

Gleichzeitig ist die Exklusionsquote in Thüringen bundesweit am stärksten gesunken: Der Anteil aller Schüler, die eine Sonderschule besuchen, liegt nun bei 4,6 Prozent; damit zieht Thüringen am bundesdeutschen Durchschnitt von 4,7 Prozent vorbei. Und auch die Chancen der Thüringer Schüler an seperaten Förderschulen auf einen Schulabschluss sind relativ gut: Gut 45 Prozent von ihnen erwerben mindestens einen Hauptschulabschluss – bundesweit schaffte das nur gut jeder vierte Jugendliche mit sonderpädagogischem Förderbedarf.

Der mit Abstand größte Teil der thüringischen Förderschüler hat einen sonderpädagogischen Förderbedarf im Bereich »Lernen«: Im Schuljahr 2013/14 entfallen auf diesen Schwerpunkt 36,3 Prozent aller Förderbedarfe, gefolgt von den Bereichen »Geistige Entwicklung« mit 24,2 Prozent, »Emotionale und soziale Entwicklung« mit 19,0 Prozent und »Sprache« mit 11,3 Prozent. Bei den anderen Schwerpunkten liegen die Anteile vergleichsweise niedrig: »Körperliche und motorische Entwicklung« 5,5 Prozent, »Hören« 2,2 Prozent und »Sehen« 1,5 Prozent (vgl. Abb. 34). Insgesamt 0,1 Prozent können nicht zugeordnet werden. Im Vergleich zum Schuljahr 2008/09 weisen die Diagnosen in den Schwerpunkten »Lernen« (um 4,5 Prozentpunkte) und »Sprache« (um 4,6 Prozentpunkte) rückläufige Tendenzen auf. In fast allen anderen Förderschwerpunkten ist der Anteil der diagnostizierten Schüler jeweils leicht angestiegen.

Schulische Inklusion in den Sekundarstufen I und II findet in Thüringen im Schuljahr 2013/14 vor allem an Schulen mit mehreren Bildungsgängen (z. B. Gemeinschaftsschulen und Regelschulen) statt: Im Schuljahr 2013/14 besuchen 75,4 Prozent (rund 1.600) aller inklusiv unterrichteten Schüler mit besonderem Förderbedarf dieser Schulstufen eine solche Schule. Mit knapp 400 Schülern nehmen 13,9 Prozent am Unterricht einer Gesamtschule teil. Zum Gymnasium gehen nur 4,3 Prozent (rund 100) aller Förderschüler. Von den Förderschülern, die eine Gemeinschafts- oder Regelschule besuchen, haben knapp 90 Prozent einen diagnostizierten Förderbedarf in den Bereichen »Emotionale und soziale Entwicklung« (41,1 %), »Lernen« (31,2 %) oder »Sprache« (16,8 %); die übrigen rund zehn Prozent verteilen sich auf die Schwerpunkte »Sehen«, »Hören«, »Körperliche und motorische Entwicklung«, »Geistige Entwicklung« und »Übergreifend bzw. ohne Zuordnung«.

Von den Förderschülern, die auf eine Gesamtschule gehen, hat fast jeder dritte einen Förderbedarf im Bereich »Emotionale und soziale Entwicklung« (31,8 %), gut ein Viertel (27,5 %) ist dem Schwerpunkt »Lernen« zugeordnet, 12,6 Prozent dem Schwerpunkt »Spra-

Abbildung 34: Förderschwerpunkte in Thüringen (Verteilung in Prozent)

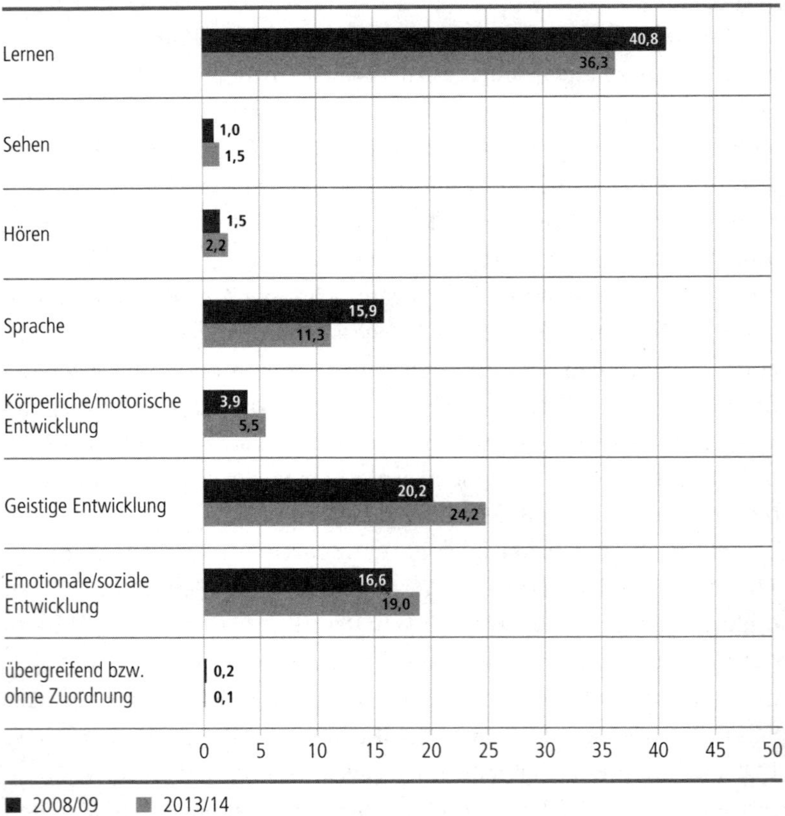

Quelle: KMK 2014a, b, c

che«, weitere 14,1 Prozent dem Bereich »Körperliche und motorische Entwicklung«. Die übrigen rund 14 Prozent verteilen sich auf die Bereiche »Geistige Entwicklung«, »Sehen« und »Hören«. Die Förderschüler am Gymnasium haben jeweils knapp zur Hälfte einen Förderbedarf im Schwerpunkt »Emotionale und soziale Entwicklung« und in einem physischen Bereich (Hören, Sehen, körperlich-motorischer Bereich); ein kleiner Anteil schließlich ist dem Schwerpunkt »Sprache« zugeordnet.

3 Gemeinsames Lernen und Inklusion in Thüringen: die Gesetzeslage

3.1 Gesetzesgrundlagen

Der gemeinsame Unterricht von Kindern mit und ohne sonderpädagogischen Förderbedarf ist in Thüringen hauptsächlich über fünf Gesetze und Verordnungen geregelt:

- die Thüringer Schulordnung (ThürSchulO, Stand 7.7.2011),
- das Thüringer Schulgesetz (ThürSchulG, Stand 31.1.2013),
- das Thüringer Förderschulgesetz (ThürFSG, Stand 31.1.2013),
- die Thüringer Verordnung zur sonderpädagogischen Förderung (ThürSoFöV, Stand 31.1.2013) und
- das Thüringer Gesetz zur Gleichstellung und Verbesserung der Integration von Menschen mit Behinderungen (ThürGiG, Stand 31.1.2010).

Den Zahlen bis 2009 zum Trotz gilt in Thüringen nach dem Gesetz schon seit 2003, dass Schülerinnen und Schüler mit sonderpädagogischem Förderbedarf bevorzugt den gemeinsamen Unterricht der allgemeinen Schulen besuchen sollen (§ 1 Abs. 2 ThürFSG, siehe auch § 8 ThürSoFöV).[48] Entsprechend sollen an den Förderschulen nur Kinder und Jugendliche unterrichtet werden, die an den allgemeinen Schulen nicht ausreichend gefördert würden (§ 1 Abs. 2 ThürFSG; § 4 Abs. 11 ThürSchulG)[49], auch nicht mit Unterstützung der Mobilen Sonderpädagogischen Dienste (s. u.).

Gemeinsames Lernen ist in allen oben genannten Schulformen möglich (§ 8 ThürSoFöV, § 53 Abs. 2 ThürSchulG). Es kann zielgleich oder zieldifferent erfolgen (§ 12 Abs. 2 ThürGiG). Individuelle Förderung ist dabei ein durchgängiges Prinzip für alle Schülerinnen und Schüler (§ 47 Abs. 1 ThürSchulO). Allerdings steht das gemeinsame Lernen weiterhin unter Ressourcenvorbehalt (§ 9 Abs. 1 ThürSoFöV).

48 Vgl. http://landesrecht.thueringen.de/jportal/?quelle=jlink&query=SoP%C3%A4dFV+TH&psml=bsthueprod.psml&max=true (Download 22.10.2014).

49 Vgl. http://landesrecht.thueringen.de/jportal/?quelle=jlink&query=SchulG+TH&psml=bsthueprod.psml&max=true&aiz=true (Download 22.10.2014).

3.2 Feststellung eines sonderpädagogischen Förderbedarfs

Wird bei einem Schüler vermutet, dass er in der allgemeinen Schule, die er besucht oder für die er angemeldet ist, auch mit Unterstützung der Mobilen Sonderpädagogischen Dienste (MSD) nicht ausreichend gefördert werden kann, fordert die Schulleitung nach Rücksprache mit den Eltern ein sonderpädagogisches Gutachten an. Ein solches Gutachten wird durch den MSD erstellt. Das Gutachten wird den Eltern ausgehändigt und mit ihnen besprochen. (§ 6 ThürSoFöV, § 1 ThürFSG und Formular zur Anforderung MSD: www.thueringen.de/th2/schulaemter/nordthueringen/foerderung/spf/feststellung/)

3.3 Entscheidung über den Lernort

In Thüringen gibt es zwei Wege, die Kinder und Jugendliche in eine Förderschule führen können.

Zum einen können Kinder und Jugendliche mit sonderpädagogischem Förderbedarf von ihren Eltern direkt an staatlichen Förderschulen oder Förderschulen in freier Trägerschaft angemeldet werden (§ 119 Abs. 5 ThürSchulO; § 8 Abs. 1 ThürFSG). Über die Aufnahme entscheidet die Schulleitung der Förderschule auf der Grundlage des sonderpädagogischen Gutachtens (§ 13 ThürSoFöV), das ggf. nach der Anmeldung erstellt werden muss (§ 11 ThürSoFöV).

Zum anderen können Kinder und Jugendliche an die Förderschule überwiesen werden. Dem geht die Feststellung eines sonderpädagogischen Förderbedarfs nach dem oben beschriebenen Prozess voraus. Auf Grundlage des Gutachtens entscheidet die Schulleitung der Förderschule über den Antrag auf Überweisung in die Förderschule (§ 8 Abs. 3 ThürFSG).

Wenn die Eltern mit dem im Gutachten ausgewiesenen Lernort nicht einverstanden sind oder wenn es auf der Grundlage des Gutachtens keine klare Förderortempfehlung gibt, wird eine Aufnahmekommission gebildet (§ 8 Abs. 4 ThürFSG). Sie besteht meist aus Sonderpädagogen (den begutachtenden Pädagogen des Mobilen Sonderpädagogischen Dienstes oder der Förderschule), Pädagogen der abgebenden und der aufnehmenden Schulen, einem Schularzt und einem Schulpsychologen. Die Eltern werden angehört, sind aber nicht Mitglied. Die Kommission entscheidet über die »Notwendigkeit und die Form einer sonderpädagogischen Förderung« (§ 8 Abs. 5 ThürFSG). Sind die Eltern mit dem gewählten Förderort nicht einverstanden, entscheidet das Schulamt (§ 8 Abs. 6 ThürFSG).

3.4 Umsetzung des gemeinsamen Lernens

Gemeinsames Lernen bedeutet in Thüringen: Kinder mit und ohne sonderpädagogischen Förderbedarf lernen von Beginn an gemeinsam in denselben Einrichtungen und in ihrem vertrauten Umfeld. Als gelungen gilt der gemeinsame Unterricht dann, wenn Schülerinnen und Schüler in ihr soziales Umfeld eingebunden sind, anerkannt und wertgeschätzt werden und ihre Persönlichkeit entfalten können;[50] vgl. dazu auch § 9 ThürSoFöV.

Für die Umsetzung sieht das Thüringer Schulgesetz insbesondere Einzelintegration und Integrationsklassen vor (§ 53 Abs. 2 ThürSchulG). Dabei ist sicherzustellen, dass alle Schülerinnen und Schüler gefördert werden.

Ziel des gemeinsamen Lernens ist, dass ein Schüler die Lernziele des von ihm besuchten Bildungsgangs erreicht (§ 8 ThürSoFöV). Im Sinne der Zieldifferenz kann ein Schüler im gemeinsamen Unterricht vermutlich auch einem anderen Bildungsgang folgen als seine Klassenkameraden (§ 12 Abs. 2 ThürGiG; vgl. auch Bildungsgänge an den Förderzentren, § 10 ThürFSG); das geht jedoch aus dem Gesetzestext nicht eindeutig hervor.

Wenn sie die allgemeinbildende Schule verlassen, erhalten alle Schüler mit sonderpädagogischem Förderbedarf ein entsprechendes Gutachten, das in Absprache mit der Arbeitsverwaltung erstellt und mit

50 Vgl. www.thueringen.de/th2/tmbwk/bildung/inklusion/gemeinsamer_unterricht (Download 21.5.2014).

den Eltern besprochen wird. Dieses Gutachten enthält Hinweise zum gegenwärtigen Entwicklungsstand, zu Fähigkeiten und Fertigkeiten, die sich auf die Anforderungen der Arbeitswelt beziehen, und zur möglichen weiteren sonderpädagogischen Förderung (§ 8 Abs. 7 ThürFSG).

4 Entwicklungen zum gemeinsamen Lernen und zur Inklusion

Auf Beschluss des Thüringer Landtags ist 2013 der »Thüringer Entwicklungsplan zur Umsetzung der UN-Behindertenrechtskonvention im Bildungswesen bis 2020« entstanden.

Das 300 Seiten starke Dokument wurde in einem Mehrebenenverfahren erstellt, an dem unter anderem Schulen, Förderzentren, Steuergruppen, externe Sachverständige und der Beirat Inklusive Bildung beteiligt waren. Es nimmt neben dem Thüringer Schulsystem und den Mindestvoraussetzungen für inklusive Bildung auch die regionalen Entwicklungen und die Lehrerbildung in den Blick. Sein Ziel ist, schrittweise und transparent ein inklusives Bildungssystem zu entwickeln; dabei berücksichtigt der Plan auch die teils erheblichen regionalen Unterschiede bei der Umsetzung der UN-BRK.[51]

5 Gemeinsames Lernen in Thüringen: Erfahrungen aus der Praxis

Jenaplan-Schule, Jena, Interviewpartner: Frank Ahrens, Schulleiter

Bitte stellen Sie Ihre Schule kurz vor und skizzieren Sie das dort gelebte Inklusionsverständnis.

Die Jenaplan-Schule Jena wurde im September 1991 von Lehrern und Eltern aus dem Wunsch heraus gegründet, Schülerinnen und Schülern aller Schulformen das gemeinsame Lernen zu ermöglichen. In-

51 Vgl. www.thueringen.de/th2/tmbwk/bildung/inklusion/entwicklungsplan/ (Download 22.10.2014).

zwischen blickt die Schule auf ihr 23-jähriges Bestehen zurück. In diesem Zeitraum hat sie sich erheblich entwickelt: 1991 führte sie vom Kindergarten bis zum 6. Schuljahr, heute geht sie bis zur Abiturstufe. Derzeit besuchen unsere Schule insgesamt 435 Kinder, von der Vorschulgruppe bis zum Abiturjahrgang. 37 dieser Schülerinnen und Schüler haben einen pädagogischen, weitere 14 einen sonderpädagogischen Förderbedarf.

Als staatliche Schule ist die Jenaplan-Schule an die Gesetze, Richtlinien und Lehrpläne des Freistaats Thüringen gebunden. Doch schon bevor im Jahr 2003 individuelle Förderung im Schulgesetz und in den einschlägigen Rechtsverordnungen des Freistaats als grundlegendes pädagogisches Ziel von Schule festgelegt wurde, hat sich die Jenaplan-Schule der Herausforderung gestellt, mit verschiedenen Formen von Heterogenität umzugehen. Sie ist seit ihrer Gründung eine Schule für alle Kinder – modern gesprochen ist sie eine Schule der Inklusion. Anderssein war bei uns von Anfang an Normalität.

Der sogenannte Jenaplan ist ein Modell, das der Reformpädagoge Peter Petersen schon in den 1920er-Jahren an der Jenaer Universitäts-Übungsschule entwickelt hat. Die vier Grundformen von Bildung nach dem Jenaplan sind Gespräch, Arbeit, Spiel und Feier. Sie bestimmen das gemeinsame Schulleben und finden sich im rhythmisierten Tag und der rhythmisierten Woche wieder. Unterrichtsformen sind der Montagmorgenkreis, die Wochenplan- und Projektarbeit in den jahrgangsgemischten Stammgruppen, die Kurse, die Lernzeit und die Feier. Ein wichtiges Unterrichtsprinzip ist die Binnendifferenzierung.

Im modernen Jenaplan ist der Inklusionsgedanke als Strukturmerkmal insofern erweitert, als die Schule bewusst für Kinder aus bildungsfernen und bildungsnahen Schichten, für Kinder unterschiedlicher Ethnien und Kulturen wie auch für Kinder mit besonderen Lernbedürfnissen geöffnet wird. Seit ihrer Gründung ist die Jenaplan-Schule offen für Kinder mit gefährdeten oder gar beschädigten Bildungslaufbahnen, seien diese durch Krankheit, Lernfähigkeit oder soziales Schicksal bedingt. Diese Tradition, die sie über 20 Jahre lang bewusst gestaltet hat, öffnet die Schule für das gegenwärtige Konzept der Inklusion.

Welche Auswirkungen hat die Gesetzeslage auf Ihre Schule?

Grundsätzlich sind die Gemeinschaftsschulen in Thüringen besonders beansprucht, weil sich die Gymnasien aufgrund entsprechender Paragraphen dem zieldifferenten Unterricht ein Stück weit entziehen können. Es gibt also eine etwas einseitige Schwerpunktsetzung darin, wie wir ausgehend von den Kommunen über die Schulamtsbezirke bis hin zum Land Inklusion bewältigen. Daher muss Inklusion weiter vorangetrieben werden.

Die Frage ist natürlich, in welchem Tempo und unter welchen Rahmenbedingungen man das macht. Hier geht das Land aus Sicht vieler Schulkollegien zu forsch vor. Es ist wichtig, dass alle Kolleginnen und Kollegen auf dem Weg zur Inklusion an den Schulen mitgenommen werden. Auch die Gemeinschaftsschulen haben Inklusion noch unterschiedlich weit umgesetzt.

Was wünschen Sie sich vom Gesetzgeber, damit Inklusion besser gelingen kann?

Ich wünschte mir, dass in allen Regionen Thüringens die Unterstützungssysteme so gut funktionieren wie bei uns in Jena. Wir haben hier für besondere Bedarfe sogenannte Schulbegleiter. Die Kommune hat dafür ein gutes Netzwerk geschaffen. Organisiert wird die Schulbegleitung durch den Verein »QuerWege e.V.« und andere. So liegt die Last nicht allein auf den Schultern der Lehrkräfte, vielmehr hat sich ein regelrechtes Kompetenzteam Inklusion gebildet. Dieses Team besteht aus sonderpädagogischen Fachkräften, Schulbegleitern sowie Lehrerinnen und Lehrern einer jeweiligen Schule. Ein solches Modell sollte weiterentwickelt werden. Es könnte modellbildend sein. Inklusion bleibt für mich eine Entwicklungsaufgabe, die über 20 Jahre und mehr wachsen muss.

Kontakt
Jenaplan-Schule Jena
Tatzendpromenade 9
07745 Jena
Tel. 03641/394788
www.jenaplanschule.jena.de

6 Fazit

Die Kennzahlen zeigen, dass in Thüringen seit Inkrafttreten der UN-BRK eine deutliche Bewegung hin zu einem inklusiven Schulsystem stattgefunden hat: Förder- und Exklusionsquote, die beide weit über dem Bundesdurchschnitt lagen, sind deutlich zurückgegangen und liegen inzwischen im oder sogar unter dem Bundesdurchschnitt. Der Anstieg des Inklusionsanteils ist damit tatsächlich darauf zurückzuführen, dass mehr Kinder allgemeine Schulen besuchen, und speist sich nicht, wie in anderen Bundesländern, daraus, dass mehr Kinder diagnostiziert werden. Dies ist sicher auch ein Resultat aus der Tatsache, dass das gemeinsame Lernen in Thüringen nach dem Gesetz bereits seit Längerem Vorrang hat gegenüber der Beschulung an Förderschulen – auch wenn er noch unter einem Ressourcenvorbehalt steht.

Die Praxis zeigt, dass Inklusion bisher etwas einseitig von den Gemeinschaftsschulen umgesetzt wird – hier besteht vor allem an den Gymnasien noch Aufholbedarf. Insgesamt ist Thüringen auf einem sehr guten Weg – es bleibt abzuwarten, ob und wie es gelingt, den Entwicklungsplan systematisch umzusetzen.

Teil III: Ausblick

Das Recht auf inklusive Bildung für alle verwirklichen

Deutsche UNESCO-Kommission

Seit Deutschland sich 2009 dazu verpflichtet hat, die UN-Konvention über die Rechte von Menschen mit Behinderungen umzusetzen, hat die Inklusionsdebatte hierzulande stark an Dynamik gewonnen. Die Konvention konkretisiert das Menschenrecht auf Bildung mit Blick auf die besondere Situation von Menschen mit Behinderungen. Sie formuliert explizit und völkerrechtlich verbindlich das Recht von Menschen mit Behinderungen, am allgemeinen Bildungssystem teilzuhaben und gemeinsam mit anderen zu lernen. Alle Vertragsstaaten sind verpflichtet, ein inklusives Bildungssystem zu verwirklichen. Den Bundesländern kommt in Deutschland eine bedeutende Rolle bei der Umsetzung zu.

Das Recht auf inklusive Bildung

Die UN-Konvention ist Teil einer umfassenden internationalen Debatte, wie das Menschenrecht auf Bildung für alle Menschen umgesetzt werden kann. Das Recht auf Bildung erfordert, dass jeder und jede Einzelne die Möglichkeit hat, an qualitativ hochwertiger Bildung teilzuhaben und die eigenen Potenziale zu entwickeln – unabhängig von besonderen Lernbedürfnissen, Geschlecht, sozialen oder ökonomischen Voraussetzungen.

Bereits 1990 wurde in der Erklärung von Jomtien (Thailand) über »Bildung für alle« der universelle Zugang zur Bildung für alle Kinder, Jugendlichen und Erwachsenen gefordert. Die unterzeichnenden Staaten sprachen sich für ein allgemeines Schulsystem aus, das die Bedürfnisse aller Kinder berücksichtigt. Die Salamanca-Erklärung der UNESCO erhebt 1994 erstmals die explizite Forderung, Bildungssysteme inklusiv zu gestalten. In der Erklärung heißt es, dass »Regelschulen mit inklusiver Ausrichtung das beste Mittel sind, um diskriminierende Haltungen zu bekämpfen, um Gemeinschaften zu schaffen, die alle willkommen heißen, um eine integrierende Gesellschaft aufzubauen und um ›Bildung für alle‹ zu erreichen«. Auf der UNESCO-Weltkonferenz der Bildungsminister 2008 in Genf wurden diese Forderungen noch einmal bekräftigt.

Dabei ist es wichtig, dass es nicht bei einem symbolischen Zugang zu gleichwertiger Bildung bleibt, wie Dr. Mmantsetsa Marope von der UNESCO auf dem Gipfel »Inklusion – Die Zukunft der Bildung« im März 2014 in Bonn sagte: »Symbolischer Zugang bedeutet, dass ein Kind einen Schulranzen hat und zu einer Schule geht. Substanzieller Zugang hingegen bedeutet, dass das Kind in dieser Schule etwas lernt und dass es diejenigen Fähigkeiten erwirbt, die es für sein Leben benötigt« (Hirche und Marope 2014). Es geht also nicht nur darum, dass alle Lernenden die Möglichkeit haben, eine allgemeine Schule zu besuchen. Es geht vor allem darum, dass das Bildungssystem die Bedürfnisse und Fähigkeiten aller Schülerinnen und Schüler berücksichtigt und sie individuell fördert.

Von einem solchen Bildungssystem profitieren *alle* Kinder: Inklusive Bildungseinrichtungen finden Mittel und Wege, beim Unterrichten auf individuelle Unterschiede einzugehen. Gelingende inklusive Bildung korreliert somit erheblich mit Qualität von Bildung. Zudem ermöglicht gemeinsamer, inklusiver Unterricht, dass Vielfalt als alltäglich und bereichernd für das Zusammenleben erlebt wird. Inklusive Bildung leistet so einen wichtigen Beitrag zu einer weniger diskriminierenden Gesellschaft.

Inklusive Bildung im internationalen Vergleich

Weltweit ist die Umsetzung von inklusiver Bildung bisher unterschiedlich weit vorangeschritten. Ein Blick über den nationalen Tellerrand zeigt zwei Dinge: einerseits, dass die Weltgemeinschaft vielerorts noch vor großen Herausforderungen steht, um das Recht auf inklusive Bildung für alle Menschen umzusetzen; andererseits, dass inklusive Bildungssysteme mit Inklusionsanteilen von nahezu 100 Prozent erfolgreich funktionieren können.

Armut und Marginalisierung sind in den meisten Teilen der Erde die Hauptursachen für Exklusion im Bildungssystem. Auch Menschen mit Behinderungen werden im Bildungsbereich noch immer eklatant ausgegrenzt – etwa ein Drittel aller Kinder, die weltweit keine Schule besuchen, sind Kinder mit Behinderungen. Arbeitende Kinder, Mädchen, Kinder indigener Völker, Kinder aus ländlichen Gegenden, Kinder mit HIV/AIDS und Kinder, die seltene Sprachen sprechen, sind ebenfalls überdurchschnittlich häufig von Exklusion betroffen (Deutsche UNESCO-Kommission 2012).

Während es in den letzten Jahren durchaus Fortschritte bei der Zahl der Kinder und Jugendlichen gibt, die eine Schule besuchen, bleibt der »substanzielle Zugang« zu Bildung problematisch: Der UNESCO-Weltbildungsbericht 2013/14 zeigt, dass weltweit 250 Millionen Kinder in der Schule nicht die Grundlagen erlernen, geschweige denn die weiterführenden Fähigkeiten, die sie bräuchten, um eine gewinnbringende Arbeit zu finden und ein erfülltes Leben zu führen (Deutsche UNESCO-Kommission 2014a). Dies liegt daran, dass die Qualität von Bildung eine zu geringe Rolle spielt. Zudem gelingt es oft nicht, marginalisierte Gruppen durch den Unterricht tatsächlich zu erreichen. Das ist ebenfalls eine Herausforderung in Industriestaaten. Auch hier beenden viele junge Leute ihre Bildungslaufbahn ohne brauchbare Qualifikationen.

Es gibt jedoch weltweit auch viele Beispiele für die gelingende Umsetzung von inklusiver Bildung: Auf dem Bonner Gipfel wurden unter anderem erfolgreiche Programme für inklusive Bildung in Südafrika, Namibia sowie in vielen asiatischen Ländern genannt (Hirche und Marope 2014).

Ebenso zeigt ein Blick in unsere süd- und nordeuropäischen Nachbarländer, dass ein inklusives, qualitativ hochwertiges Bildungssystem mit individueller Förderung möglich ist. In diesen Ländern besuchen Kinder und Jugendliche in der Regel eine gemeinsame Schule. Lediglich ein sehr geringer Anteil von Schülerinnen und Schülern mit sonderpädagogischem Förderbedarf lernt dort aufgrund spezieller Bedürfnisse nicht im gemeinsamen Unterricht. In Italien oder Schweden beispielsweise besuchten im Schuljahr 2010/11 weniger als 0,1 Prozent aller Schülerinnen und Schüler eine Förderschule. Zum Vergleich: In Deutschland betrug diese sogenannte Exklusionsquote im gleichen Jahr knapp fünf Prozent, der europäische Durchschnitt lag bei etwa zwei Prozent (Europäische Kommission 2012).

Wo steht Deutschland?

Deutschland hat sich insbesondere seit der Ratifikation der UN-Konvention über die Rechte von Menschen mit Behinderungen 2009 auf den Weg zu einem inklusiven Bildungssystem gemacht. Das Thema hat enorm an Bedeutung gewonnen und wird heute vielfach als zentrale Herausforderung für das deutsche Bildungssystem wahrgenommen. Die vorliegende Publikation stellt anschaulich dar, zu welchen rechtlichen und praktischen Veränderungen die laufende Debatte bereits geführt hat. Ebenfalls wird deutlich, was die aktuellen Regelungen in den Bundesländern für die Schulen vor Ort bedeuten und welche Herausforderungen weiter bestehen.

In zahlreichen Ländern sind in den letzten Jahren Änderungen auf gesetzlicher bzw. untergesetzlicher Ebene vorgenommen worden. Dies ist die Grundvoraussetzung, um den gleichberechtigten Zugang zu allgemeiner Bildung zu ermöglichen: Der völkerrechtlich verbriefte Rechtsanspruch für Kinder und Jugendliche, eine allgemeine Schule zu besuchen, muss in den Gesetzen hierzulande verankert werden. Aktuell ist dies noch nicht in allen Ländern gegeben; in mehreren Ländern besteht unter bestimmten Bedingungen immer noch eine Pflicht zum Besuch einer Förderschule. Zudem steht in allen Ländern mit Ausnahme von Hamburg die Möglichkeit des Zugangs zu inklusiver Bildung weiterhin unter einem Organisations- und Ressourcenvorbehalt.

Wie eingangs in dieser Publikation dargestellt, ist der Anteil der Schülerinnen und Schüler mit besonderem Förderbedarf, die bundesweit eine allgemeine Schule besuchen, von 18,4 Prozent im Jahr 2009 auf 31,4 Prozent im Schuljahr 2013/14 angestiegen. Die Länderporträts zeigen jedoch die teils beträchtlichen Unterschiede zwischen den Bundesländern. Zudem ist trotz dieser Entwicklung der Anteil der Schüler mit besonderem Förderbedarf, die bundesweit eine Förderschule besuchen, in den vergangenen Jahren nahezu gleich geblieben. Hier besteht noch großer Handlungsbedarf.

Es reicht jedoch nicht aus, allen Lernenden (rechtlichen) Zugang zu einer allgemeinen Schule zu ermöglichen: Qualitativ hochwertige inklusive Bildung bedeutet auch, dass sich die allgemeine Schule so auf die individuellen Fähigkeiten und Schwächen der Schülerinnen und Schüler einstellt, dass alle lernen und ihre individuellen Potenziale entfalten können. Hierzu brauchen Schulen die personellen, räumlichen und finanziellen Ressourcen, um inklusiven Unterricht und einen inklusiven Schulalltag umsetzen zu können. Auch Bildungs- und Lehrpläne, Curricula und Leistungsbewertungen müssen individuelles, zieldifferentes Lernen möglich machen. Insbesondere muss Inklusion als Leitidee in der Aus-, Fort- und Weiterbildung aller pädagogischen Berufe verankert werden. Vor allem Lehrkräfte sind der Schlüssel dafür, dass Inklusion und individuelle Förderung im Schulalltag gelingen. Um diese Aufgabe angemessen wahrnehmen zu können, brauchen sie die entsprechende Ausbildung.

In den Länderprofilen werden bereits einige vorbildhafte Initiativen, Modellprojekte und Ansätze genannt, die über den rechtlichen Zugang noch hinausgehen. Insbesondere die Preisträgerschulen des Jakob Muth-Preises, von denen einige in dieser Publikation zu Wort kommen, zeigen, wie inklusive Bildung im Schulalltag erfolgreich umgesetzt werden kann. Nun gilt es, diese Ansätze in die Breite zu tragen und ein übergreifend inklusives Bildungssystem zu schaffen.

Inklusion ist eine gesamtgesellschaftliche Aufgabe

Die vorliegende Publikation zeigt, dass den Bundesländern eine Schlüsselrolle bei der Schaffung eines inklusiven Bildungssystems zukommt. Sie setzen die Rahmenbedingungen, unter denen Bildungseinrichtungen vor Ort arbeiten können. Dennoch braucht es die Mitarbeit und das vernetzte Engagement aller beteiligten Akteure: Bundes-, Landes- und kommunale Politik, Jugendhilfe und soziale Dienste, ebenso wie Beschäftigte im Bildungswesen, Lernende und Eltern, die Wissenschaft und zivilgesellschaftliche Akteure. Initiativen auf Länderebene, die Vertreter anderer Akteursgruppen und deren Expertise einzubeziehen und in gemeinsamer Arbeit Lösungen zu entwickeln, sind daher besonders zu begrüßen.

Inklusive Bildung kann zudem nicht auf Schülerinnen und Schüler mit sonderpädagogischem Förderbedarf beschränkt werden. Ein inklusives Bildungssystem richtet sich an den Bedürfnissen aller Lernenden aus und fördert diese anhand ihrer individuellen Fähigkeiten. Dies umfasst auch Lernende, die aus anderen Gründen im Bildungssystem marginalisiert sind – etwa aus Gründen der Herkunft, des Geschlechts, der Sprache oder der ökonomischen Voraussetzungen.

Im März 2014 hat die Deutsche UNESCO-Kommission gemeinsam mit neun Partnern[52] den Gipfel »Inklusion – Die Zukunft der Bildung« ausgerichtet. In der Abschlusserklärung betonten die 350 Teilnehmerinnen und Teilnehmer, dass inklusive Bildung nicht nur

52 Der Gipfel wurde zusammen mit der Aktion Mensch, der Bertelsmann Stiftung, dem Bildungs- und Förderungswerk der GEW, dem Deutschen Institut für Menschenrechte, der Heidehof Stiftung, der Montag Stiftung Jugend und Gesellschaft sowie der Stadt Bonn veranstaltet und vom Bundesministerium für Arbeit und Soziales und von der Stiftung Haus der Geschichte der Bundesrepublik Deutschland unterstützt.

Aufgabe der Schulen und der Bildungspolitik ist: Inklusion ist ein Grundprinzip des gesellschaftlichen Zusammenlebens und damit Aufgabe der gesamten Gesellschaft (Deutsche UNESCO-Kommission et al. 2014b). Es muss gemeinsam gelingen, einen Wandel in den Köpfen der Menschen herbeizuführen, damit inklusive Bildung als Chance und nicht als Pflicht empfunden wird. Bei allen notwendigen Diskussionen um Gesetzestexte, Verantwortlichkeiten und Aktionspläne sollten wir das Ziel nicht aus den Augen verlieren: ein inklusives Bildungssystem, das sich am Lernenden ausrichtet und das Recht eines jeden Kindes und Jugendlichen auf gute Bildung verwirklicht.

Inklusion in Deutschland: Resümee der offenen Fragen

Inklusion in der Schule ist im wissenschaftlichen Diskurs schon seit Längerem ein kontroverses Thema. In der öffentlichen und (schul-)politischen Debatte nahm die spannungsgeladene Diskussion dieses Themas mit der Verabschiedung der UN-Behindertenrechtskonvention (UN-BRK) im Jahr 2008 weiter Fahrt auf. Bereits hier zeigt sich das Spannungsfeld, in dem das Thema besonders in der Schule steht: So hat der Bund die UN-BRK unterschrieben; zuständig für die Umsetzung sind allerdings aufgrund unseres bildungsförderalistischen Systems die Länder.

Diese Zuständigkeit betrifft zunächst die inneren Schulangelegenheiten, nämlich Bildungsziele, Lehrpläne, Unterrichtsgestaltung und insbesondere die Anstellung der Lehrkräfte. Für die äußeren Schulangelegenheiten dagegen – nämlich für den Bau, Umbau und die Instandhaltung der Schulgebäude und ihre Unterhaltung (Beschaffung der Geräte, Materialien, Hilfsdienste und des Hilfspersonals) – sind die Städte und Gemeinden verantwortlich. Und schließlich sind die Schulen selbst verantwortlich für alle Bereiche, die ihr tägliches Handeln betreffen, und für deren Weiterentwicklung.

Diese Vielzahl der Ebenen erschwert es, das bisher stark gegliederte und von seiner Ausrichtung her separierende deutsche Schulsystem in ein inklusives System zu überführen – zumal es sich eben nicht um ein Schulsystem, sondern um 16 verschiedene Schulsysteme handelt, hinter denen sich wiederum mit den (allgemeinbildenden) Einzelschulen etwa 34.000 Einzelsysteme verbergen – und etwa eine Viertelmillion Lehrkräfte sowie rund 7,5 Millionen Schülerinnen und Schüler der Jahrgänge 1 bis 10 mit zugehörigen Eltern. Es gibt also eine hohe Zahl an verschiedenen Akteuren auf verschiedensten Ebenen, die jeweils unterschiedliche Interessen haben und vertreten, und die es abzuholen gilt, wenn es darum geht, ein inklusives Schulsystem zu gestalten.

In erster Instanz kann dabei der Blick auf die Gemeinsamkeiten und Unterschiede, die sich aus den 16 Länderprofilen ergeben, helfen, die bisherigen Bemühungen um Inklusion einzuordnen, wenn er auch nicht allen Ebenen gerecht werden kann. Es lassen sich aber in der Folge erste Fragen ableiten, die zu beantworten sind, wenn es gilt, eine umfassende Reformstrategie zu formulieren, mit der Deutschland der Verpflichtung, die es in der UN-BRK eingegangen ist, auch tatsächlich nachkommen möchte.

Bildungsstatistik

Bereits in der Einleitung wurde aufgezeigt, dass die bisher aus den Bildungsstatistiken vorliegenden Daten aus verschiedenen Gründen mit gewisser Vorsicht zu behandeln sind. Es bleiben jedoch momentan die einzig verfügbaren Daten, und so lassen sich, mit aller Behutsamkeit, einige Beobachtungen machen.

Insgesamt können wir anhand der Entwicklung insbesondere der Exklusions- und der Förderquote drei Ländergruppen identifizieren, in denen ähnliche Entwicklungen zu beobachten sind.

Schleswig-Holstein und die Stadtstaaten: Hier zeigt sich ein teils erheblicher Rückgang der Exklusionsquote (zwischen 3,6 und 1,9 %), gleichzeitig ist der Inklusionsanteil vergleichsweise hoch (zwischen 54 und 68,5 %). Diese beiden Faktoren weisen darauf hin, dass sich die Systeme zunehmend zur Inklusion hin verändern. In der Entwicklung der Förderquoten unterscheiden sich die Länder allerdings: Während sie in Bremen gesunken ist, werden in Schleswig-Holstein etwas, in Berlin und Hamburg sehr viel mehr Kinder und Jugendliche diagnostiziert. Trotzdem gibt es eine deutliche Entwicklung, denn es besuchen merklich weniger Kinder das Sonderschulsystem als 2008/09; gleichzeitig liegen die Quoten deutlich unter dem Bundesdurchschnitt.

Östliche Bundesländer (außer Berlin): Die Gemeinsamkeit der östlichen Bundesländer lag in der Vergangenheit in vergleichsweise hohen Exklusions- und Förderquoten. Die Förderquote ist in vier der fünf Länder gesunken; zugleich konnten alle fünf Bundesländer ihre Exklusionsquote senken. Aktuell besuchen also in den ostdeutschen Ländern durchgängig weniger Kinder das Sonderschulsystem als noch im Schuljahr 2008/09. Nach wie vor liegt allerdings in drei Ländern die Exklusionsquote über dem Bundesdurchschnitt, Brandenburg erreicht den bundesweiten Durchschnittswert, Thüringen liegt sogar darunter. In den ostdeutschen Ländern zeigen sich also zum Teil erhebliche Bewegungen hin zu einem inklusiven Schulsystem, bei weiter anhaltendem deutlichem Entwicklungsbedarf.

Westliche und südliche Bundesländer: Im Westen und Süden der Republik ist die geringste Dynamik auszumachen. Zwar hat sich auch hier – wie in allen Bundesländern – der Inklusionsanteil erhöht, die Exklusionsquote aber stagniert oder ist (leicht) gestiegen. Fünf Länder liegen dabei allerdings unter dem Bundesdurchschnitt (Bayern, Hessen, Niedersachsen, Rheinland-Pfalz und das Saarland). In allen sieben (süd-)westlichen Flächenländern ist außerdem die Förderquote gestiegen – wenn auch in sehr unterschiedlichem Maße. Da die Exklusionsquote annähernd gleich geblieben oder gar leicht gestiegen ist, lässt sich der höhere Inklusionsanteil durch die erhöhte Förderquote erklären. Damit kann man von einer wirklichen Bewegung hin zu einem inklusiven Schulsystem in dieser Gruppe noch nicht sprechen, obwohl einige Länder im Bundesvergleich mit niedrigen Exklusionsquoten recht gut abschneiden.

Gesetzeslage

Die Heterogenität der Kennzahlen findet sich in der Unterschiedlichkeit der Gesetzeslagen wieder. Mißling und Ückert (2014) haben die Schulgesetze mit Blick auf zwölf menschenrechtliche Kriterien auf die Frage hin untersucht, inwieweit ein inklusives Schulsystem in Deutschland bereits verwirklicht ist.[53] Sie kommen zu dem Schluss, dass zwar in allen Ländern gemeinsames Lernen möglich ist, aber: »In keinem Bundesland ist nach gegenwärtigem Stand letztlich ein abschließend entwickelter rechtlicher Rahmen erkennbar, der, am Maßstab der Vorgaben aus dem Recht auf inklusive Bildung (Artikel 24 UN-BRK) gemessen, den Aufbau und die Unterhaltung eines inklusiven Bildungssystems hinreichend oder gar adäquat gewährleisten könnte« (Mißling und Ückert 2014: 25).

Im Folgenden sollen einige der Aspekte der Gesetzgebung, die Mißling und Ückert in ihrer Analyse herausgearbeitet haben, vor dem Hintergrund der hier dargelegten Gesetzeslage noch einmal etwas genauer betrachtet werden:

- der Vorrang des gemeinsamen Lernens,
- der vorbehaltlose Anspruch auf gemeinsames Lernen an einer allgemeinen Schule und
- zieldifferenter Unterricht (ebd.: 56 ff.).

Die drei Aspekte Vorrang des gemeinsamen Lernens, vorbehaltloser Anspruch auf gemeinsames Lernen und zieldifferenter Unterricht hängen eng zusammen. Darüber hinaus nehmen wir die Organisation des Schulsystems und die Rolle der Eltern in den Blick.

In einem inklusiven Schulsystem ist das gemeinsame Lernen aller Kinder selbstverständlich. Auf dem (langen) Weg dahin muss zumindest gewährleistet sein, dass das gemeinsame Lernen von Kindern mit und ohne Förderbedarf absoluten Vorrang hat vor einer separaten Beschulung von Kindern mit Förderbedarf. Dies ist im größeren Teil der Bundesländer gegeben. Sachsen und Baden-Württemberg allerdings weisen nach wie vor eine weitreichende Sonderschulpflicht und *keinen* Vorrang des gemeinsamen Lernens aus; in Bayern und in Sachsen-Anhalt kann der Besuch einer separaten Förderschule eben-

53 Mißling und Ückert beschreiben den Gesetzesstand vom Dezember 2013; der vorliegende Band berücksichtigt Änderungen bis Anfang September 2014.

falls unter bestimmten Umständen noch verpflichtend sein. Im Saarland, das bislang ebenfalls eine Sonderschulpflicht hatte, wurde kürzlich die Antragspflicht umgekehrt, sodass neuerdings auch hier der Regelschulbesuch der Regelfall ist.

Dieser in den meisten Ländergesetzen verankerte Vorrang geht allerdings in fast allen Bundesländern (einzige Ausnahmen: Hamburg und Bremen) mit einem Ressourcenvorbehalt einher, wenngleich der Spielraum sehr unterschiedlich geregelt ist. So ist es in manchen Bundesländern ausreichend, wenn eine Schule sagt, dass ihr die Aufnahme nicht möglich sei, in anderen (z. B. in Schleswig-Holstein) muss sie nachweisen, dass die Ressourcen weder vorhanden noch zu schaffen sind. Als unbefriedigend müssen weithin undefinierte Formulierungen wie »vertretbarer Aufwand« gewertet werden.

Das gilt insbesondere für den zieldifferenten Unterricht, der überall möglich sein müsste. Die Gesetzestexte zeigen, dass zieldifferenter Unterricht an sich in allen Bundesländern möglich ist, allerdings gibt es häufig noch Einschränkungen, welche Schulformen ihn anbieten müssen und welche nicht. So wurde beispielsweise in Baden-Württemberg mit der Gemeinschaftsschule extra eine Schulform geschaffen, an der zieldifferentes Lernen jenseits der Primarstufe und auch außerhalb der Modellregionen überhaupt möglich ist; in etlichen Bundesländern, etwa Bayern, Berlin und Sachsen-Anhalt, ist zieldifferenter Unterricht nur an bestimmten Schulformen möglich. Wir schließen uns hier der Forderung von Mißling und Ückert (2014: 64) an und halten es für dringend erforderlich, dass die Bundesländer, die dies bisher noch nicht getan haben, den zieldifferenten Unterricht in *allen* allgemeinen Schulen verankern. Zudem muss die Lehreraus- und -fortbildung konsequenter als bisher in Richtung Inklusion weiterentwickelt werden.

Eine weitere Problematik ergibt sich aus der Rolle der Eltern. Deren Mitspracherecht ist in den Bundesländern sehr unterschiedlich geregelt. Es stellt sich allerdings grundsätzlich die Frage, welche Rolle der Elternwille überhaupt spielen kann – und ob sich hinter einer »Berücksichtigung des Elternwunsches« nicht auch verbergen kann, das etablierte Doppelsystem weiter fortführen zu wollen. Damit würde – unter dem Deckmantel des »Elternwunsches« – eine Begründung geschaffen, um die Frage eines inklusiven Schulsystems nicht konsequent anzugehen. Denn das Recht auf ein inklusives Schulsystem ist ein Menschenrecht, das automatisch über dem Elternwillen stehen muss.

Ausblick und Fragen

In der Zusammenschau der oben genannten Punkte (Mehrebenenproblematik, uneinheitliche Entwicklung der Kennzahlen und höchst unterschiedliche Gesetzeslage in den einzelnen Bundesländern) lässt sich festhalten: Das bisherige Vorgehen, die Umsetzung der UN-BRK den Ländern im Alleingang zu übertragen, war nicht erfolgreich. Zwar gibt es eine ganze Reihe guter Einzelfallbeispiele, doch insgesamt beklagt die Praxis die vielfältigen Unklarheiten und die fehlende Verständigung über die grundlegenden Bedingungen eines qualitativ hochwertigen inklusiven Schulsystems.

Wenn es das Ziel sein soll, ein chancengerechtes und leistungsstarkes Schulsystem für alle Kinder, unabhängig vom Wohnort, vom Förderbedarf und von anderen persönlichen und gesellschaftlichen Voraussetzungen, zu schaffen, bedarf es vielmehr einer gut durchdachten Reformstrategie, die Inklusion gesamthaft in den Blick nimmt. Dabei muss die Politik sich vor allem mit sieben aus unserer Sicht zentralen Problemen auseinandersetzen:

- *Noch immer herrscht ein konzeptionelles Vakuum, was gute inklusive Schule ausmacht.* Es fehlt also das grundlegende Zielbild, der Kern einer Reform. Was genau wird unter Inklusion verstanden? Was sind die grundlegenden Aufgaben einer Schule bzw. der verschiedenen Schulformen? Was macht eine gute Schule aus, die individuelle Förderung aller Kinder ernst nimmt und damit Inklusion konsequent umsetzt?
- *Es gibt bisher noch keine aussagekräftigen Indikatoren dazu, wie die Umstellung auf ein qualitativ hochwertiges inklusives Schulsystem*

vorankommt. Hier wird zurückgegriffen auf die vorhandenen Indikatoren zur quantitativen Verbreitung von Förderdiagnosen, zur Anzahl von Schülern mit sonderpädagogischem Förderbedarf an Regel- bzw. an Förderschulen. Diese Indikatoren beschreiben nach wie vor die Integration von Kindern mit Behinderungen.

- *15 der 16 Bundesländer haben nach wie vor ein Doppelsystem aus Regel- und Sonderschulen.* Das ist vor dem Hintergrund der UN-BRK schwierig – zwar macht sie keine Vorschriften in Bezug auf die Ausgestaltung, doch hat Wocken 2005 deutlich gezeigt, dass ein Doppelsystem vielleicht nicht den Buchstaben, wohl aber dem Geist der UN-BRK widerspricht.
- *Bei der Umsetzung von Inklusion gibt es eine ausgeprägte Zuständigkeitsproblematik.* Diese beginnt mit dem Bund, der die UN-BRK unterschrieben hat und damit Verantwortung trägt. Sie geht weiter über die Länder und deren Hoheit über die jeweiligen Bildungssysteme sowie über alle Fragen der inneren Schulangelegenheiten und setzt sich fort in der Verantwortung der Städte und Gemeinden für die äußeren Schulangelegenheiten.
- *Bislang ist es nicht gelungen, die Mehrheit der Akteure und Stakeholder im System von der Notwendigkeit und den positiven Effekten eines inklusiven Schulsystems zu überzeugen.* Auch fünf Jahre nach der Unterzeichnung der UN-BRK ist die öffentliche Meinung von Skepsis geprägt. So treibt viele Eltern die Sorge um, dass ihr Kind nicht angemessen gefördert und der bestmögliche Kompetenzzuwachs in persönlicher und fachlicher Hinsicht in einem inklusiven Setting nicht mehr erreicht werden kann.

  Viele Lehrkräfte fühlen sich überfordert von den neuen Ansprüchen und sehen zu wenig Unterstützung. Das dringend benötigte zusätzliche Fachpersonal und die notwendigen räumlichen Ausstattungen sind bisher nicht finanziert oder deutlich unterfinanziert. Es gibt also kein klares Bekenntnis der Politik zur inklusiven Bildung, das die Bedenken und Erfahrungen der Akteure ernst nimmt und diesen mit guten Argumenten und systematischen, überzeugenden Planungen zu begegnen vermag.

- *Bisher gibt es keinen zeitlichen Horizont für die Umsetzung eines inklusiven Schulsystems.* Auch wenn seit Inkrafttreten der UN-BRK bereits fünf Jahre vergangen sind, haben sich die politischen Akteure bisher nicht zu einem klaren Reformkurs Inklusion auf Bundesebene und einer damit verknüpften Zeitleiste bekannt.
- *Es wird bisher nicht systematisch daran gearbeitet, die Lehrkräfte bei der (zukünftigen) Gestaltung eines qualitativ hochwertigen inklusiven Unterrichts zu unterstützen.* Die Aus- und Fortbildungslandschaft in den 16 Bundesländern stellt sich zurzeit eher als Wildwuchs denn als systematische Struktur dar, die heutige und zukünftige Lehrkräfte nur sehr unzureichend auf die weiter zunehmende Heterogenität der Schülerschaft im inklusiven Schulsystem vorbereitet – und das, obwohl wir nicht erst seit John Hattie wissen, wie hoch die Bedeutung eines motivierten, überzeugenden und gut ausgebildeten Lehrers ist.

Was wir also brauchen, ist die konsequente Umsetzung des in der UN-BRK geforderten (Menschen-)Rechts auf inklusive Beschulung in allen Bundesländern. Darüber hinaus müssen länderübergreifend gemeinsame Qualitätsstandards für inklusive Schulen erarbeitet und der Fortschritt in der Umsetzung durch die systematische Beobachtung von entsprechenden Indikatoren stetig überprüft werden. Angesichts der enormen (finanziellen) Kraftanstrengung zur flächendeckenden Einführung eines inklusiven Schulsystems ist es zudem dringend angezeigt, die (Finanz-)Beziehungen zwischen Bund, Ländern und Gemeinden neu zu ordnen. Schließlich muss daran gearbeitet werden, die Akzeptanz in der Gesellschaft für das Reformziel Inklusion zu entwickeln, und die heutigen und zukünftigen Lehrkräfte im Umgang mit den individuellen Bedürfnissen einer heterogenen Schülerschaft systematisch aus- und fortzubilden.

Das alles braucht eine Fokussierung auf das Thema »inklusive Bildung«, dazu eine entsprechende Reformagenda und einen zugehörigen, verbindlichen Zeitplan zur Umsetzung. Damit decken sich die Schlussfolgerungen aus diesem Band mit den Ergebnissen der Staatenprüfung der Unesco zur Umsetzung der UN-BRK in Deutschland. In ihren »concluding observations« heißt es für Artikel 24:

Education (art. 24)

45. The Committee is concerned that the State party has an education system where the majority of students with disabilities attend segregated special-needs schools.
46. The Committee recommends that the State party:
    (a) Immediately develop a strategy, action plan, timeline and targets to provide access to a high quality inclusive education system across all Länder, including the required financial resources and personnel at all levels;
    (b) Scale down segregated schools to facilitate inclusion, and recommends that the law and policies uphold the duty that mainstream schools enroll children with disabilities with immediate effect if that is their choice;
    (c) Ensure reasonable accommodation is provided at all levels of education, and be legally enforceable and justiciable before the courts;
    (d) Ensure training of all teachers in inclusive education and increased accessibility of the school environment, materials and curricula, and the provision of sign language in mainstream schools, including at the post-doctoral level.

(UN 2015: 8)

Und bei alldem darf der Kern von Inklusion nicht vergessen werden: Im Vordergrund müssen immer die Stärken, Bedürfnisse und Chancen des einzelnen Kindes stehen. Es geht darum, wie sich Schule und Schulsystem verändern müssen, damit jedes Kind die Unterstützung bekommt, die es benötigt, um sein Bestes geben zu können. Wenn das gelingt, ist Schule in Deutschland inklusiv.

Literatur

Allgöwer, Renate. »Inklusion kommt langsam voran«. *Stuttgarter Nachrichten* 11.12.2013. www.stuttgarter-zeitung.de/inhalt.landtagsdebatte-inklusion-kommt-langsam-voran.c394770a-ff65-4d17-8617-ee53f6b64d81.html (Download 22.10.2014).

Bertelsmann Stiftung. *Datenreport Inklusion*. Gütersloh 2014.

Bleidick, Uwe. *Betrifft Integration: Behinderte Schüler in allgemeinen Schulen*. Berlin 1988.

Deutsche UNESCO-Kommission. *Kurzfassung Weltbericht »Bildung für alle«*. Bonn 2012.

Deutsche UNESCO-Kommission. *Kurzfassung Weltbericht »Bildung für alle«*. Bonn 2014a.

Deutsche UNESCO-Kommission et al. Gipfel »Inklusion – Die Zukunft der Bildung«. Bonner Erklärung zur inklusiven Bildung in Deutschland. Bonn, 20. März 2014b. http://unesco.de/gipfel_inklusion_ergebnisse.html (Download 11.11.2014):

Dumke, Dieter, und Georg Schäfer. *Entwicklung behinderter und nichtbehinderter Schüler in Integrationsklassen. Einstellungen, soziale Beziehungen, Persönlichkeitsmerkmale und Schulleistungen*. Weinheim 1993.

Ehlers, Angela, und Ina Döttinger. *»Inklusion in Hamburg«. Gemeinsam lernen – Auf dem Weg zu einer inklusiven Schule*. Hrsg. Bertelsmann Stiftung, Beauftragter der Bundesregierung für die Belange behinderter Menschen, Deutsche UNESCO-Kommission, Sinn-Stiftung. Gütersloh 2012. 188–210.

Engesser, Silke. »Es ist normal, verschieden zu sein…«. *Erziehungskunst* Juli 2013. www.erziehungskunst.de/artikel/spezial-inklusion/es-ist-normal-verschieden-zu-sein/.

Europäische Kommission. »Daten der Europäischen Agentur für Sonderpädagogische Förderung und Inklusive Bildung«. *NESSE. Education and Disability/Special Needs – policies and practices in education, training and employment for students with disabilities and special educational needs in the EU.* Brüssel 2012.

Gresch, Cornelia, und Anne Piezunka. »SchülerInnen mit sonderpädagogischem Förderbedarf Lernen an Regelschulen in Deutschland: Eine Bestandsaufnahme und Anforderungen an die bundesweite Forschung«. *Inklusion von Schülerinnen und Schülern mit sonderpädagogischem Förderbedarf in Schulleistungserhebungen.* Hrsg. Poldi Kuhl, Petra Stanat, Birgit Lütje-Klose, Cornelia Gresch, Hans Anand Pant und Manfred Prenzel. Heidelberg 2015 (im Ersch.).

Gresch, Cornelia, Anne Piezunka und Heike Solga. Realisierbarkeit einer Ergänzungsstichprobe von Integrationsschülerinnen und -schülern im Rahmen des Nationalen Bildungspanels (NEPS): Möglichkeiten und Perspektiven. *NEPS Working Paper* No. 37, März 2014. www.neps-data.de/Portals/0/Working%20Papers/WP_XXXVII.pdf.

Hillenbrand, Clemens. »Inklusive Bildung in der Schule: Probleme und Perspektiven für die Bildungsberichterstattung«. *Zeitschrift für Heilpädagogik* 9 2013. 359–367.

Hinz, Andreas. »Von der Integration zur Inklusion – terminologisches Spiel oder konzeptionelle Weiterentwicklung?«. *Zeitschrift für Heilpädagogik* 53 2002. 354–361.

Hirche, Walter, und Mmantsetsa Marope. »Setzen Sie sich ein ehrgeiziges Ziel«. Gespräch während des Gipfels »Inklusion – Die Zukunft der Bildung«. Bonn, 19. März 2014. http://unesco.de/gipfel_inklusion_ergebnisse.html (Download 11.11.2014).

Klemm, Klaus. *Inklusion in Deutschland – eine bildungsstatistische Analyse.* Gütersloh 2013.

Klemm, Klaus, und Ulf Preuss-Lausitz. »Auszüge aus dem Gutachten zum Stand und zu den Folgen der sonderpädagogischen Förderung in den Schulen der Stadtgemeinde Bremen«. *Verband Sonderpädagogik NRW: Mitteilungen* 4 2008. 6–17.

KMK – Kultusministerkonferenz. *Sonderpädagogische Förderung in Schulen 1999 bis 2008*. Berlin 2010.

KMK – Kultusministerkonferenz. *Sonderpädagogische Förderung in Förderschulen (Sonderschulen)*. Berlin 2011 und 2012. 2012a.

KMK – Kultusministerkonferenz. *Sonderpädagogische Förderung in allgemeinen Schulen (ohne Förderschulen)*. Berlin 2012 und 2013. 2012b.

KMK – Kultusministerkonferenz. *Sonderpädagogische Förderung in Schulen 2001 bis 2010*. Berlin 2012c.

KMK – Kultusministerkonferenz. *Schüler, Klassen, Lehrer und Absolventen der Schulen 2002 bis 2012*. Berlin 2012d.

KMK – Kultusministerkonferenz. *Sonderpädagogische Förderung in Schulen 2003–2012*. Berlin 2014a.

KMK – Kultusministerkonferenz. *Sonderpädagogische Förderung in Förderschulen (Sonderschulen) 2013/2014*. Berlin 2014b.

KMK – Kultusministerkonferenz. *Sonderpädagogische Förderung in allgemeinen Schulen (ohne Förderschulen) 2013/2014*. Berlin 2014c.

Kocaj, Aleksander, Poldi Kuhl, Anna J. Kroth, Hans Anand Pant und Petra Stanat. »Wo lernen Kinder mit sonderpädagogischem Förderbedarf besser? Ein Vergleich schulischer Kompetenzen zwischen Regel- und Förderschulen in der Primarstufe«. *Kölner Zeitschrift für Soziologie und Sozialpsychologie* 2 2014. 165–191.

Laubenstein, Désirée, und Christian Lindmeier. »Gelingensbedingungen des gemeinsamen Unterrichts an Schwerpunktschulen in Rheinland-Pfalz – das Forschungsprojekt GeSchwind«. *Pädagogik Leben*. Februar 2014. 40–41.

Lehmann, Rainer, und Ellen Hoffmann (Hrsg.). *BELLA. Ergebnisse der Berliner Erhebung von Lernausgangslagen arbeitsrelevanter Basiskompetenzen von Schülerinnen und Schülern mit Förderbedarf der Klassen 7–10 und der Jugendlichen in BQL und BQL/FL*. Münster 2009.

Mahlau, Karen, Kirsten Diehl, Stefan Voß und Bodo Hartke. »Das Rügener Inklusionsmodell (RIM) – Konzeption einer inklusiven Grundschule«. *Zeitschrift für Heilpädagogik* 11 2011. 464–472.

Malecki, Andrea. »Sonderpädagogische Förderung in Deutschland – eine Analyse der Datenlage in der Schulstatistik«. *Wirtschaft und Statistik*. Hrsg. Statistisches Bundesamt. Wiesbaden 2013.

Mißling, Sven, und Oliver Ückert. »Inklusive Bildung: Schulgesetze auf dem Prüfstand. Vorabfassung der Studie«. Hrsg. Deutsches Institut für Menschenrechte. Berlin, März 2014.

Myklebust, Jon Olav. »Class placement and competence attainment among students with special educational needs«. *British Journal of Special Education* 2 2006. 76–81.

Preuss-Lausitz, Ulf. »Inklusionsentwicklung in Deutschland unter Aspekten von Gerechtigkeit, Effektivität und Schulentwicklung«. Vorlage für die Sitzung der Expertenkommission der Deutschen UNESCO-Kommission. Berlin, März 2013. www.gew-nds.de/sos/Archiv-_Links/Preuss-Lausitz_Inkl-Entw-in-D-2013.pdf.

Schuck, Karl Dieter, und Wulf Rauer. »Abschlussbericht über die Analysen zum Anstieg der Zahl der Schülerinnen und Schüler mit einem sonderpädagogischen Förderbedarf in den Bereichen Lernen, Sprache und emotional-soziale Entwicklung (LSE) in den Schuljahren 2011/12 bis 2013/14 in Hamburg – Zusammenfassung«. Universität Hamburg 2014.

Senatsverwaltung für Bildung, Jugend und Wissenschaft. *Leitfaden zur Feststellung sonderpädagogischen Förderbedarfs an Berliner Schulen*. Berlin 2012.

Statistisches Bundesamt. Fachserie 11 – Reihe 1. 2012/13. Wiesbaden 2013.

UN – United Nations, Committee on the Rights of Persons with Disabilities. *Concluding observations on the initial report of Germany*. Genf April 2015. www.eine-schule-fuer-alle.info/fileadmin/dokumente/Dokumente/UN-Empfehlungen_zur_BRK-Umsetzung_engl.pdf.

Werning, Rolf. »Gutachten: Kompetenzzentren für sonderpädagogische Förderung im Bereich der Lern- und Entwicklungsstörungen in Nordrhein-Westfalen«. *Zeitschrift für Inklusion – Gemeinsam leben* 3 2012. 163–175.

Wocken, Hans. *Andere Länder, andere Schüler? Vergleichende Untersuchung von Förderschülern in den Bundesländern Brandenburg, Hamburg und Niedersachsen*. Forschungsbericht, o.O., Mai 2005.

Schulgesetze

Baden-Württemberg
Schulgesetz für Baden-Württemberg (BW-SchG, Stand 22.7.2014), abgerufen im September 2014.

Bayern
Bayerisches Gesetz über das Erziehungs- und Unterrichtswesen (BayEUG, Stand 22.7.2014); Schulordnung für die Volksschulen zur sonderpädagogischen Förderung (BayVSO-F, Stand 30.8.2014), abgerufen im September 2014.

Berlin
Schulgesetz für das Land Berlin (SchulG, Stand 26.3.2014); Sonderpädagogik-Verordnung (SopädVO, Stand 2.10.2014); Grundschulverordnung (GsVO, Stand 29.10.2014), abgerufen im Dezember 2014.

Brandenburg
Gesetz über die Schulen im Land Brandenburg (Brandenburgisches Schulgesetz – BbgSchulG, Stand 21.11.2013); Verordnung über Unterricht und Erziehung für Schülerinnen und Schüler mit sonderpädagogischem Förderbedarf (Sonderpädagogik-Verordnung – SopV, Stand 10.7.2009); Verwaltungsvorschriften zur Sonderpädagogik-Verordnung (VV-SopV, Stand 28.11.2012), abgerufen im September 2014.

Bremen
Bremisches Schulgesetz (BremSchulG, Stand 1.8.2014); Erste Verordnung für unterstützende Pädagogik (EVuP, Stand 5.10.2014); Zeugnisverordnung (ZeugnisVO, Stand 1.8.2014), abgerufen im September 2014.

Hamburg
Hamburgisches Schulgesetz (HmbSG, Stand 6.6.2014); Verordnung über die Ausbildung von Schülerinnen und Schülern mit sonderpädagogischem Förderbedarf (AO-SF, Stand 31.10.2012), abgerufen im Dezember 2014.

Hessen
Hessisches Schulgesetz (HSchG, Stand 22.5.2014); Verordnung über Unterricht, Erziehung und sonderpädagogische Förderung von Schülerinnen und Schülern mit Beeinträchtigungen oder Behinderungen (VOSB, Stand 19.3.2013), abgerufen im September 2014.

Mecklenburg-Vorpommern
Schulgesetz für das Land Mecklenburg-Vorpommern (SchulG M-V, Stand 10.9.2010); Verordnung zur Ausgestaltung der sonderpädagogischen Förderung (Förderverordnung Sonderpädagogik – FöSoVO, Stand 2.6.2014), abgerufen im September 2014.

Niedersachsen
Niedersächsisches Schulgesetz (NSchG, Stand 23.3.2012); Verordnung zur Feststellung eines Bedarfs an sonderpädagogischer Unterstützung (SoPädFV ND, Stand 22.1.2013), abgerufen im September 2014.

Nordrhein-Westfalen
Schulgesetz für das Land Nordrhein-Westfalen (Schulgesetz NRW – SchulG, Stand 17.6.2014); Verordnung über die sonderpädagogische Förderung, den Hausunterricht und die Schule für Kranke (Ausbildungsordnung sonderpädagogische Förderung – AO-SF, Stand 11.10.2014), abgerufen im September 2014.

Rheinland-Pfalz
Schulgesetz Rheinland-Pfalz (SchulG, Stand 24.7.2014); Schulordnung für die öffentlichen Sonderschulen (SoSchulO RP, Stand 9.8.2006); Schulordnung für die öffentlichen Grundschulen (GSchO, Stand 9.12.2013); Landeskonzept für die Weiterentwicklung von Inklusion im schulischen Bereich (LKWI, Stand 2013), abgerufen im September 2014.

Saarland
Gesetz Nr. 812 zur Ordnung des Schulwesens im Saarland (Schulordnungsgesetz SchoG, Stand 25.6.2014); Verordnung – Schulord-

nung – über die gemeinsame Unterrichtung von Behinderten und Nichtbehinderten in Schulen der Regelform (Integrations-Verordnung, Stand 4.7.2003 und 4.8.2014); Gesetz Nr. 826 über die Schulpflicht im Saarland (Schulpflichtgesetz, Stand 25.6.2014), abgerufen im September 2014.

Sachsen
Schulintegrationsverordnung (SchIVO, Fassung vom 3.8.2004); Schulgesetz für den Freistaat Sachsen (SchulG, Stand 5.6.2010); Verordnung des Sächsischen Staatsministeriums für Kultus über Förderschulen im Freistaat Sachsen (Schulordnung Förderschulen – SOFS, Stand 1.8.2009), abgerufen im September 2014.

Sachsen-Anhalt
Schulgesetz des Landes Sachsen-Anhalt (SchulG LSA, Stand 24.6.2014); Verordnung über die Förderung von Schülerinnen und Schülern mit sonderpädagogischem Bildungs-, Beratungs- und Unterstützungsbedarf (SoPädFV ST, Stand 8.8.2013), abgerufen im September 2014.

Schleswig-Holstein
Schleswig-Holsteinisches Schulgesetz (SchulG, Stand 11.12.2014); Landesverordnung über sonderpädagogische Förderung (SoFVO, Stand 28.2.2013); Lehrplan Sonderpädagogische Förderung (Stand 29.5.2002); Zeugnisverordnung (Stand 18.6.2014), abgerufen im Dezember 2014.

Thüringen
Thüringer Schulordnung (ThürSchulO, Stand 7.7.2011); Thüringer Schulgesetz (ThürSchulG, Stand 31.1.2013); Thüringer Förderschulgesetz (ThürFSG, Stand 31.1.2013); Thüringer Verordnung zur sonderpädagogischen Förderung (ThürSoFöV, Stand 31.1.2013); Thüringer Gesetz zur Gleichstellung und Verbesserung der Integration von Menschen mit Behinderungen (ThürGIG, Stand 31.1.2011), abgerufen im September 2014.

Links

Bayern
www.km.bayern.de/eltern/schularten/uebertritt-schulartwechsel.html
www.bayerischer-elternverband.de/fileadmin/redaktion/Download_Infos/BEV_Inklusionstipps_2013-02.pdf

Berlin
www.berlin.de/sen/bildung/bildungspolitik/inklusive-schule/
www.jakobmuthpreis.de

Brandenburg
www.mbjs.brandenburg.de/sixcms/detail.php/bb1.c.302117.de
www.bravors.brandenburg.de/sixcms/detail.php?gsid=land_bb_bravors_01.c.53678.de
www.inklusion-brandenburg.de

Bremen
www.fb12.uni-bremen.de/de/inklusive-paedagogik.html
http://bremen.beck.de/?bcid=Y-100-G-bripweiterbildungsv-name-inh

Hamburg
www.hamburg.de/rebbz/
www.landesrecht-hamburg.de/jportal/portal/page/bshaprod.psml?showdoccase=1&doc.id=jlr-SchulOrgMa%C3%9Fn2012_13BBZVHArahmen&st=lr
www.news4teachers.de/2014/07/foerderschueler-anstieg-in-zeiten-der-inklusion-hamburger-senat-will-dem-phaenomen-mit-neuem-diagnosesystem-begegnen/
www.hamburg.de/inklusion-in-hamburgs-schulen-informationen-foerderschwerpunkte/4271532/sonderpaedagogische-bildung-beratung-unterstuetzung/
www.hamburg.ganztaegig-lernen.de/sites/default/files/drucksache-inklusion.pdf
www.hamburg.de/contentblob/3685620/data/publ-merkmale-text.pdf

www.landesrecht-mv.de/jportal/portal/page/bsmvprod.psml?nid=0&showdoccase=1&doc.id=jlr-DF %C3 %B6KlVMVrahmen&st=lr
www.landesrecht-mv.de/jportal/portal/page/bsmvprod.psml?nid=0&showdoccase=1&doc.id=jlr-LehrBiGMVrahmen&st=lr

Mecklenburg-Vorpommern
www.rim.uni-rostock.de

Nordrhein-Westfalen
www.schulministerium.nrw.de/docs/LehrkraftNRW/Lehramtsstudium/Reform-der-Lehrerausbildung/index.html

Rheinland-Pfalz
http://mbwwk.rlp.de/fileadmin/mbwjk/Bildung/Konzept_Inklusion.pdf

Saarland
www.landtag-saar.de > G1831 Gesetz zur Änderung schulrechtlicher Gesetze 2014
http://sl.juris.de/cgi-bin/landesrecht.py?d=http://sl.juris.de/sl/gesamt/IntegV_SL.htm#IntegV_SL_rahmen
http://sl.juris.de/cgi-bin/landesrecht.py?d=http://sl.juris.de/sl/gesamt/SchulPflG_SL.htm
http://sl.juris.de/cgi-bin/landesrecht.py?d=http://sl.juris.de/sl/gesamt/SchulPflG_SL.htm
www.saarland.de/dokumente/thema_bildung/Erlasstext_Schulversuch_Inklusion_14_6_2011__2_.pdf

Sachsen
http://amt24.sachsen.de/ZFinder/verfahren.do;jsessionid=cpAUJulpmtcYbGj1WhWYolG8.zufi2_2?action=showdetail&islandesimpressum=false&modul=VB&id=35387!0
www.lehrerbildung.sachsen.de/132.htm
www.schule.sachsen.de/download/download_bildung/2012_12_19_Empfehlungen_zur_Umsetzung_UN-BRK.pdf

www.schule.sachsen.de/download/download_smk/2012_05_30_aktions_und_massnahmeplan_iInklusion.pdf
www.schule.sachsen.de/15591.htm (Einzelheiten zum Schulversuch ERINA)

Sachsen-Anhalt
www.landesrecht.sachsen-anhalt.de/jportal/?quelle=jlink&query=SoP%C3%A4dFV+ST&psml=bssahprod.psml&max=true
www.bildung-lsa.de/files/e9800088d186a033d4eac77cf14f1d9c/Konzept_GU_abschlie_enderStand_22013.pdf: 7.
www.bildung-lsa.de/index.php?KAT_ID=5669#art19347
http://gew-sachsenanhalt.net/dokumente/upload/ae1df_modellversuch_grundschulen_mit_integrationsklassen_2.pdf
www.bildung-lsa.de/themen/inklusive_bildung_gemeinsamer_unterricht.html

Schleswig-Holstein
www.schulrecht-sh.de/texte/s/sofvo.htm
www.schleswig-holstein.de/IQSH/DE/Foez/BISInklusiveSchule/BISInklusiveSchule_node.html (Beratungsstelle Inklusive Schule)
www.schleswig-holstein.de/IQSH/DE/Foez/BISAutismus/BISAutismus_node.html (Beratungsstelle Inklusive Schule – Autismus)
www.barrierefreie-schule-sh.de/cms/ (Projekt Barrierefreie Schule)
www.schleswig-holstein.de/IQSH/DE/IQSH_node.html
www.schleswig-holstein.de/IQSH/DE/Foez/InPrax/inPrax_node.html.

Thüringen
http://landesrecht.thueringen.de/jportal/?quelle=jlink&query=SoP%C3%A4dFV+TH&psml=bsthueprod.psml&max=true
http://landesrecht.thueringen.de/jportal/?quelle=jlink&query=SchulG+TH&psml=bsthueprod.psml&max=true&aiz=true
www.thueringen.de/th2/tmbwk/bildung/inklusion/gemeinsamer_unterricht/
www.thueringen.de/th2/tmbwk/bildung/inklusion/entwicklungsplan/

Abstract

Since the UN Convention on the Rights of Persons with Disabilities came into force in Germany in 2009, regarding the school sector in particular, "inclusion" has become a core concept in the education policy debate. This volume illustrates progress made so far in implementing the UNCRPD. It considers both the progress in mainstreaming children with special educational needs and the implementation of inclusion in a broad sense and mainstreaming in terms of school legislation. After concepts have been explained and a comprehensive overview of mainstreaming in Germany has been given, the developments and legal situations are presented in detail and supplemented by impressions gained in practical contexts in the sixteen Federal State profiles. To conclude, the results are set in an international context, and open questions are formulated for the German school landscape with regard to transforming it into a truly inclusive school system.

Three essential insights can be deduced from the analyses: First, "inclusion" is frequently equated with mainstreaming children with special educational needs in Germany. This, however, corresponds more closely to "integration". At the same time, in all Federal States, there are very good examples of schools that truly "live" inclusion with a focus on the esteem and participation of all children. Secondly, with a view to the statistics referring to places of learning of children with special educational needs, it has become apparent that here, all in all, no substantial changes have occurred since 2009. In particular, the number of children attending separate special-needs schools has not dropped in comparison to 2009. However, significantly more children are diagnosed with special needs, although there are very considerable differences between the individual Federal States. Whereas substantially smaller numbers of children attend separate special-needs schools in Schleswig-Holstein and in the City States than in the past, the rates have remained almost unchanged or have even seen a slight rise in the western and southern Federal States. The eastern area states, which had extremely high rates of special needs and exclusion in past years, are now increasingly approaching the Federal average. And thirdly, inclusion has not been fully adopted in any school legislation so far. Here too, there are considerable differences between the individual Federal States. However, the States show marked levels of dynamics, so that the account given here can only be regarded as a snapshot.

What this volume hence clearly demonstrates is a lack of uniform concepts, national quality standards and meaningful indicators to measure progress that would be required to achieve an education system providing equal opportunities and a high degree of efficiency for all children, independently of where they live, their particular educational needs, or other preconditions. Germany is on the right track – but there is still a long way to go before inclusive schools become the norm.